이지은[지나쌤]

- 유튜브 **[지나쌤의 종이친구]** 운영
- 도서 **[하루 한 장 오늘의 종이접기]** 출간
- 도서 **[미니카 합체로봇1]** 출간
- 원격교육연수원 종이접기 영상 **[추억 소환 종이접기 리턴즈]** 제공
- 교원 위즈키즈 **[이달의 잇템 종이접기]** 연재
- 디즈니플러스 드라마 **'사운드트랙#2"** 작품 제공 및 검수
- 클래스101 **[창의력이 폭발하는 지나쌤의 입체 종이접기]** 영상 제공

박승범[타이거쌤]

- 유튜브 **[지나쌤의 종이친구]** 기획 및 편집
- 유튜브 **[지나스튜디오]** 디자인 및 기획
- 도서 **[간식 종이접기]** 출간 예정(2023년 6월)
- 테비박스 영상 편집

미니카 합체로봇 ② 종이접기
델타 VS 데몬 뉴에디션

발행일 2023년 4월 10일(초판)
2026년 1월 2일(개정판 1쇄)
발행처 인성재단(지식오름)
발행인 조순자
편저자 이지은·박승범
표지디자인 박승범
내지디자인 홍현애

정 가 20,000원 **ISBN** 979-11-7491-058-5

지구를 지키기 위해 나타난

미니카 합체로봇 2

종이접기 델타 VS 데몬

지식오름

책 소개

INTRODUCTION

STEP 1

"악당데몬과
합체로봇 델타를
종이접기 규칙을 따라
완성해주세요!"

★동영상을 따라 하면 쉽고 재밌어요!★
(QR코드)

STEP 2

"완성된 악당데몬과
합체로봇 델타를
나만의 컬렉션에
전시해보세요!"

종이접기 규칙

ORIGAMI RULES

01 가위로 오려 주세요

뒤집기

02 종이를 뒤집어 주세요

03 풀칠해 주세요

확대

04 확대 해 주세요

05 손가락을 넣어 종이를 부풀려 주세요

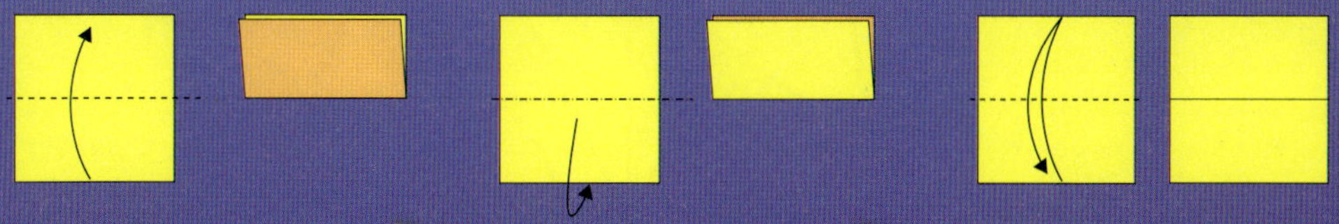

06 안으로 접어 주세요

07 밖으로 접어 주세요

08 접었다 펼쳐 주세요

목차(악당 데몬)

CONTENTS

목차(합체로봇 델타)

CONTENTS

미니카(악당 데몬)

MINI CAR(DEVIL DEMON)

블랙 크로우 BLACK CROW

공격력 ★★★ 방어력 ★★★ 스피드 ★★

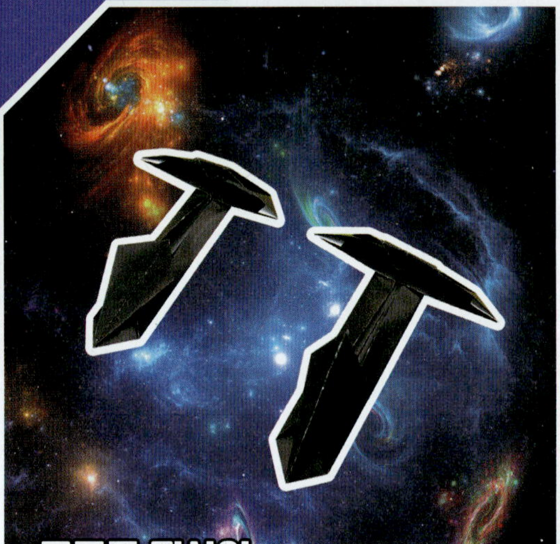

크루즈 미사일 CRUISE MISSILE

공격력 ★★★★★ 방어력 ★ 스피드 ★★

미니카 소개

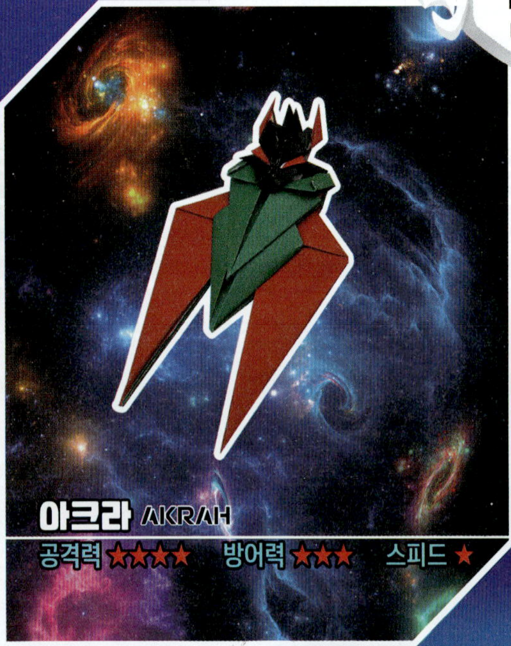

아크라 AKRAH

공격력 ★★★★ 방어력 ★★★ 스피드 ★

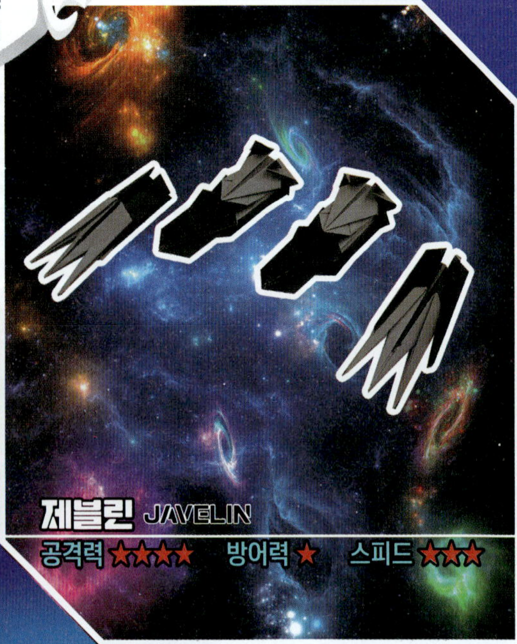

제블린 JAVELIN

공격력 ★★★★ 방어력 ★ 스피드 ★★★

미니카(합체로봇 델타)

MINI CAR(COMBINED ROBOT DELTA)

아스테리아 ASTERIA
공격력 ★★★★ 방어력 ★★ 스피드 ★★★

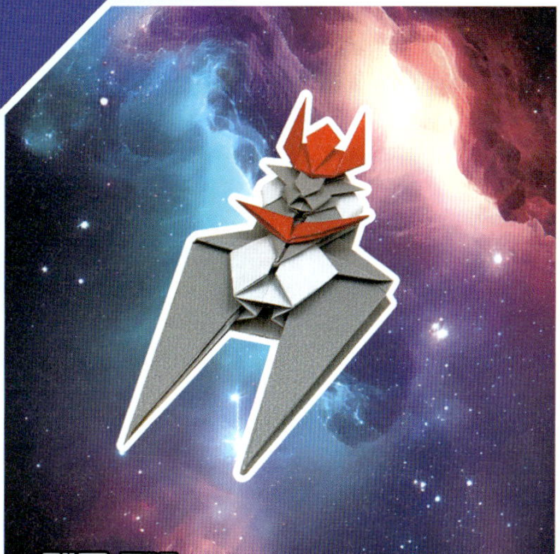

페로 EX PERO EX
공격력 ★★★★ 방어력 ★★★★ 스피드 ★

미니카 소개

더블 하데스 DOUBLE HADES
공격력 ★★ 방어력 ★★★ 스피드 ★★★

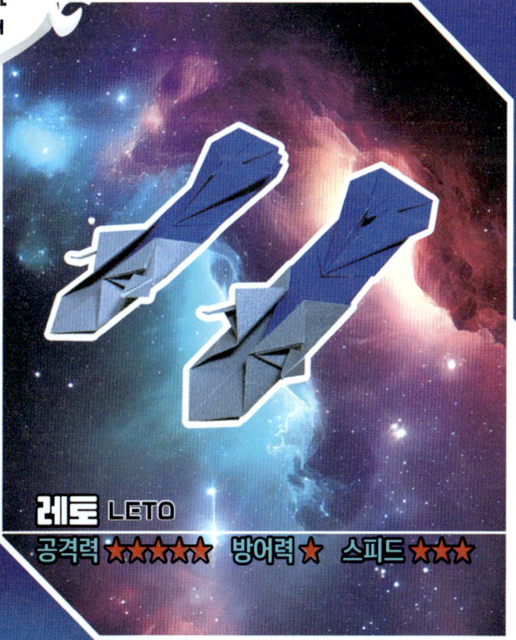

레토 LETO
공격력 ★★★★★ 방어력 ★ 스피드 ★★★

※ 이해를 돕기위한 연출된 이미지

01

악당 데몬

DEVIL DEMON

지구를 지키는 합체로봇 3연맹

합체로봇은 각자의 마법 운석을 가지고 있었다.

마법 운석을
모두 차지하겠어!
데몬 로봇 혼자서 이 모든 운석을 가지고 싶어했다.
그래서 배신을 하기로 하는데…

스페셜 무기와 망토로 무장하여 악당 데몬으로 변신!

합체로봇들은 스페셜 무기와 망토로 무장하여 강력해진
악당 데몬과의 싸움에서 패하고 마법 운석마저 빼앗기게 되는데
으..으윽-
원통하다…
누군가 도와줘…
마법 운석이
모두 내 차지가 되었어!
이제 지구로 가볼까?!

흐흐흐~
상대가 되질 않는군!
이제 지구는 내 것이다!

마법 운석을 모두 차지한 악당 데몬은 지구로 향하는데…
누가 악당 데몬을 막을 수 있을까

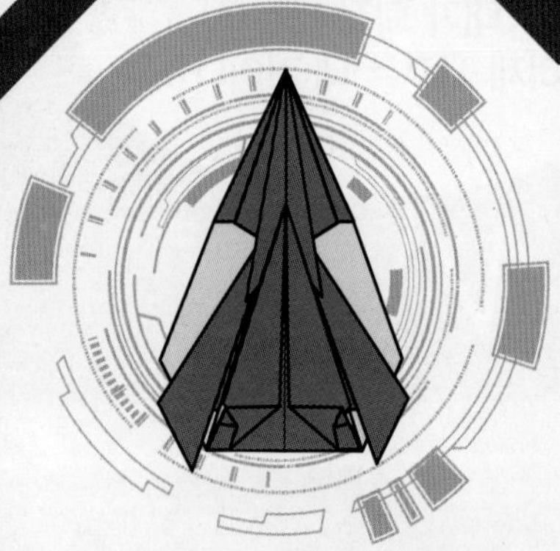

블랙 크로우 미니카

접는 방법 영상

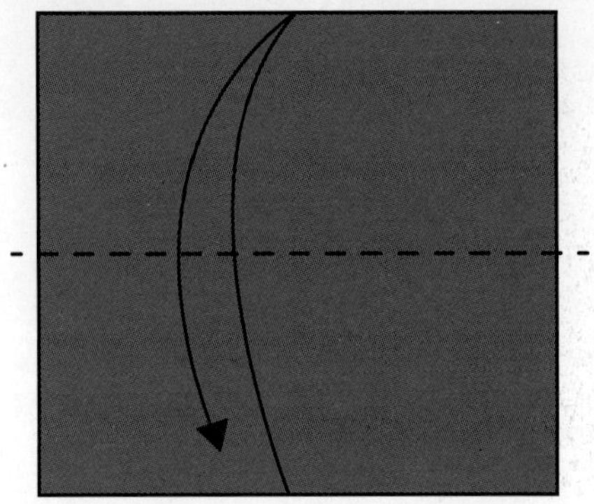

01 반으로 접었다가 펼쳐 주세요

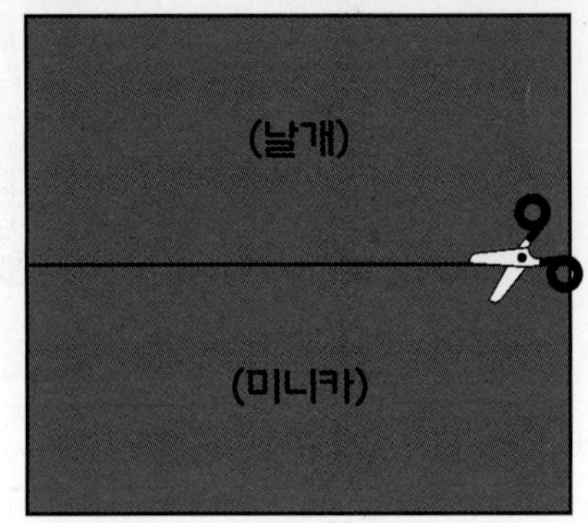

02 표시선을 따라 반으로 잘라 주세요

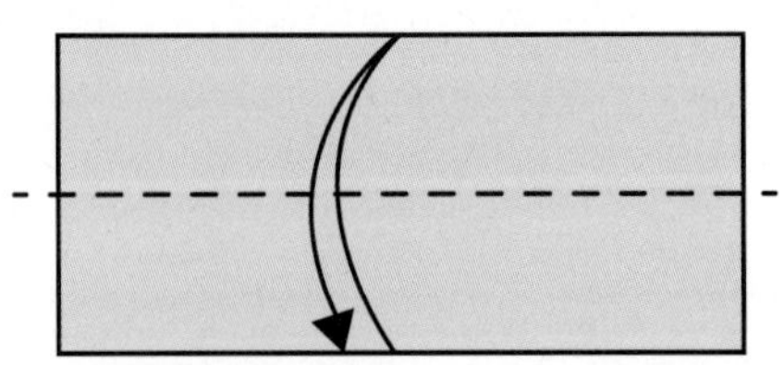

03 원하는 색을 뒷장에 놓고 반으로 접었다 펼쳐 주세요

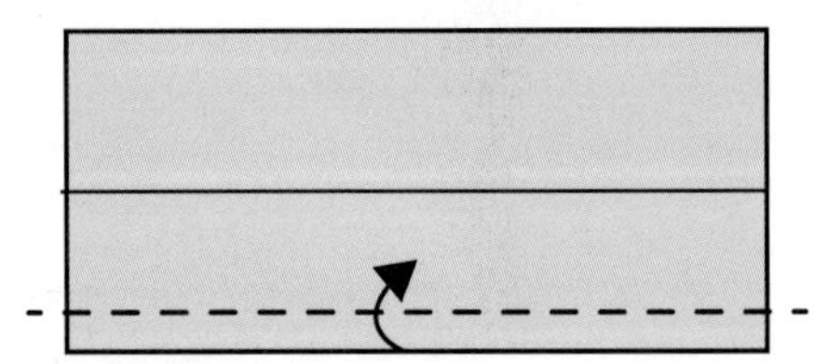

04 0.7cm 정도 위로 올려 접어 주세요

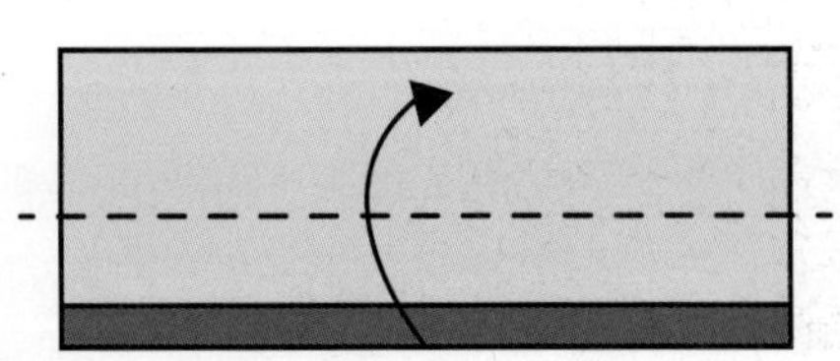

05 03에서 만든 표시선을 따라 접어 주세요

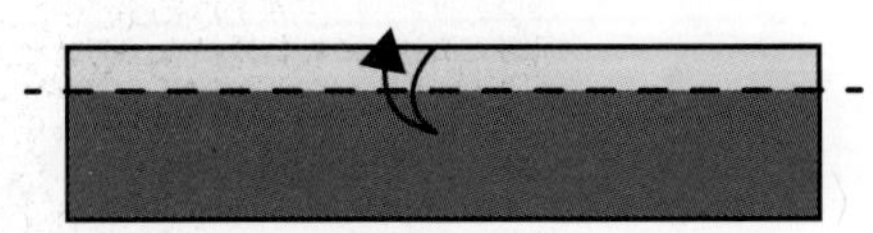

06 점선대로 접었다 펼쳐 주세요

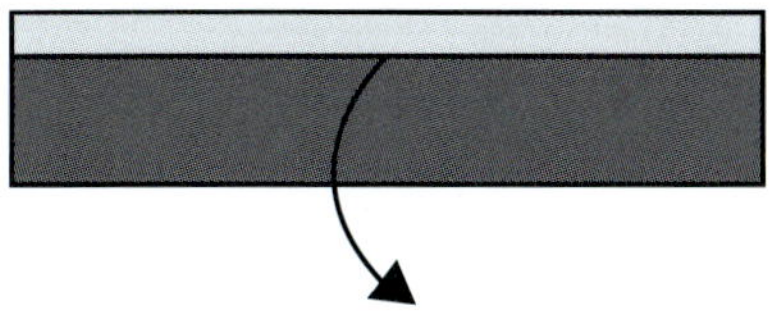

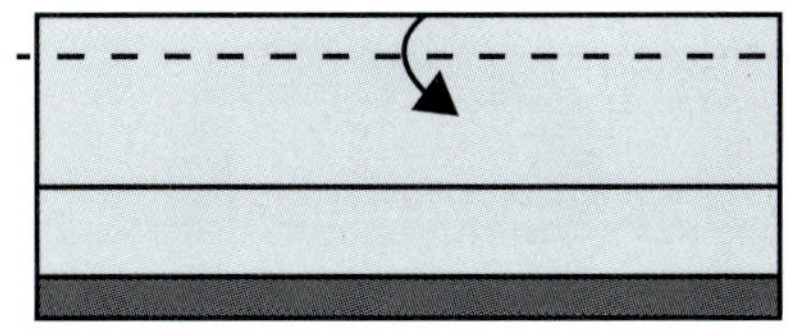

07 한 번 더 펼쳐 주세요

08 점선대로 접어 주세요

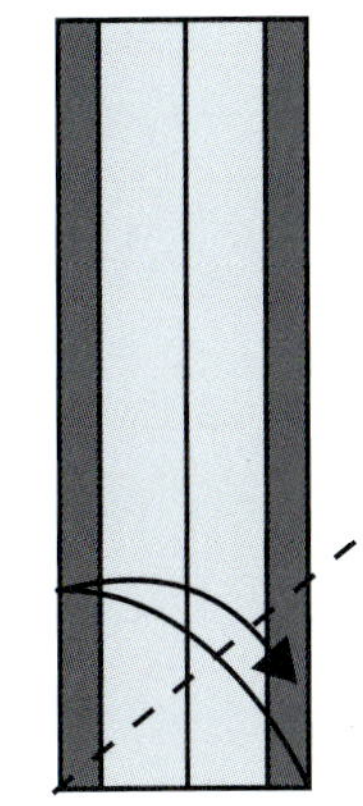

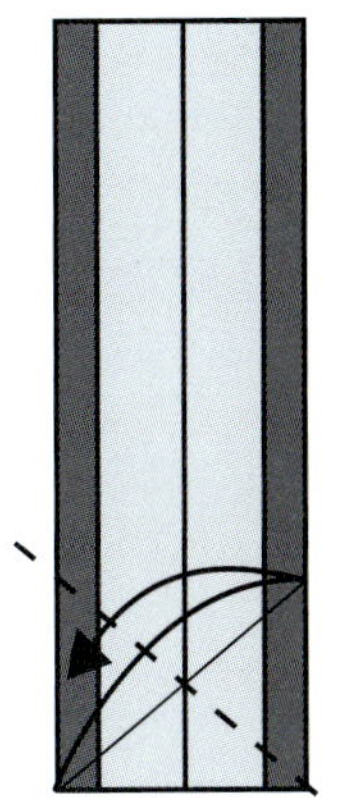

09 점선대로 접었다 펼쳐 주세요

10 점선대로 접었다 펼쳐 주세요

11 화살표 방향으로 종이를 넣어 주세요
윗 부분도 09 ~ 11 까지 같은 방법으로 접어 주세요

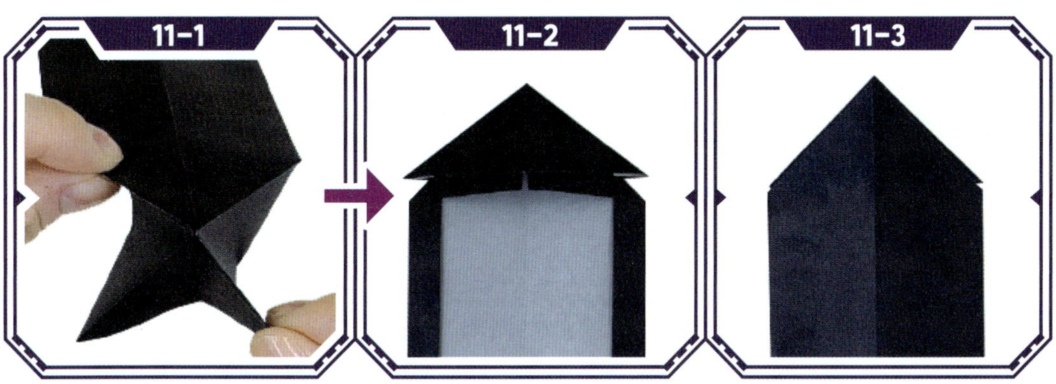

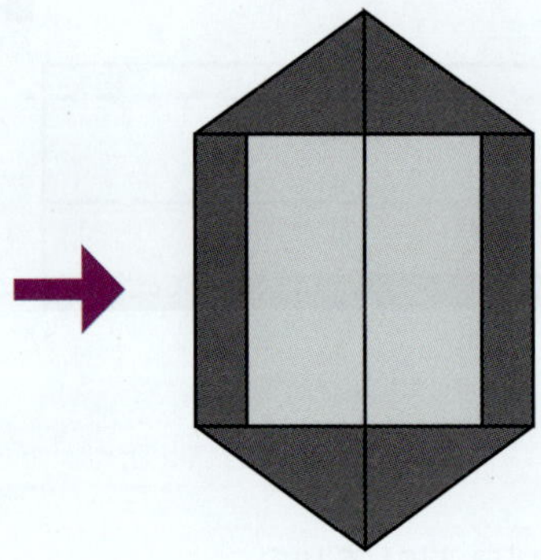

11 이 완성된 모습

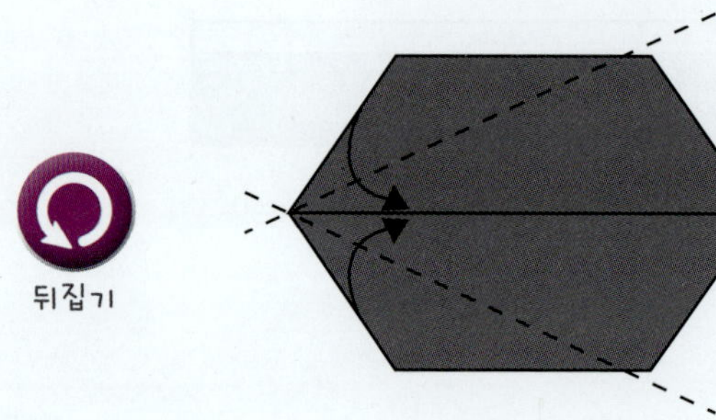

12 점선대로 접어 주세요

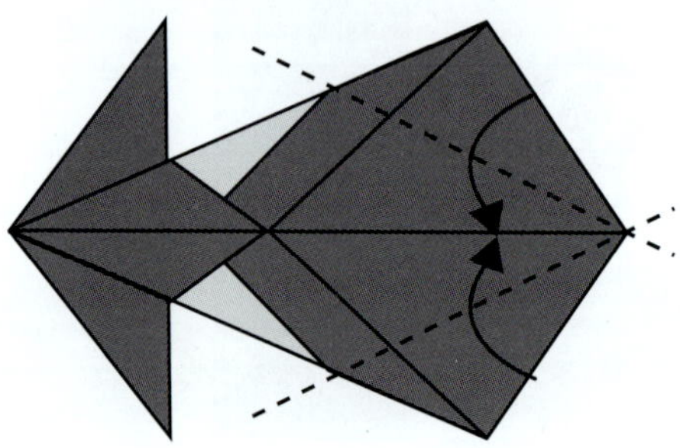

13 점선대로 접어 주세요

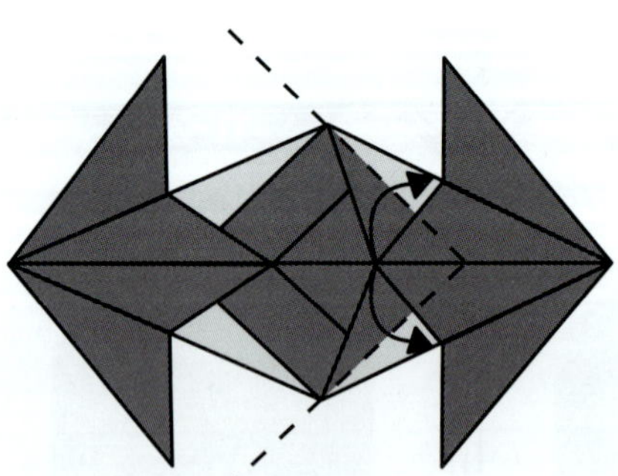

14 점선대로 접어 주세요

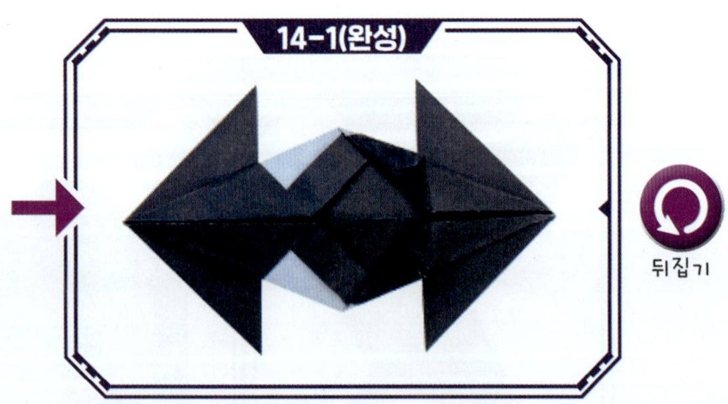

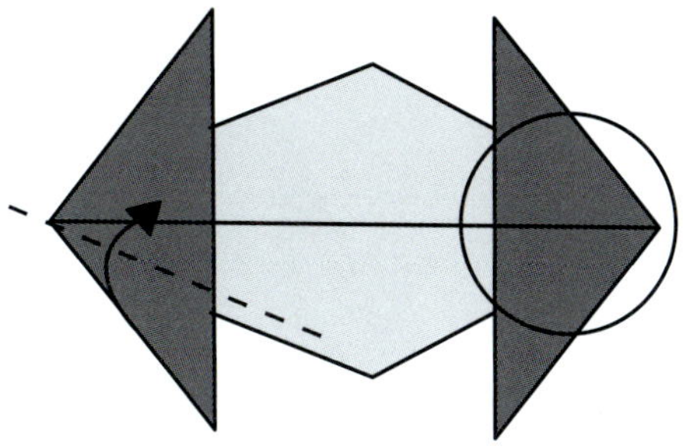

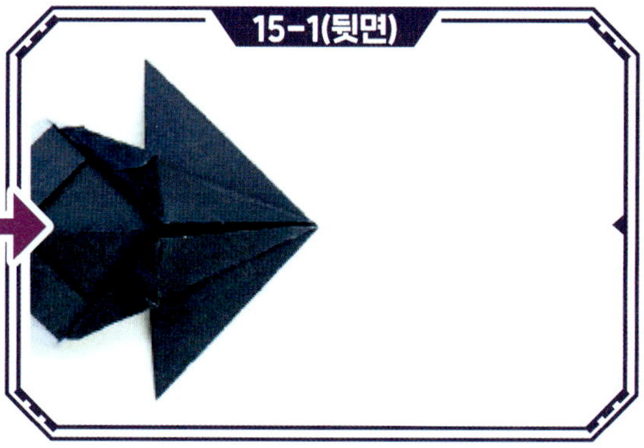

15 점선대로 접어 주세요

14 에서 접은 부분을 오른쪽에 놓고 접어 주세요

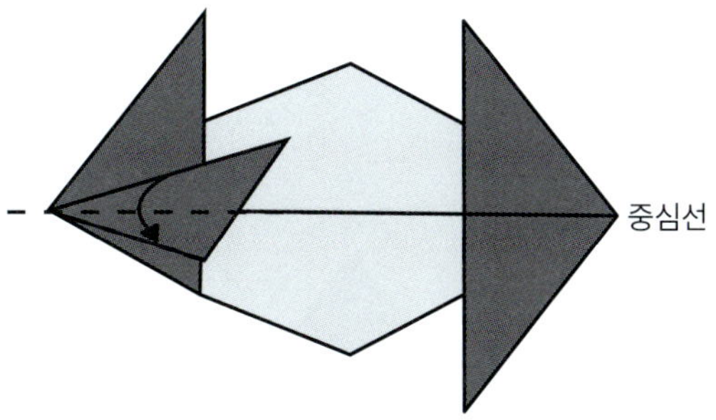

16 중심선에 맞춰 점선대로 접어 주세요

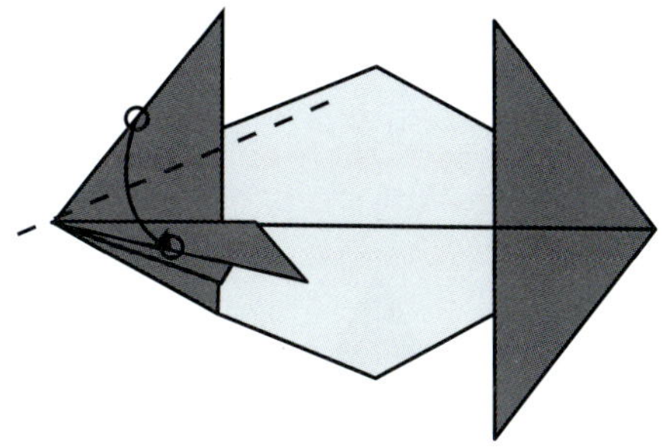

17 ○부분이 서로 닿도록 접어 주세요

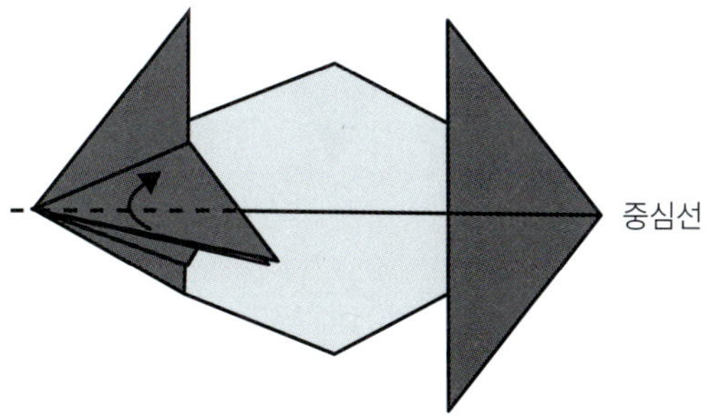

18 중심선에 맞춰 점선대로 접어 주세요

https://www.youtube.com/@origami_jina

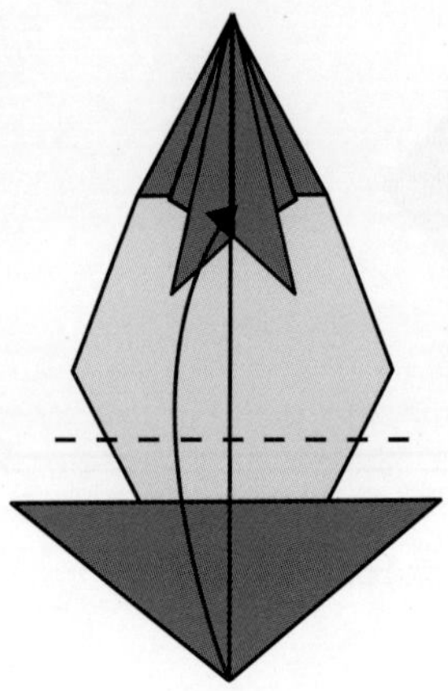

19 점선대로 접어 주세요

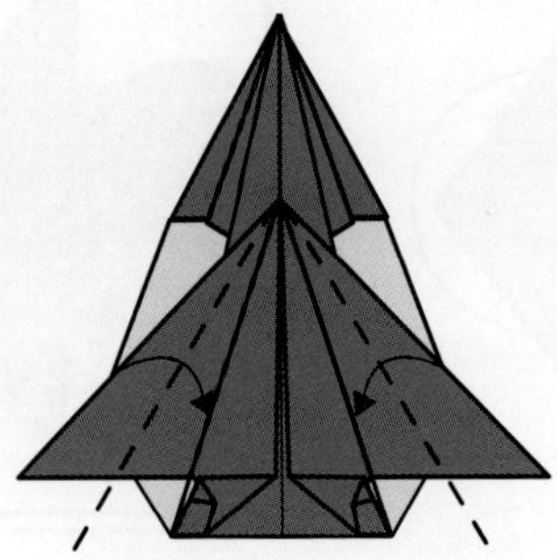

20 점선대로 접어 주세요

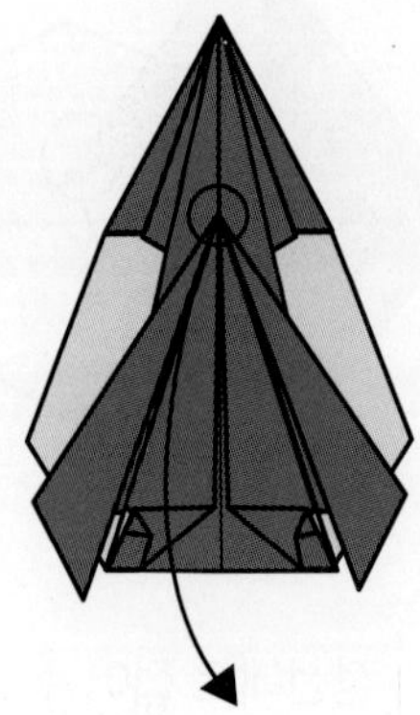

21 위에 한 장을 화살표 방향대로 벌려 주세요

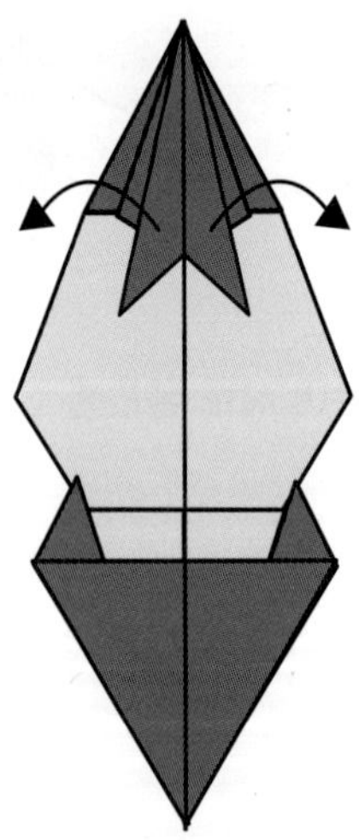

22 화살표 방향대로 벌려 주세요

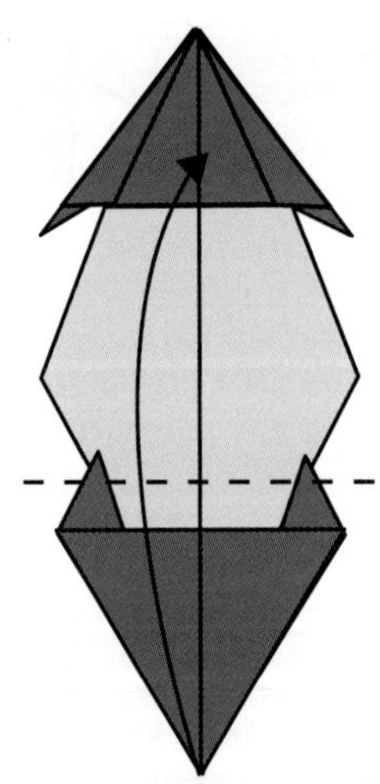

23 점선대로 접어 주세요

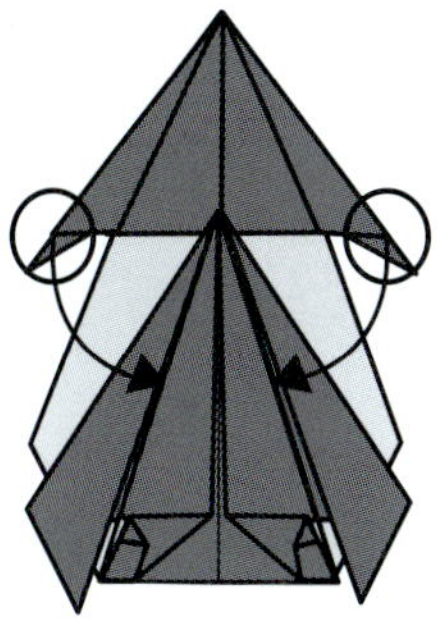

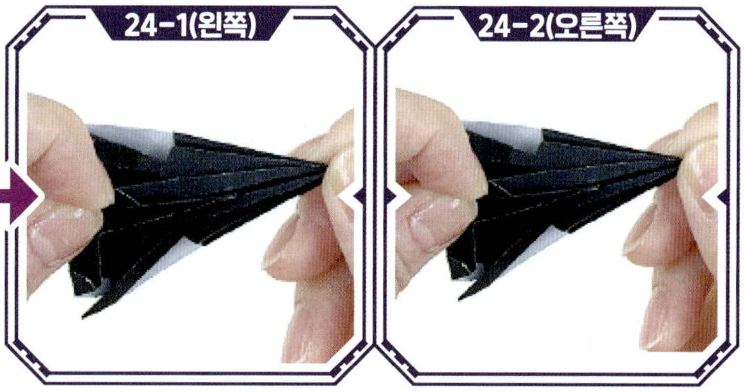

24 ○부분을 화살표 방향으로 넣어 주세요

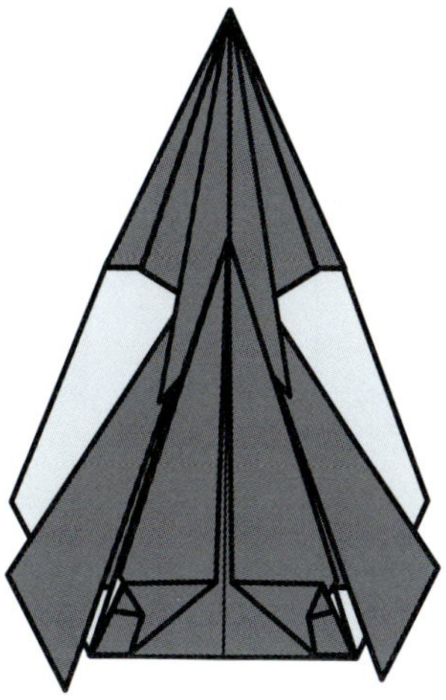

완성 블랙 크로우 미니카 완성!

https://www.youtube.com/@origami_jina

STAGE2 BLACK CROW MINI CAR WING

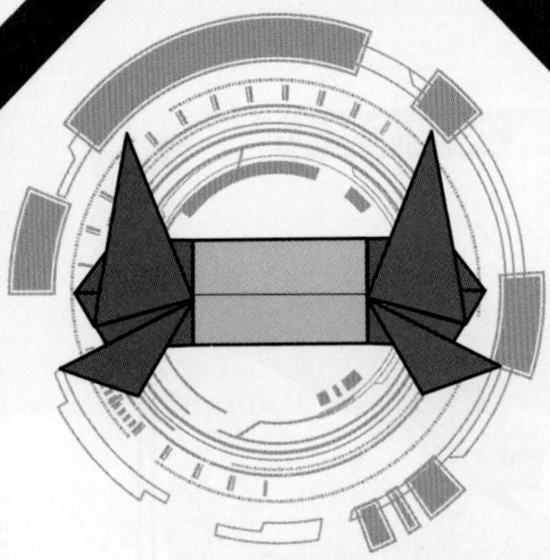

블랙 크로우
미니카 날개

접는 방법 영상

01 나머지 반장을 준비해 주세요

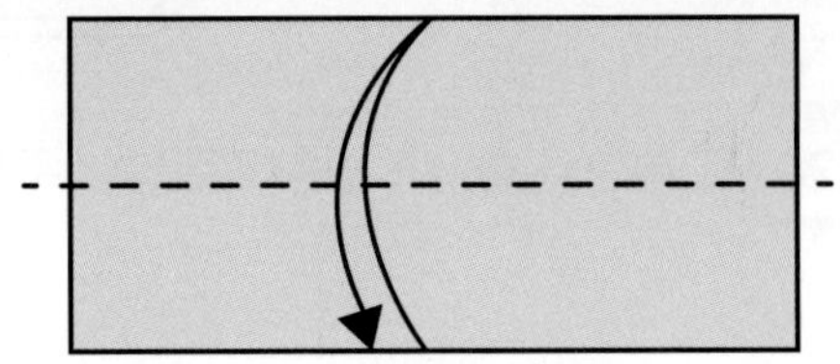

02 원하는 색을 뒷장에 놓고
반으로 접었다 펼쳐 주세요

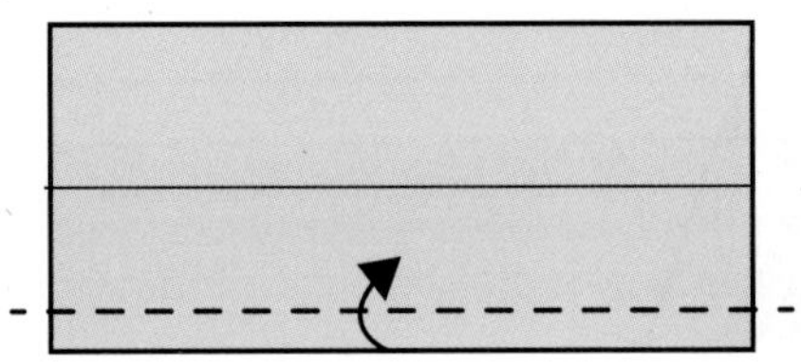

03 0.7cm 정도 위로 올려 접어 주세요

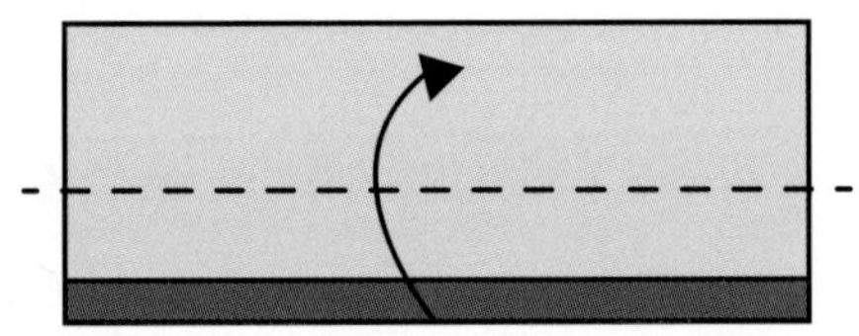

04 02 번에서 만든 표시선을 따라
접어 주세요

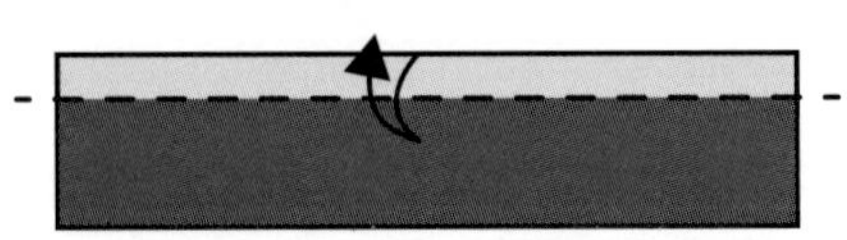

05 점선대로 접었다 펼쳐 주세요

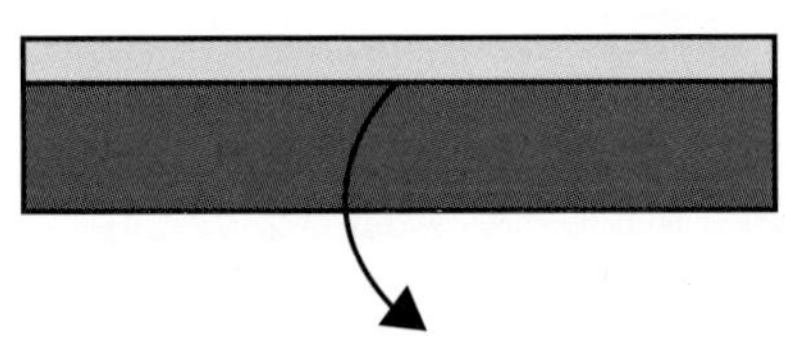

06 한 번 더 펼쳐 주세요

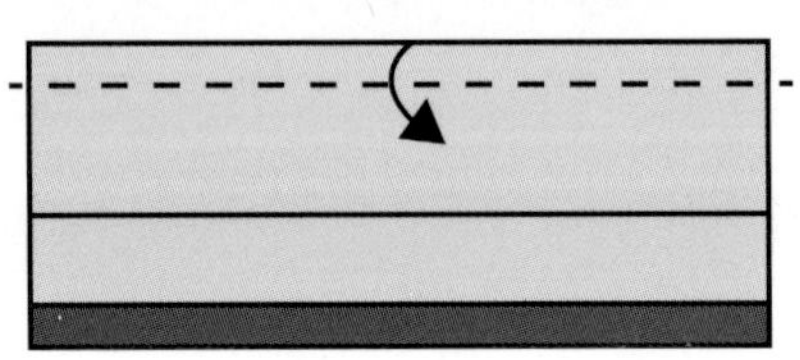

07 점선대로 접어 주세요

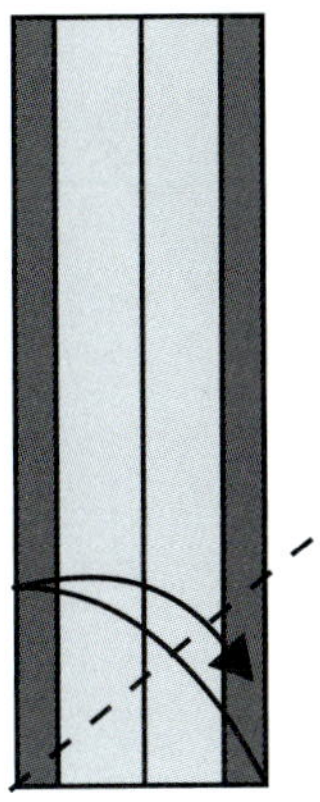

08 점선대로 접었다 펼쳐 주세요

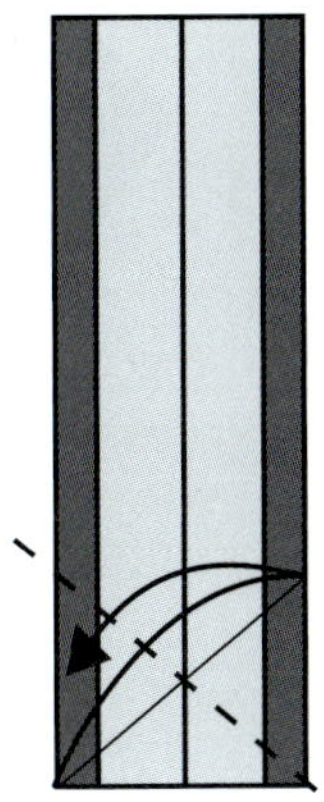

09 점선대로 접었다 펼쳐 주세요

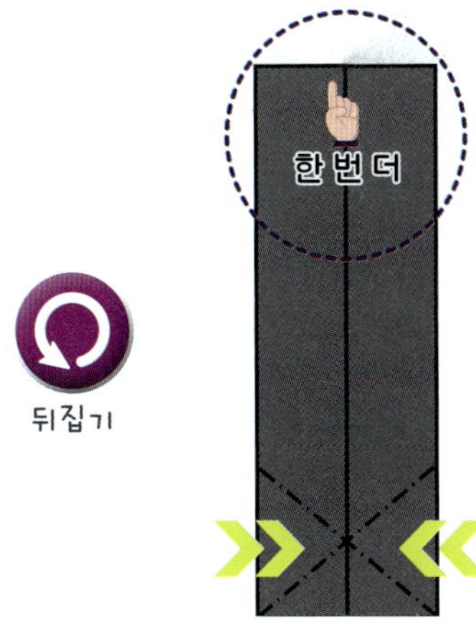

10 화살표 방향으로 종이를 넣어 주세요
윗 부분도 08 ~ 10 까지 같은 방법으로 접어 주세요

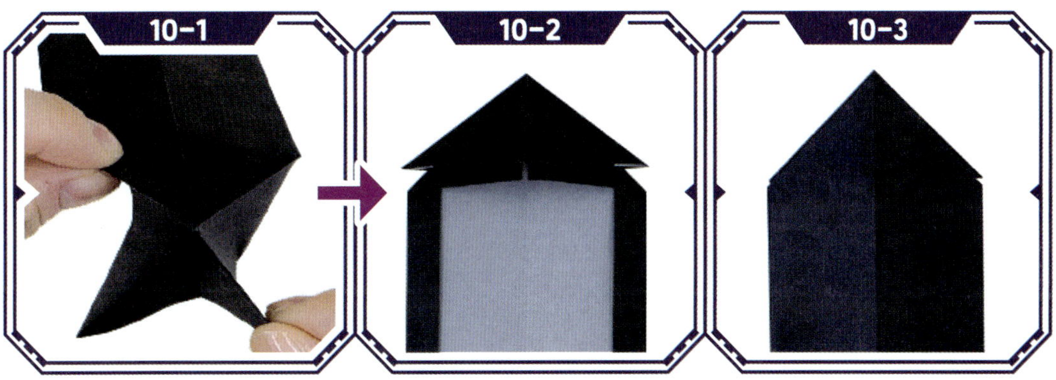

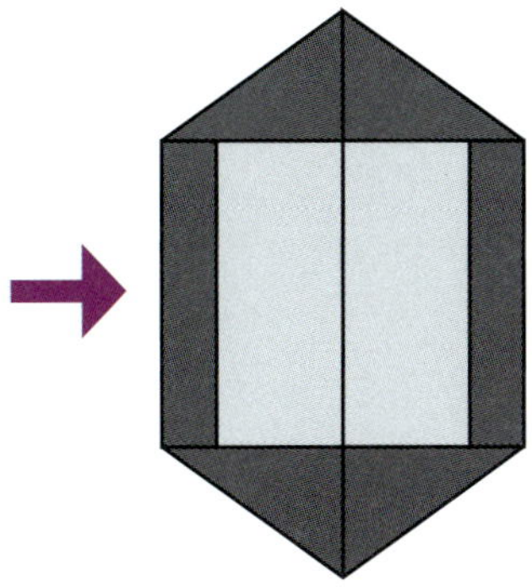

※ 10 이 완성된 모습

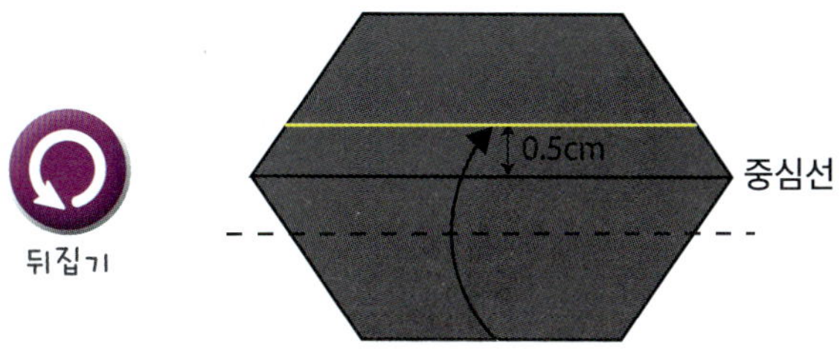

11 중심선에서 0.5cm 위로 올려 접어 주세요

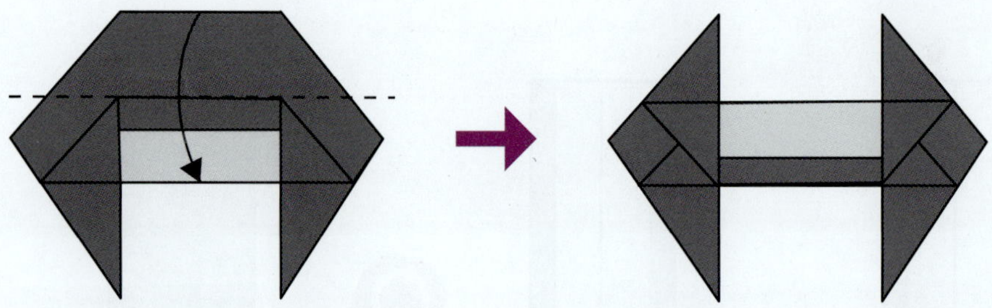

12 점선대로 접어 주세요

뒤집기

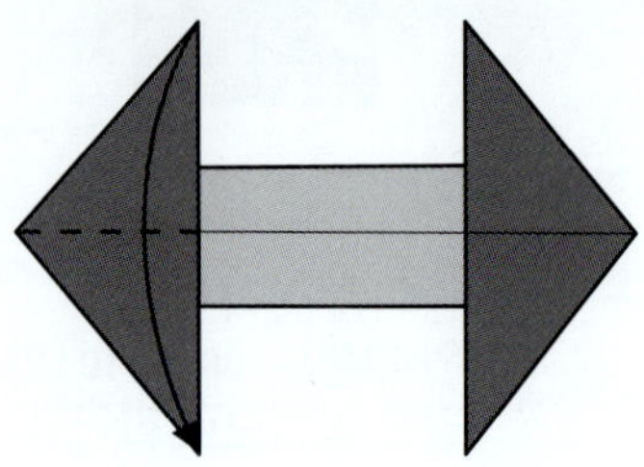

13 점선대로 접어 주세요

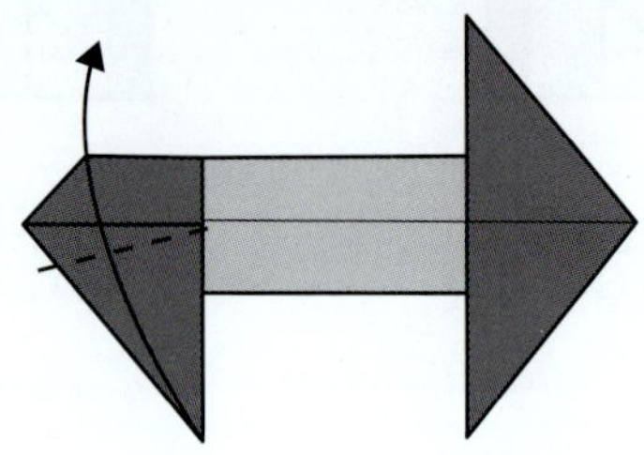

14 점선대로 접어 주세요

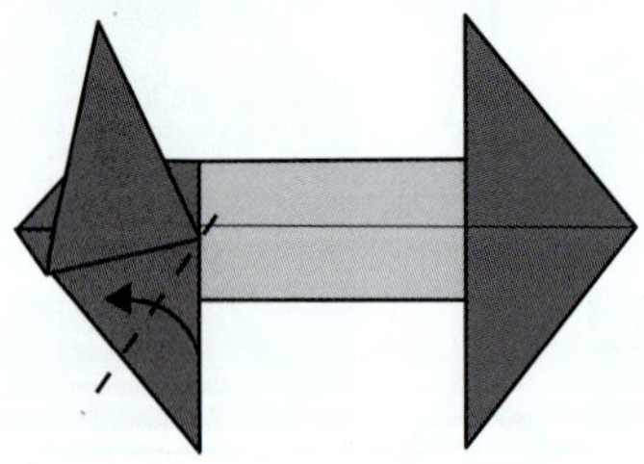

15 점선대로 접어 주세요

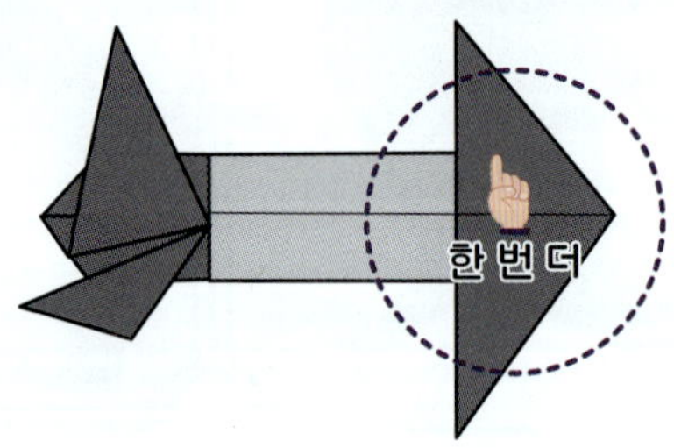

16 반대편도 13 ~ 15 까지
똑같은 방법으로 접어 주세요

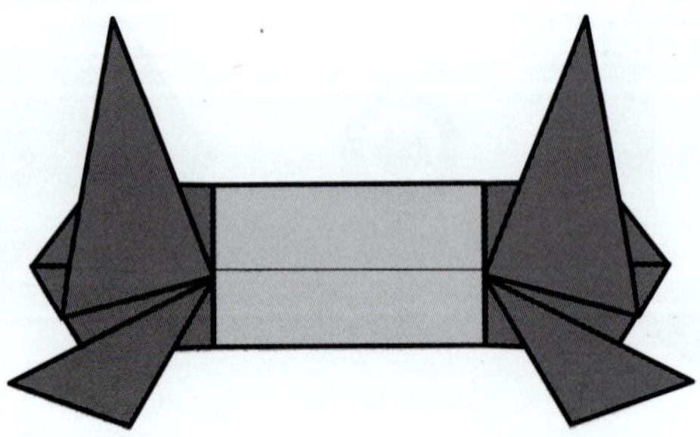

완성 블랙 크로우 미니카 날개 완성!

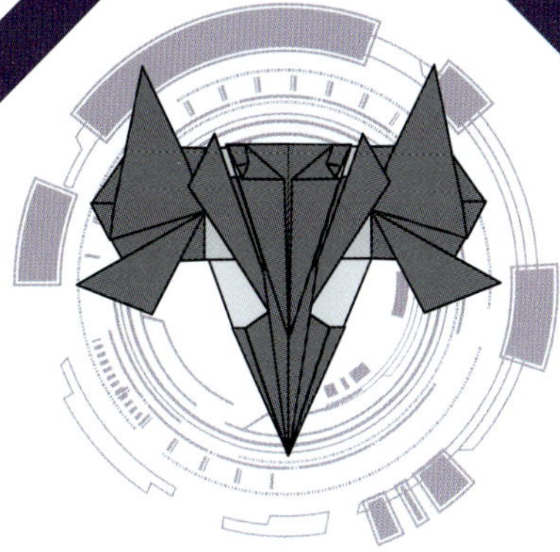

블랙 크로우 합체

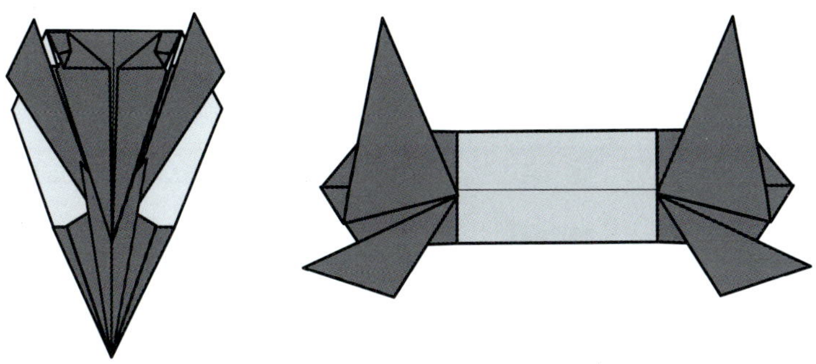

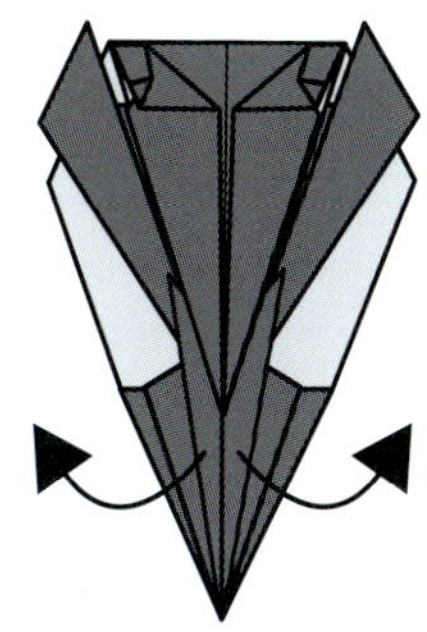

01 완성한 미니카와 날개를 준비해 주세요

02 안쪽의 종이를 화살표 방향으로 빼주세요

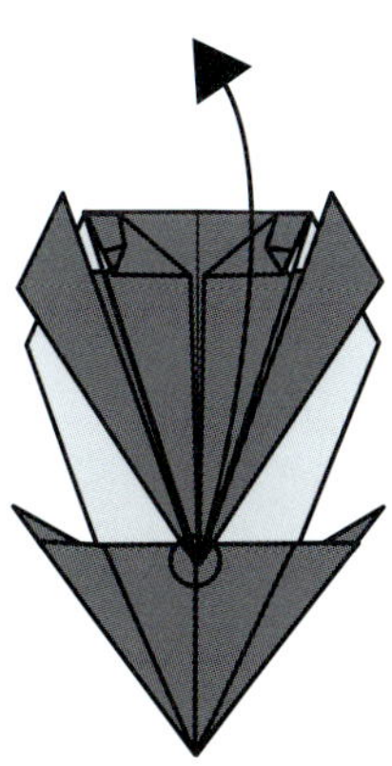

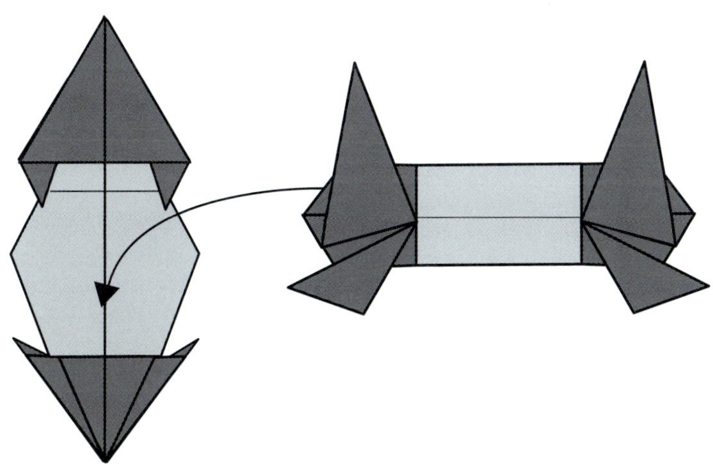

03 ○부분을 화살표 방향으로 벌려 주세요

04 날개를 미니카 안에 넣어 주세요

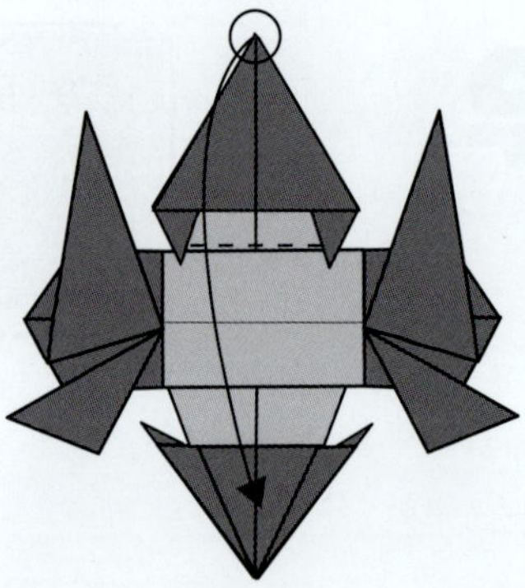

05 ○부분을 화살표 방향으로 접어 주세요

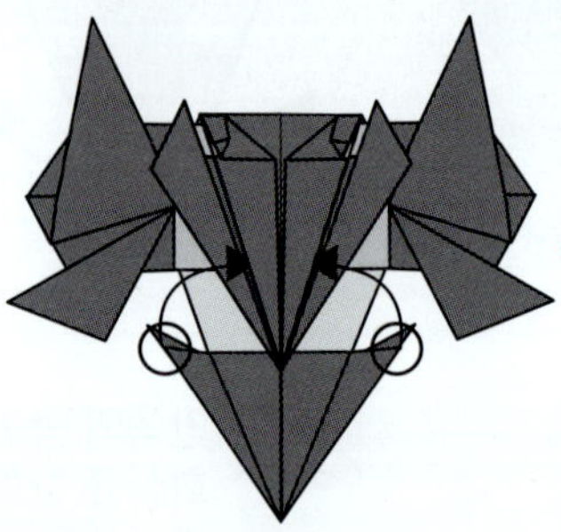

06 ○부분을 화살표 방향으로 넣어 주세요

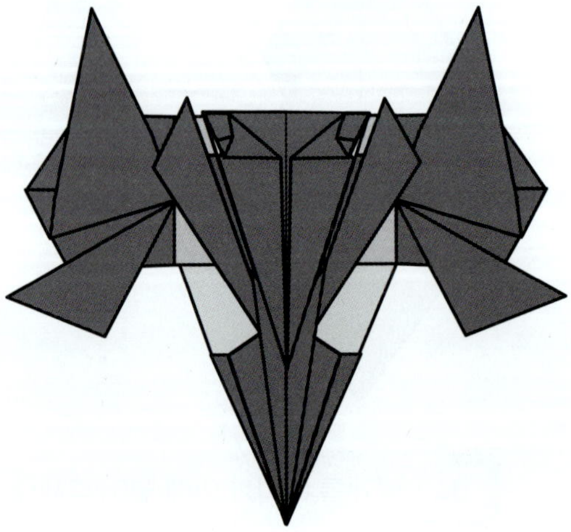

완성 블랙 크로우 합체 완성!

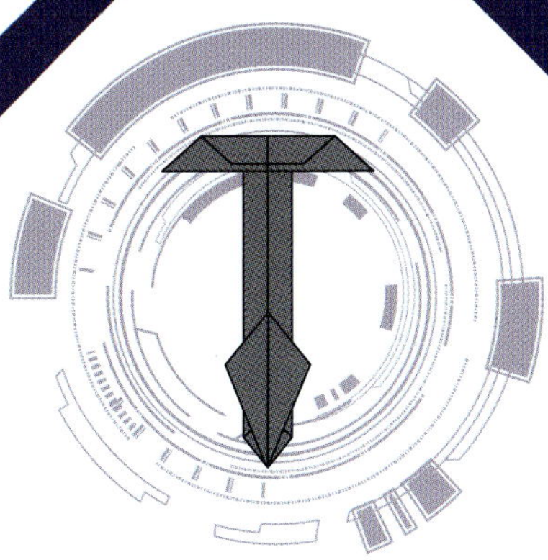

크루즈 미사일

접는 방법 영상

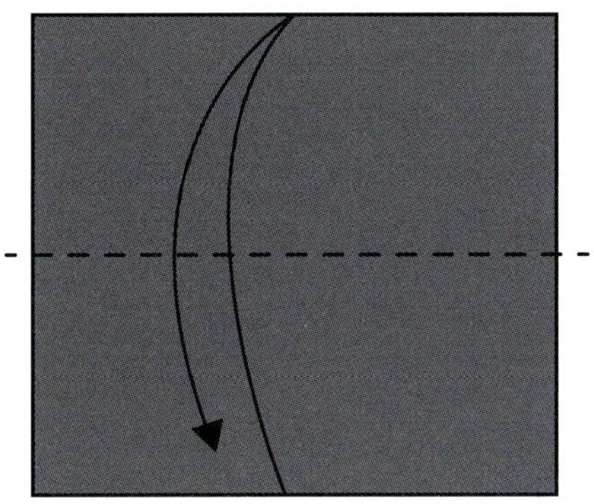

01 반으로 접었다가 펼쳐 주세요

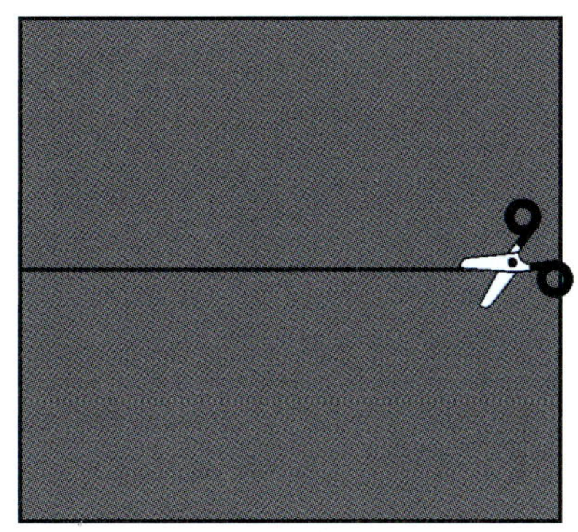

02 표시선을 따라 반으로 잘라 주세요

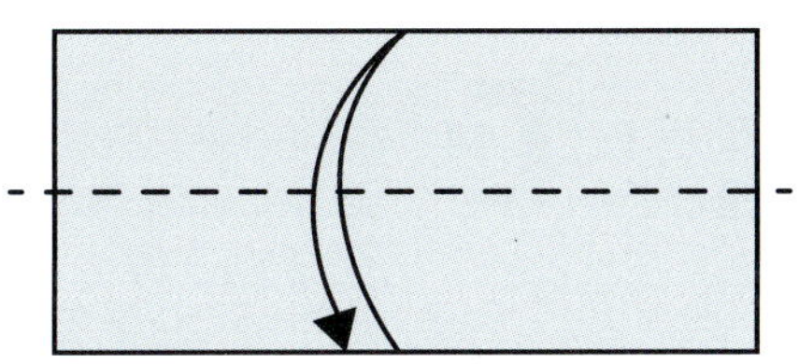

03 원하는 색을 뒷장에 놓고
반으로 접었다 펼쳐 주세요

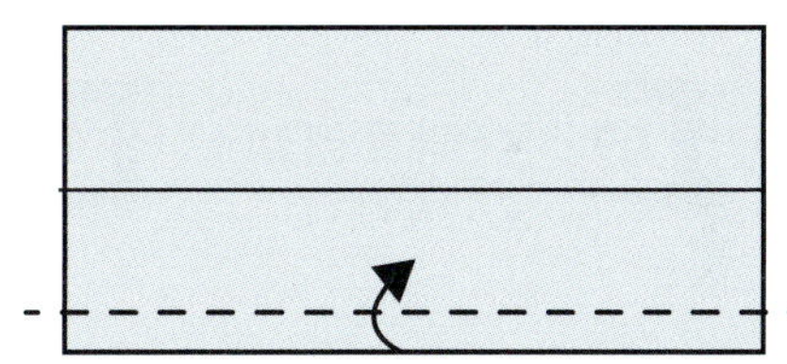

04 0.7cm 정도 위로 올려 접어 주세요

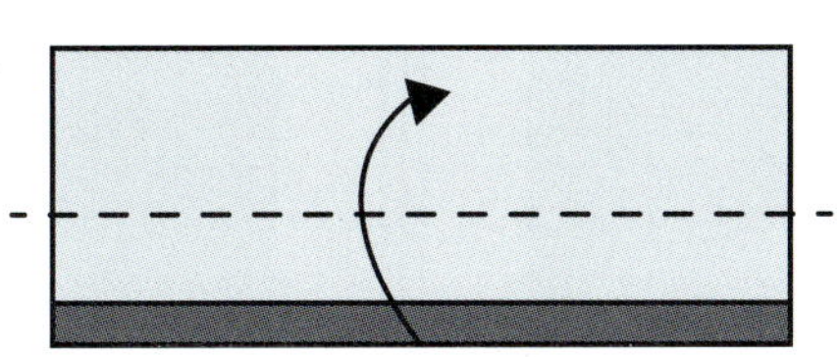

05 03 에서 만든 표시선을 따라
접어 주세요

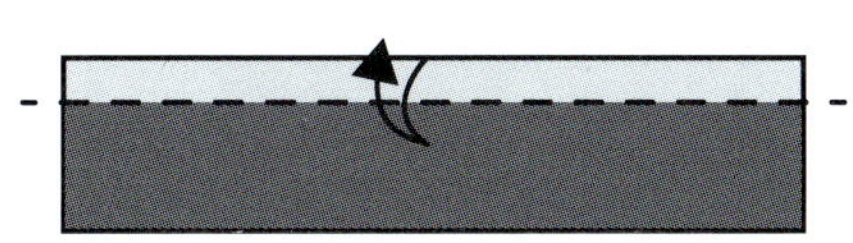

06 점선대로 접었다 펼쳐 주세요

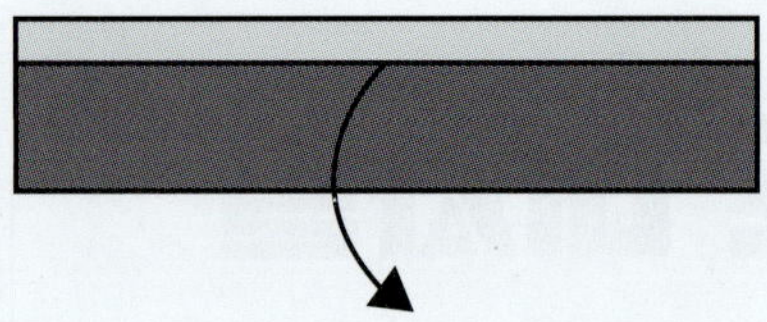

07 한 번 더 펼쳐 주세요

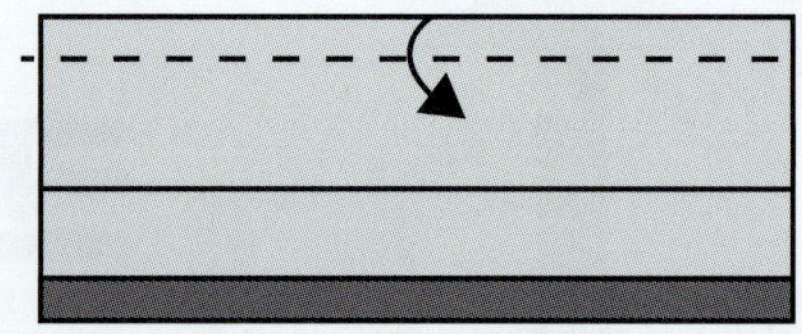

08 점선대로 접어 주세요

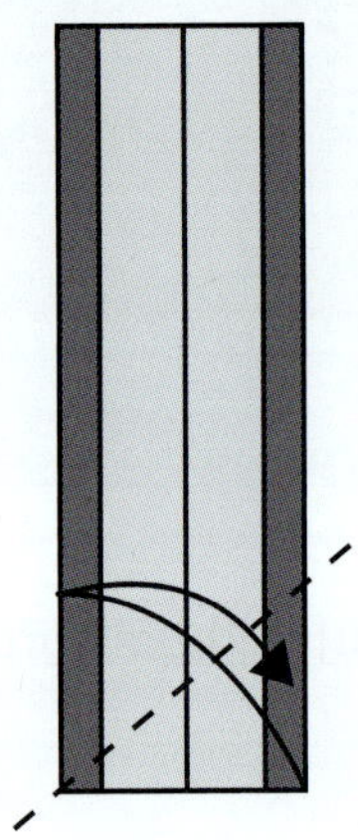

09 점선대로 접었다
펼쳐 주세요

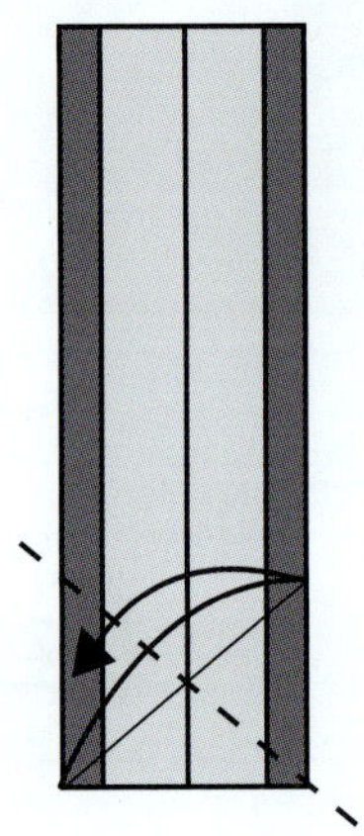

10 점선대로 접었다
펼쳐 주세요

11 화살표 방향으로
종이를 넣어 주세요
윗 부분도 09 ~ 11 까지
같은 방법으로 접어 주세요

11-1

11-2

11-3

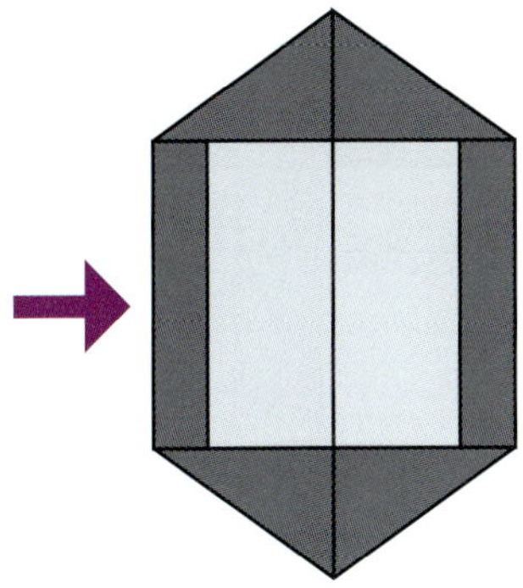

11 번이 완성된 모습

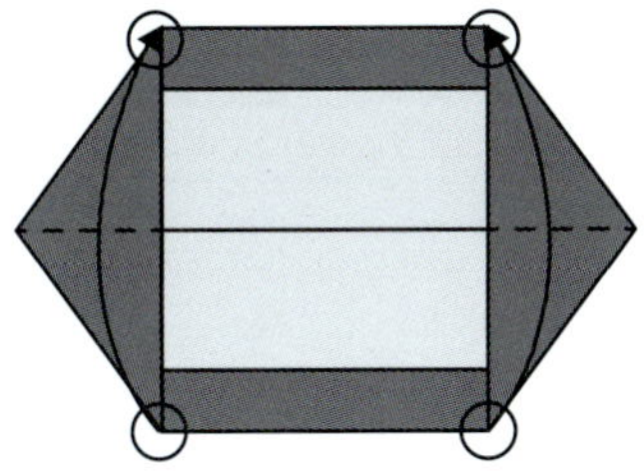

12 ○부분이 닿을 수 있도록 접어주세요

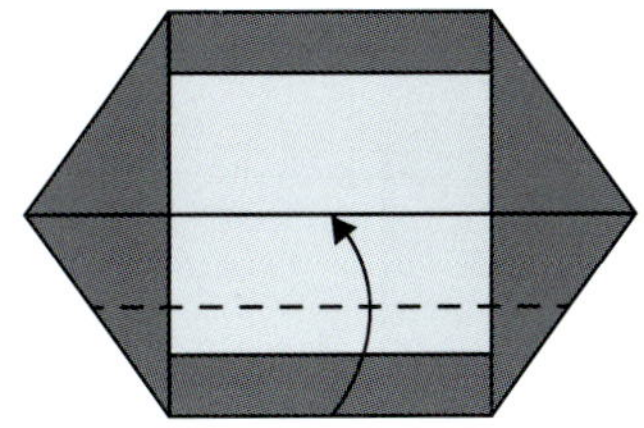

13 점선대로 접어 주세요

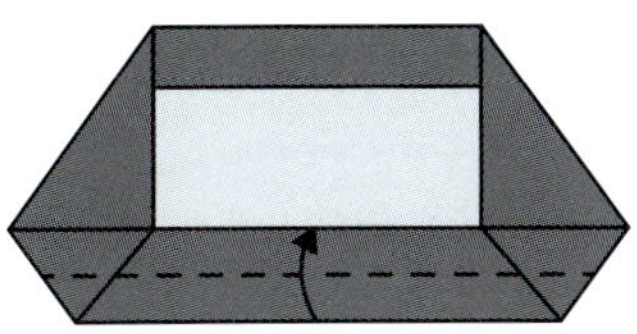

14 점선대로 접어 주세요

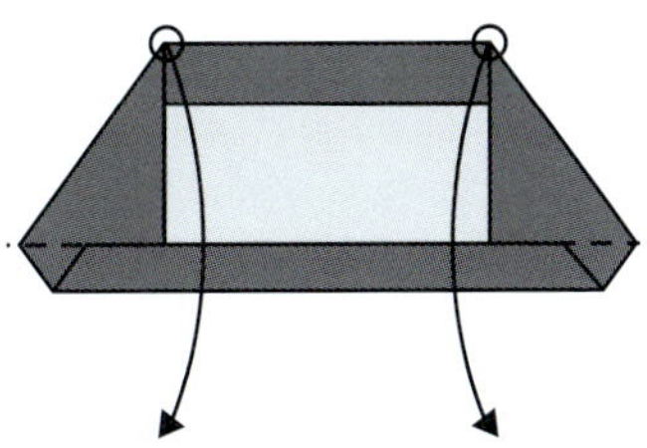

15 점선대로 접어 주세요

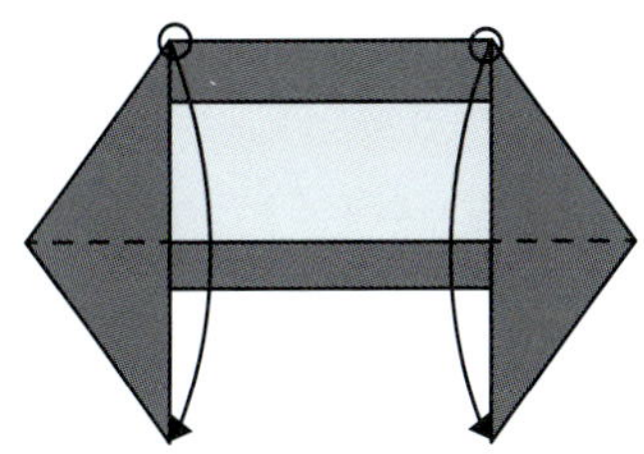

16 점선대로 접어 주세요

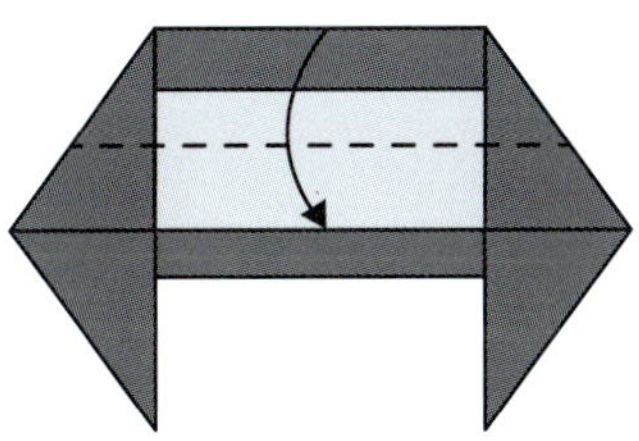

17 점선대로 접어 주세요

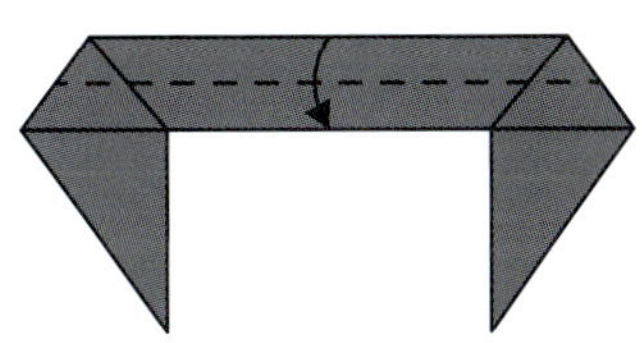

18 점선대로 접어 주세요

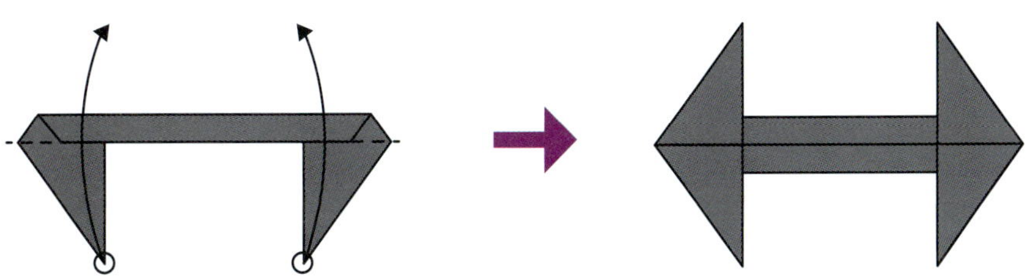

19 한 장만 위로 올려 접어 주세요

https://www.youtube.com/@origami_jina

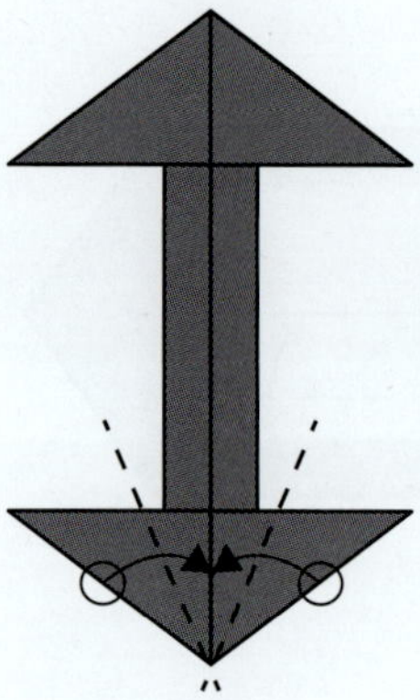

20 가운데 선에 맞춰 점선대로 접어 주세요

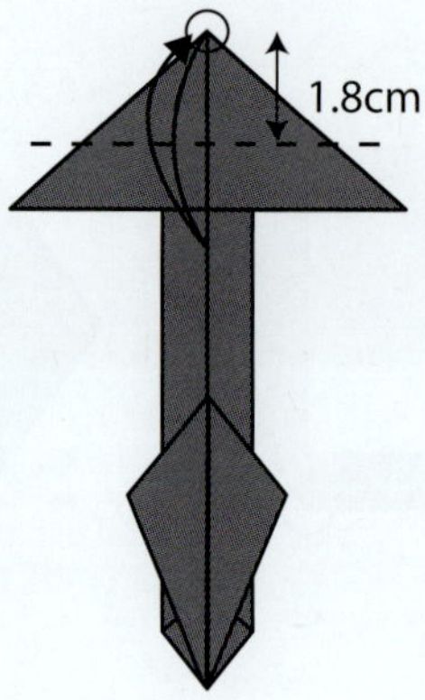

21 1.8cm 정도 점선대로 접었다가 펼쳐 주세요

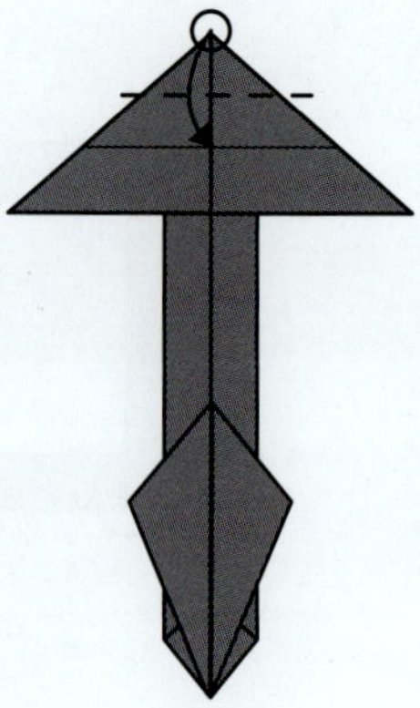

22 점선대로 접어 주세요

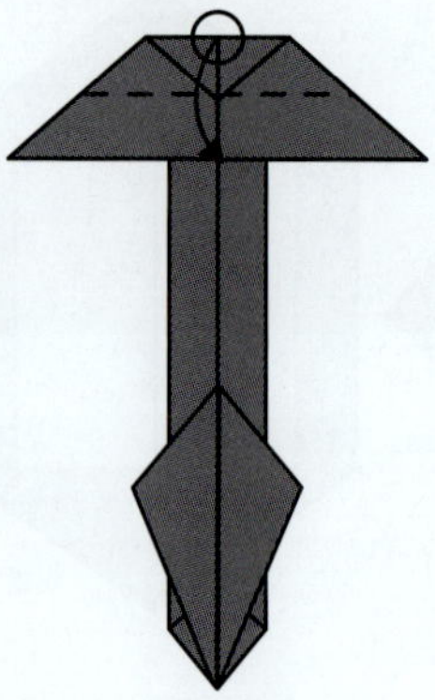

23 점선대로 접어 주세요

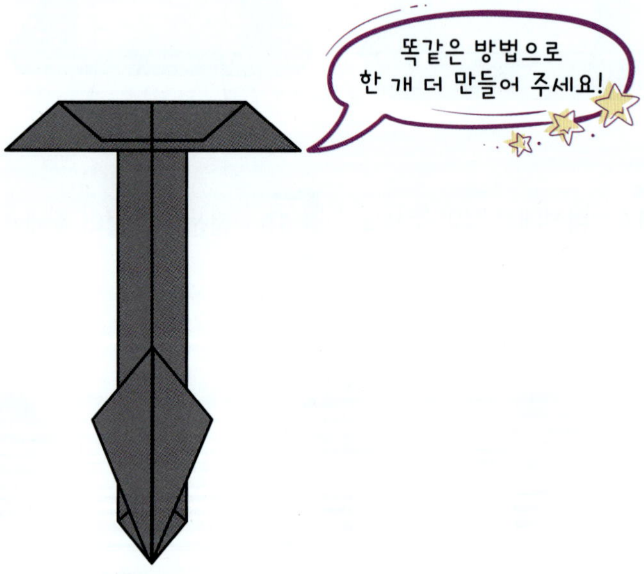

완성 크루즈 미사일 완성!

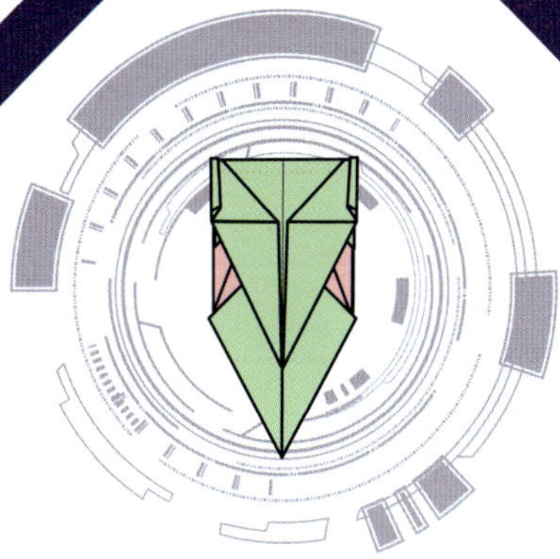

아크라 미니카

접는 방법 영상

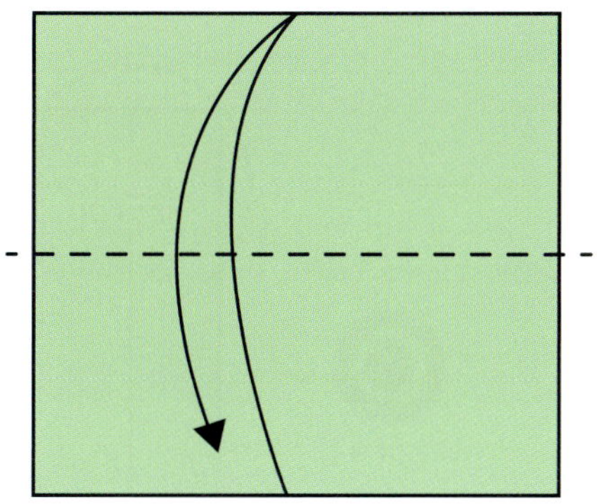

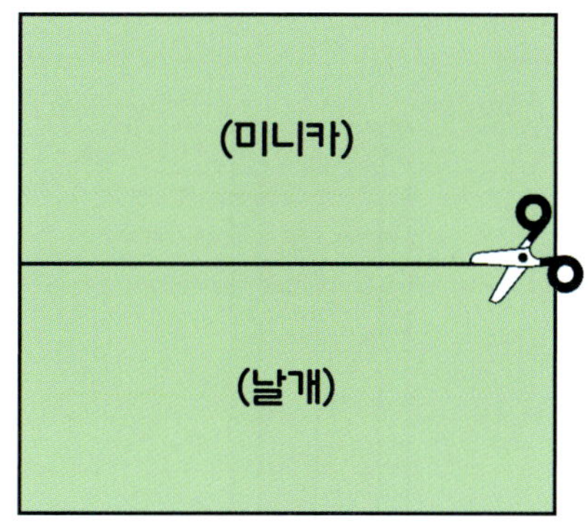

01 반으로 접었다가 펼쳐 주세요

02 표시선을 따라 반으로 잘라 주세요

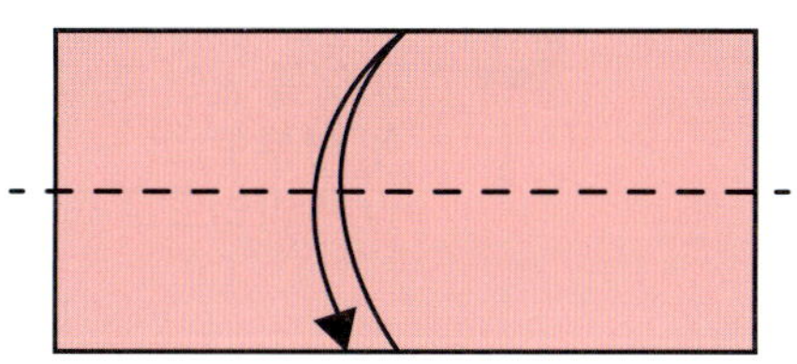

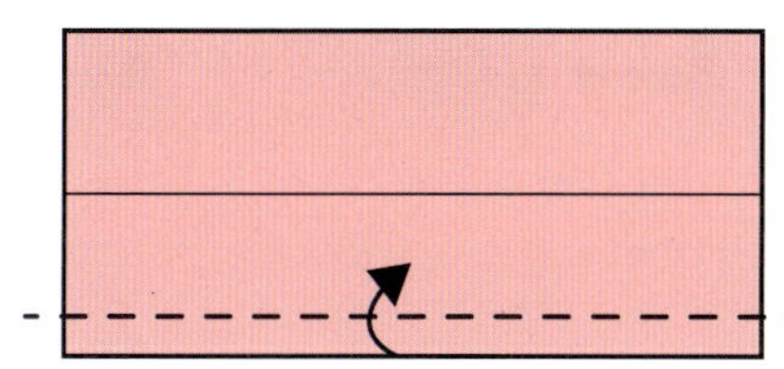

03 원하는 색을 뒷장에 놓고
반으로 접었다 펼쳐 주세요

04 0.7cm 정도 위로 올려 접어 주세요

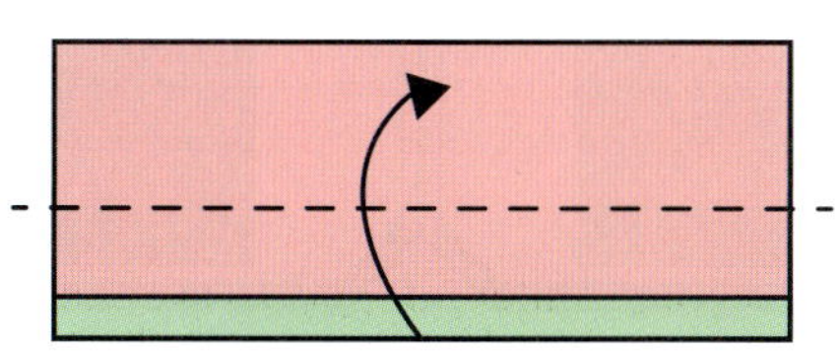

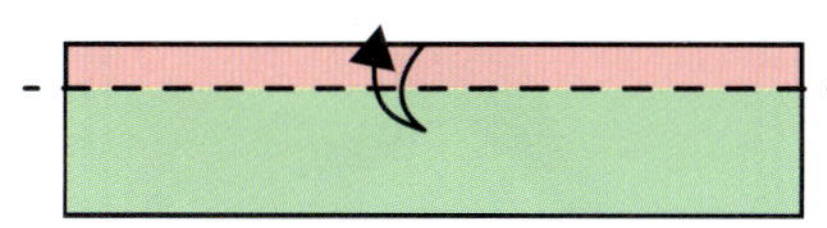

05 03 에서 만든 표시선을 따라 접어 주세요

06 점선대로 접었다 펼쳐 주세요

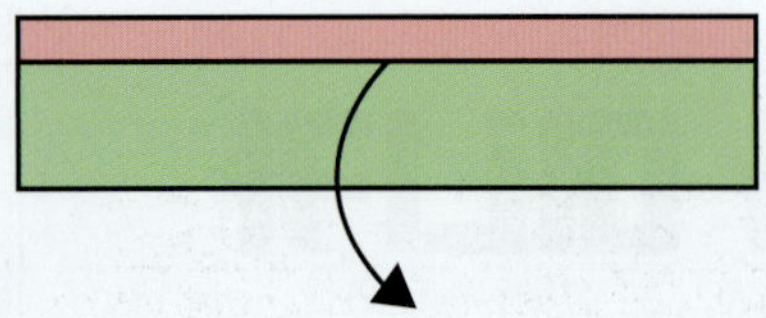

07 한 번 더 펼쳐 주세요

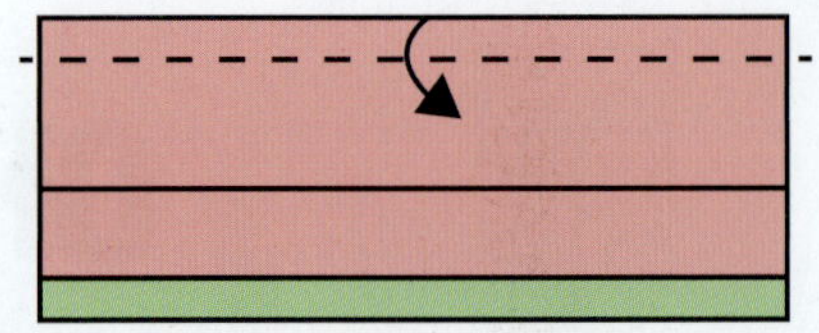

08 점선대로 접어 주세요

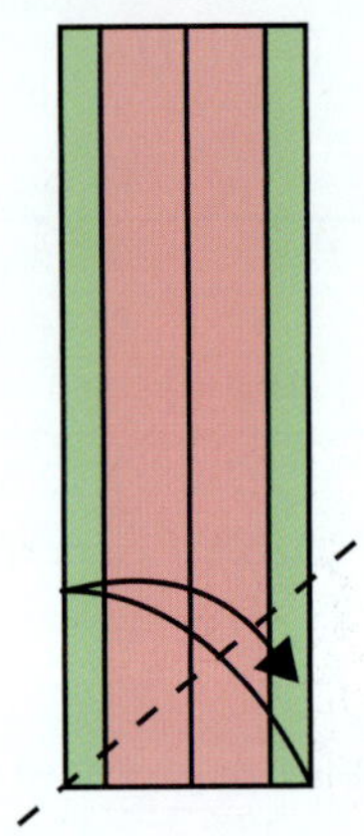

09 점선대로 접었다 펼쳐 주세요

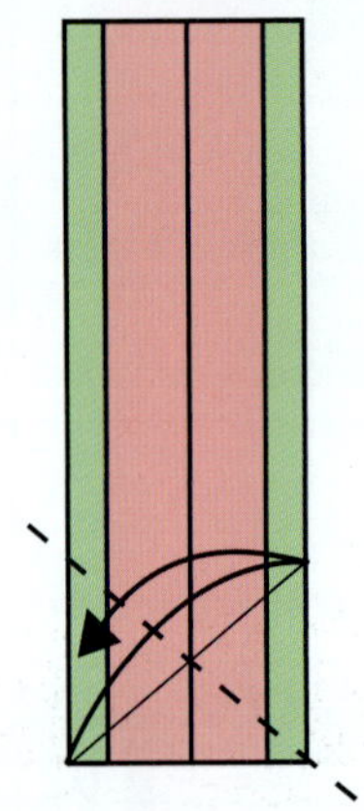

10 점선대로 접었다 펼쳐 주세요

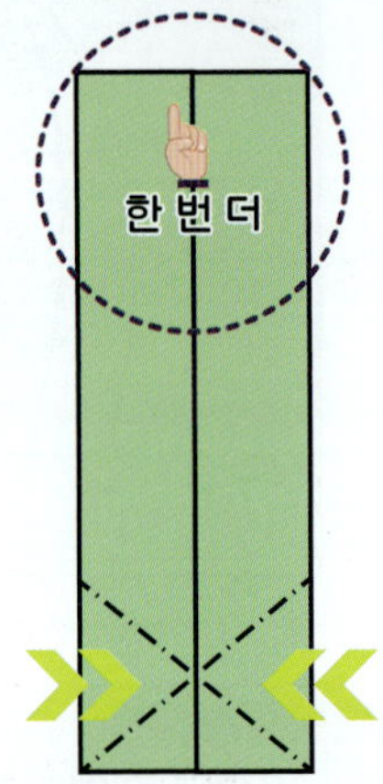

11 화살표 방향으로 종이를 넣어 주세요
윗 부분도 09 ~ 11 까지 같은 방법으로 접어 주세요

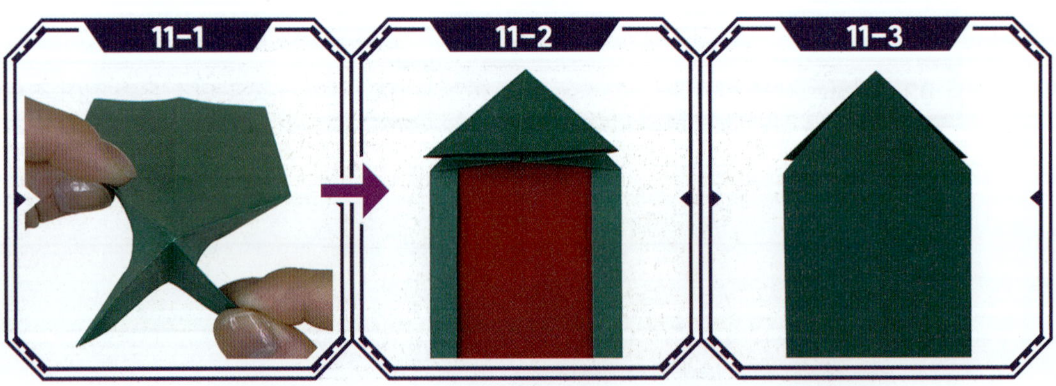

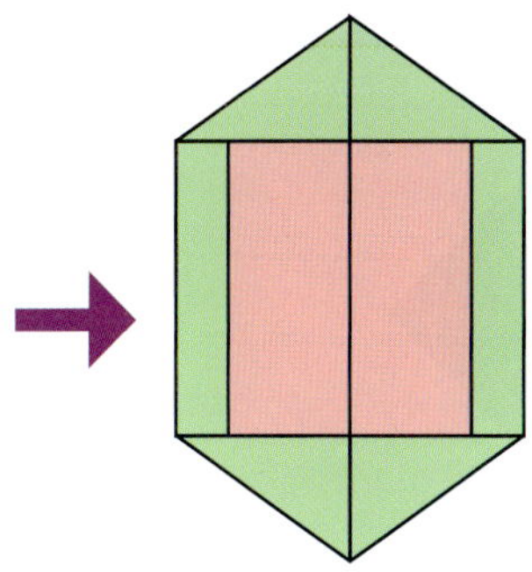

11 번이 완성된 모습

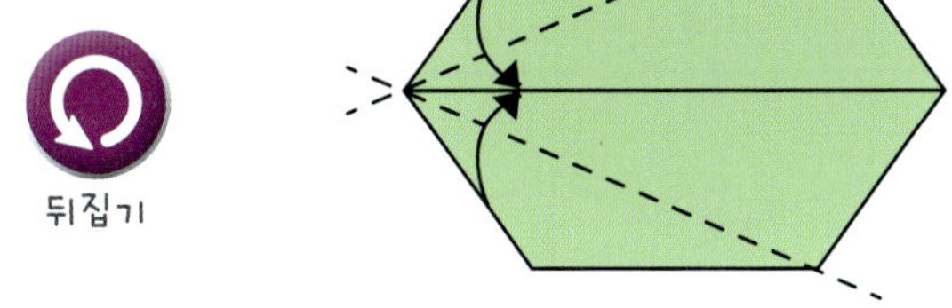

12 점선대로 접어 주세요

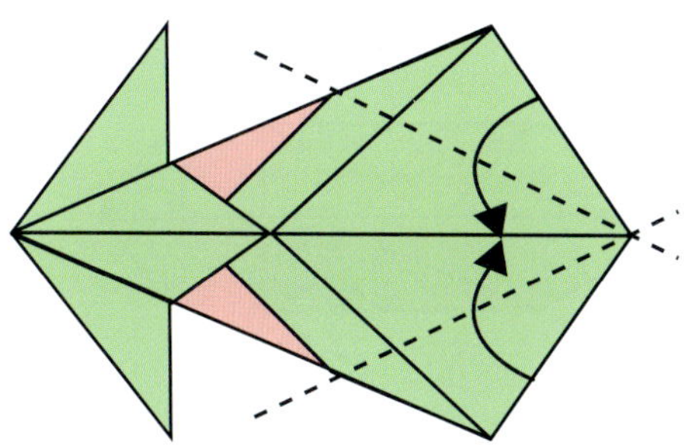

13 점선대로 접어 주세요

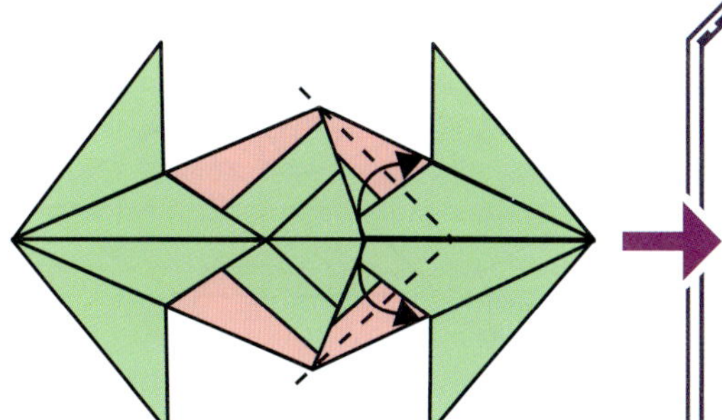

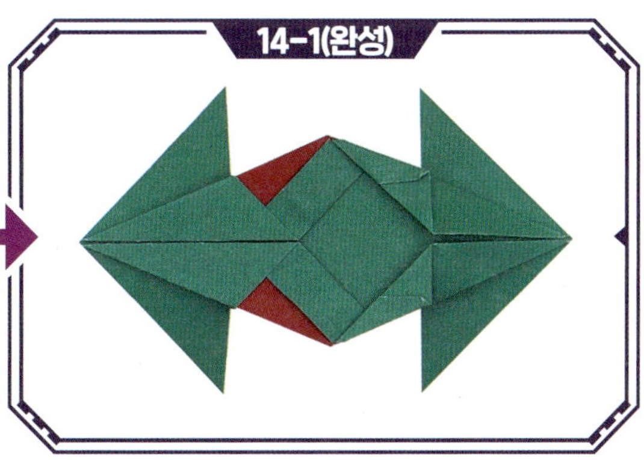

14-1(완성)

14 점선대로 접어 주세요

https://www.youtube.com/@origami_jina

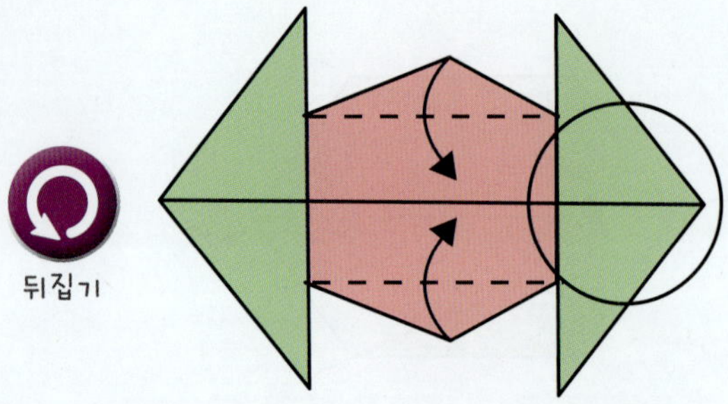

15 점선대로 접어 주세요

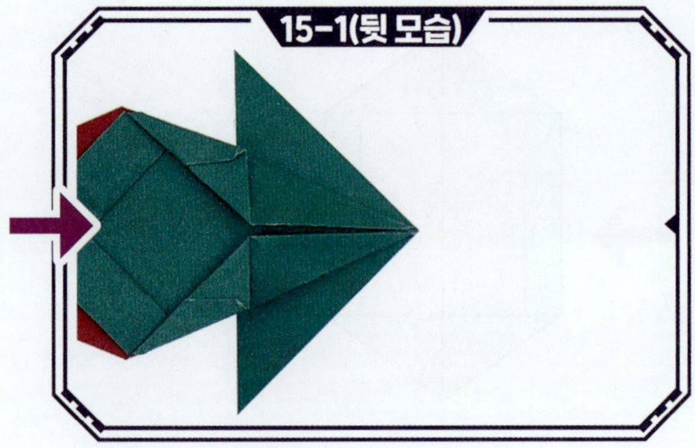

14 번에서 접은 부분을 오른쪽에 놓고
접어 주세요

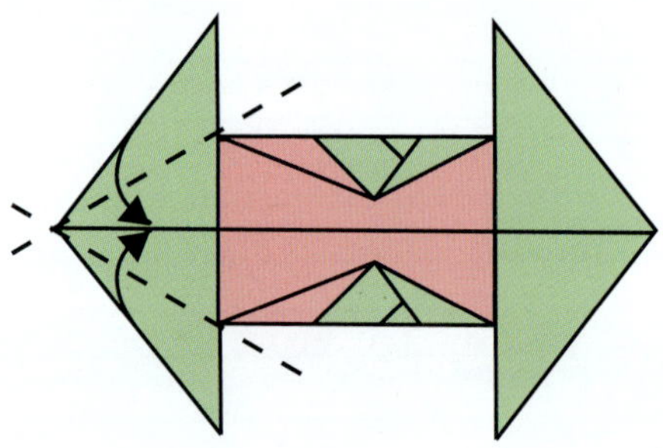

16 점선대로 접어 주세요

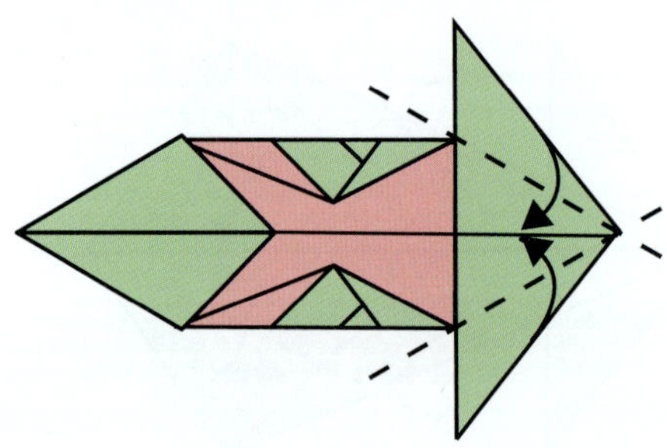

17 점선대로 접어 주세요

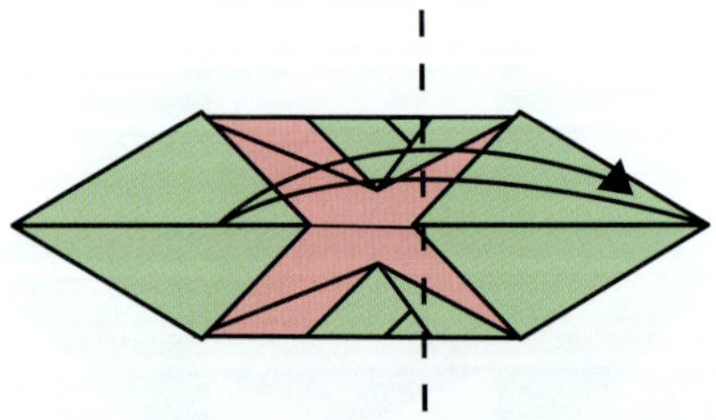

18 점선대로 접었다가 펼쳐 주세요

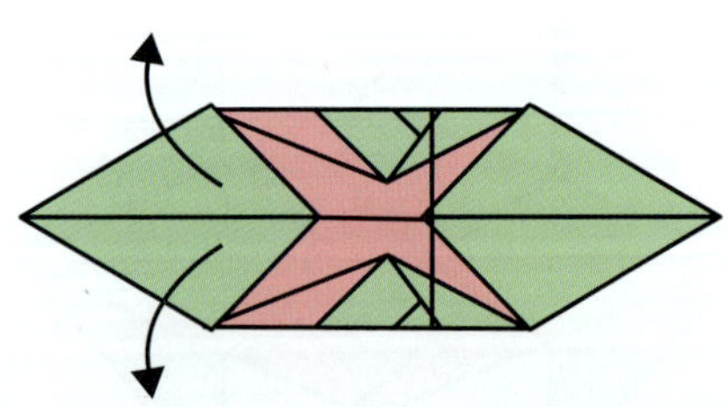

19 화살표 방향대로 펼쳐 주세요

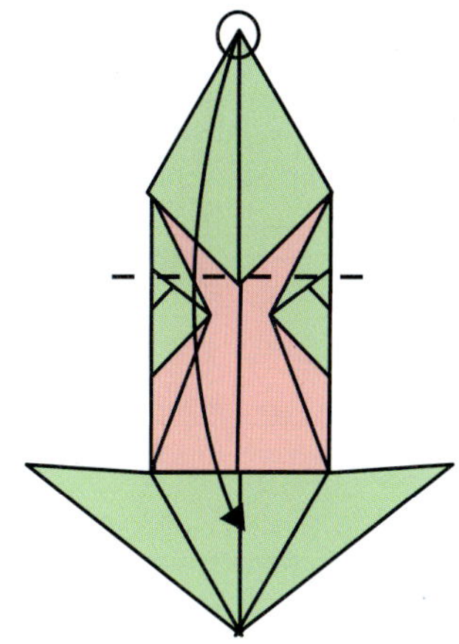

20 18 번에서 만든 표시선을 따라 접어 주세요

21 ○부분을 화살표 안쪽으로 넣어 주세요

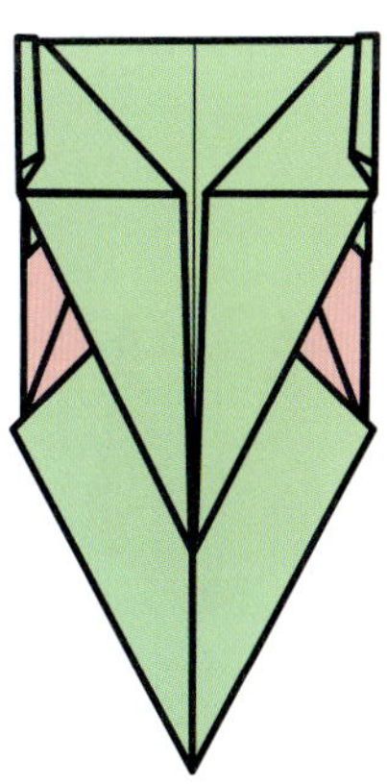

완성 아크라 미니카 완성!

https://www.youtube.com/@origami_jina

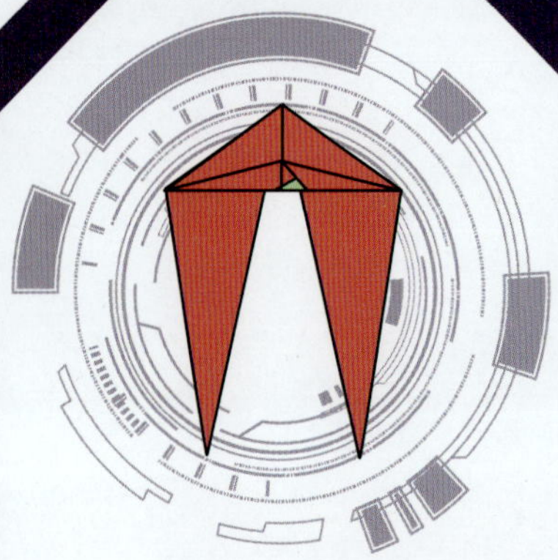

아크라 미니카 날개

접는 방법 영상

01 나머지 반장을 준비해 주세요

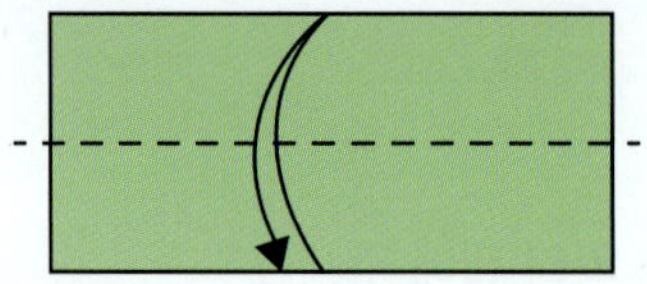

02 원하는 색을 뒷장에 놓고 반으로 접었다 펼쳐 주세요

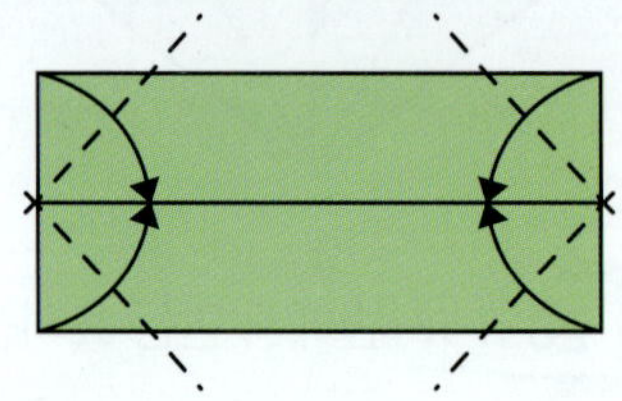

03 점선대로 접어 주세요

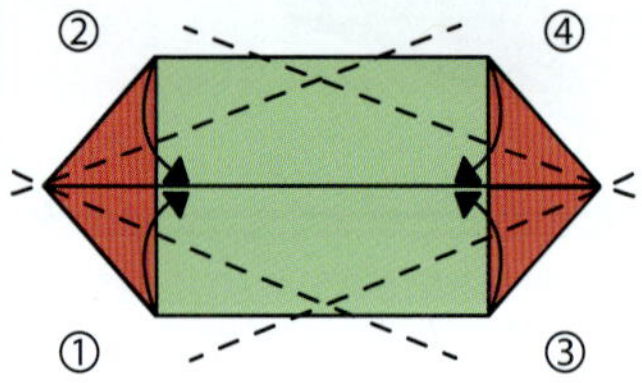

04 순서대로 접어 주세요

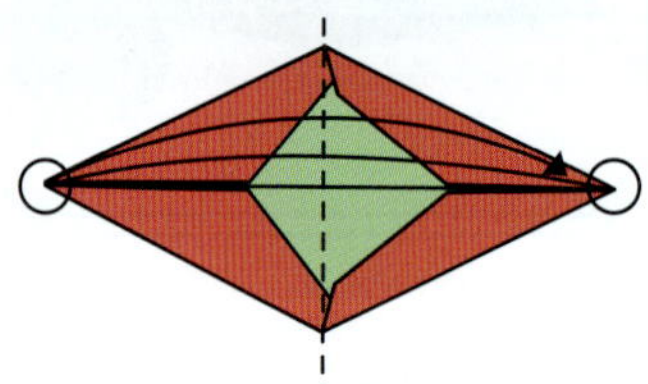

05 점선대로 접었다가 펼쳐 주세요

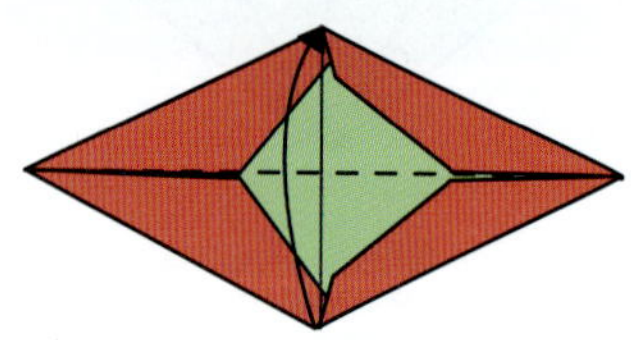

06 점선대로 접어 주세요

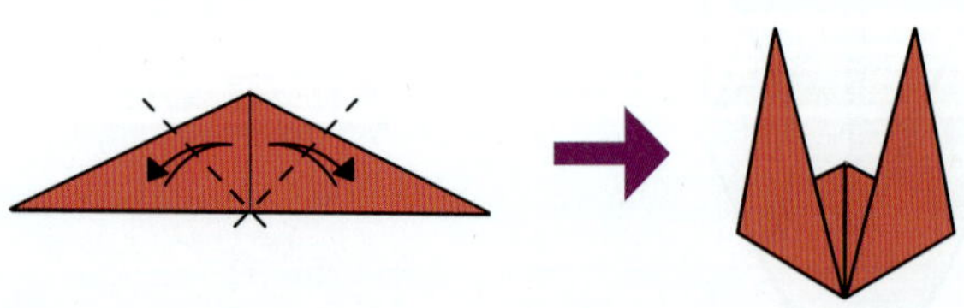

07 점선대로 접었다가 펼쳐 주세요

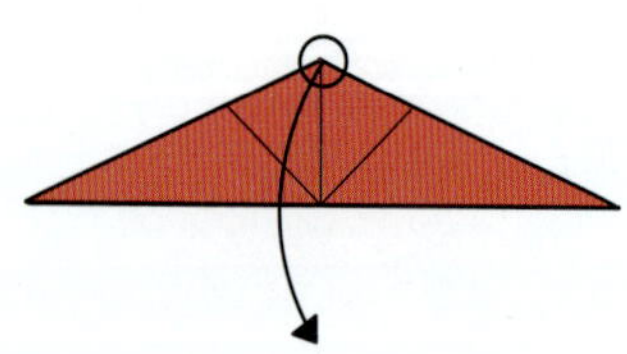

08 ○부분을 펼쳐 주세요

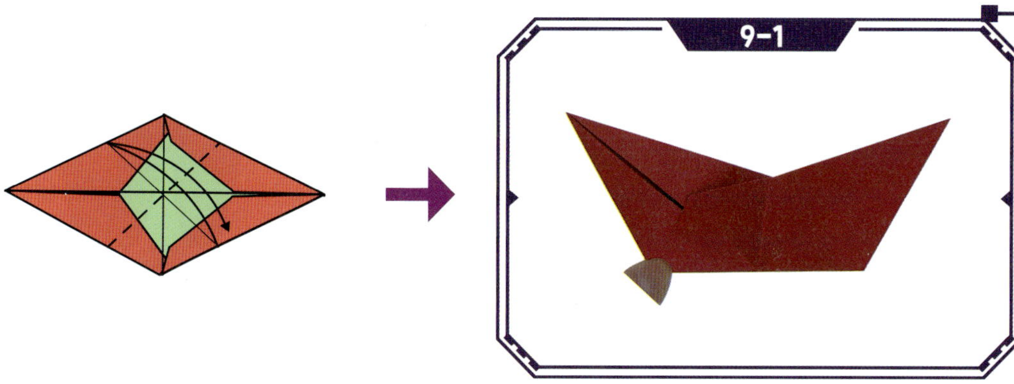

09 점선대로 접었다 펼쳐 주세요

10 점선대로 접었다 펼쳐 주세요

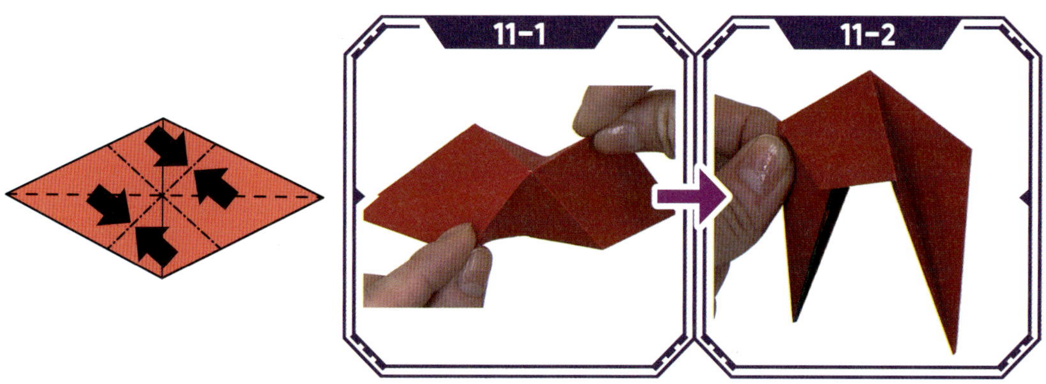

11 화살표 모양에 맞춰 위로 올려 접어 주세요

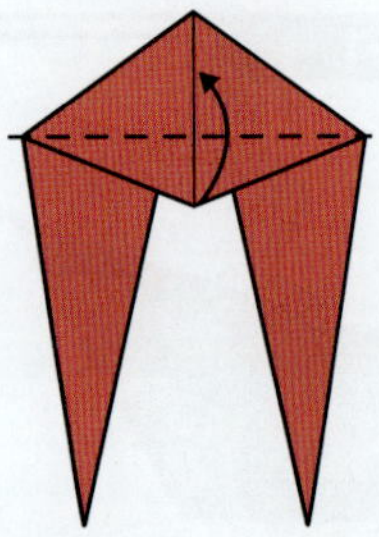

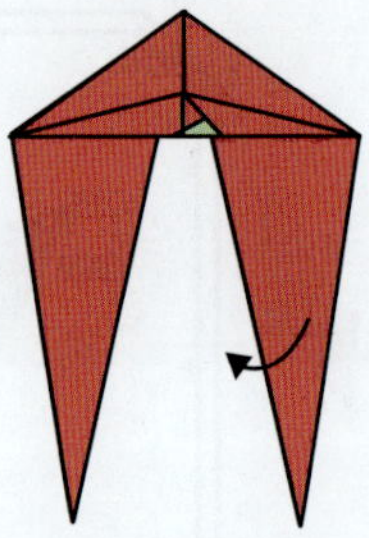

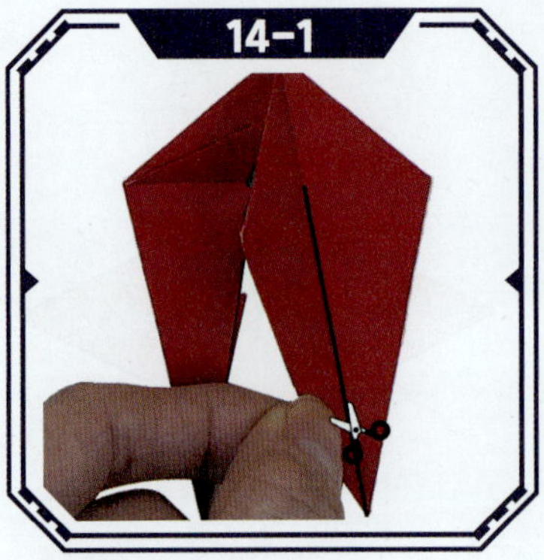

12 점선대로 접어 주세요
반대편도 똑같이
접어 주세요

13 화살표 방향으로
살짝 벌려 주세요

14 표시선대로 가위로
잘라 주세요

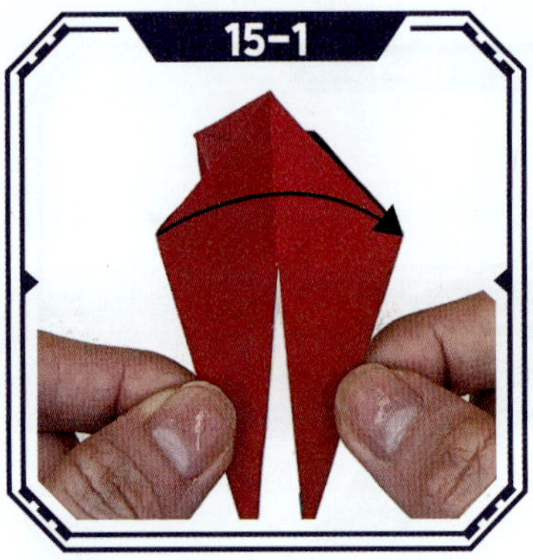

15 화살표 방향대로 접어 주세요 반대편도 13 ~ 15 따라 접어 주세요

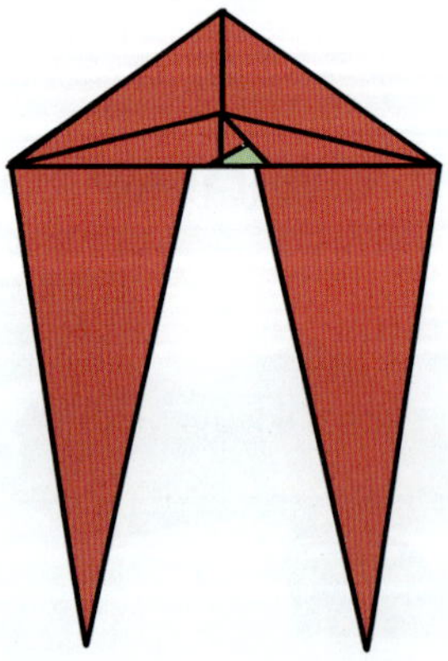

완성 아크라 미니카 날개 완성!

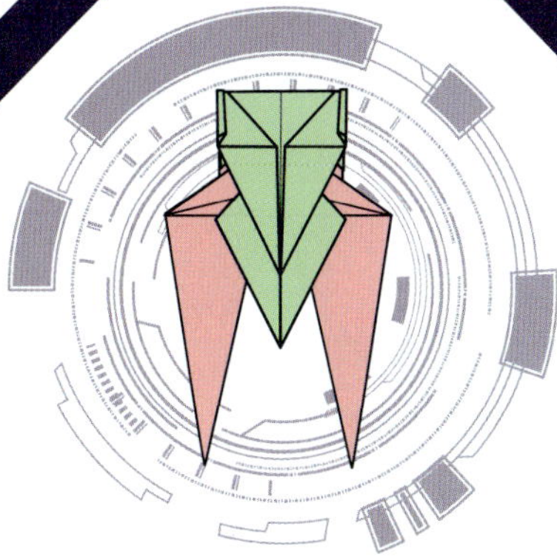

아크라 합체

접는 방법 영상

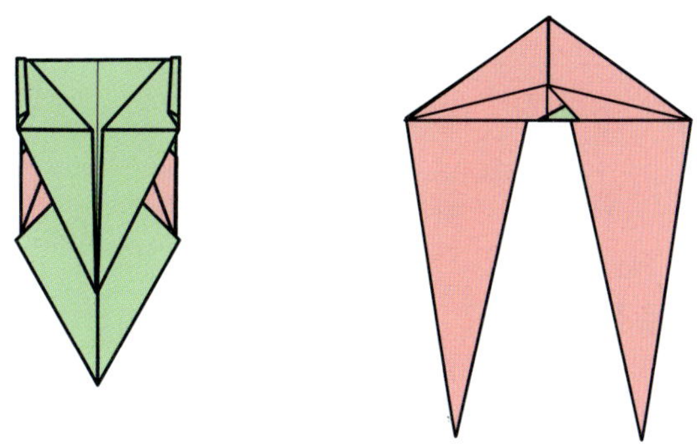

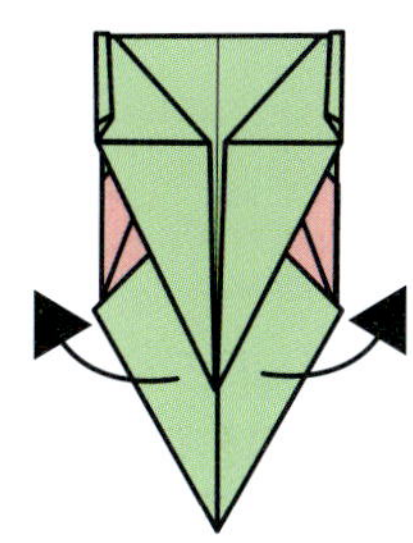

01 완성한 미니카와 날개를 준비해 주세요

02 안쪽의 종이를 화살표
방향으로 빼주세요

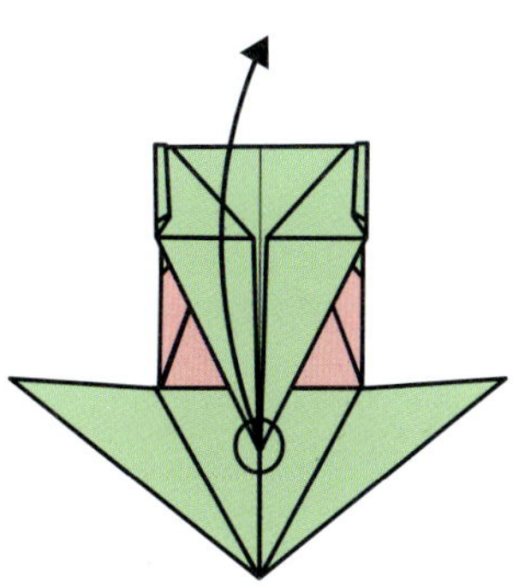

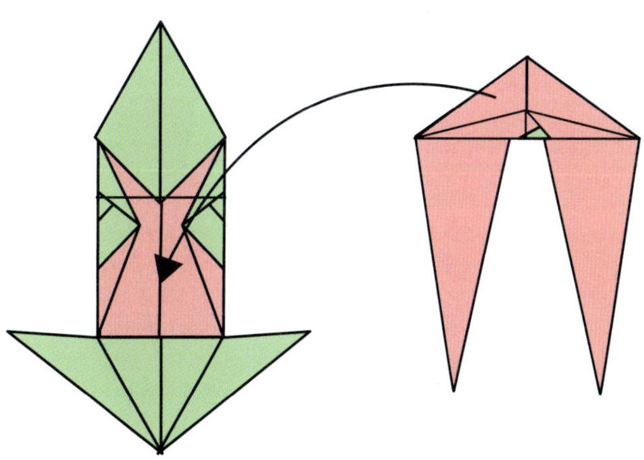

03 ○부분을 화살표
방향으로 벌려 주세요

04 날개를 미니카 안에 넣어 주세요

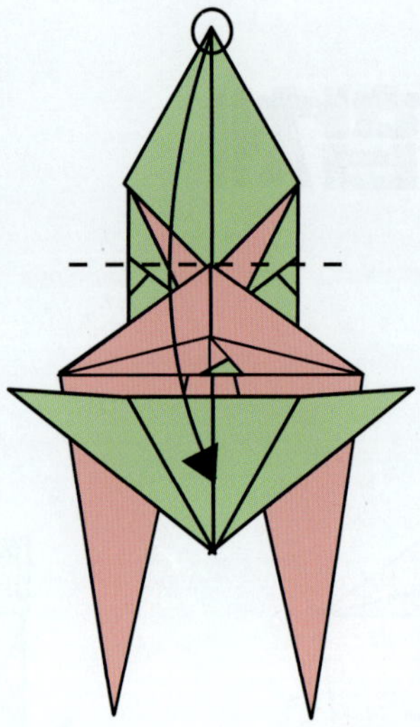

05 ○부분을 화살표 방향으로 접어 주세요

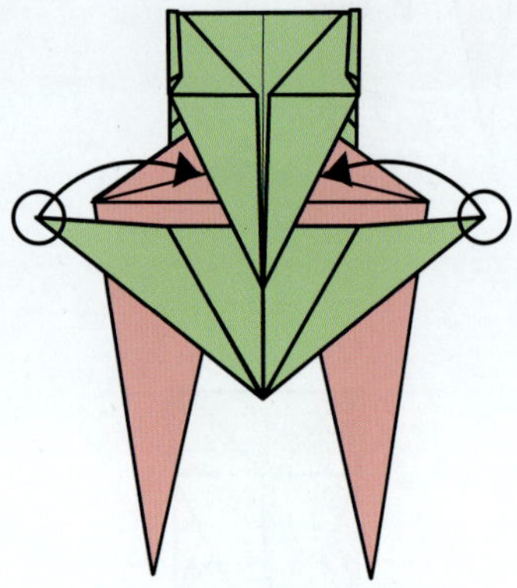

06 ○부분을 화살표 안쪽으로 넣어 주세요

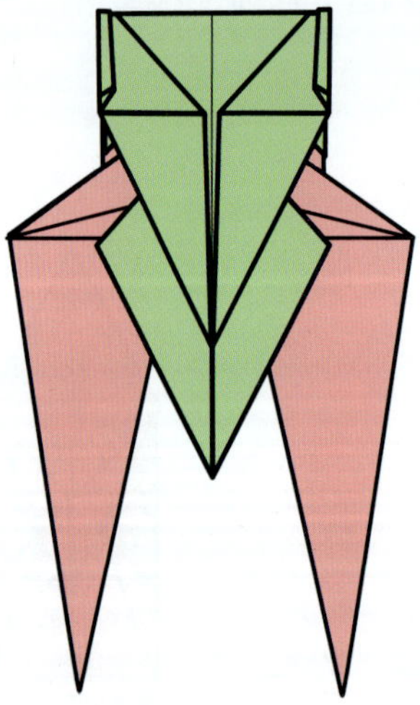

완성 아크라 합체 완성!

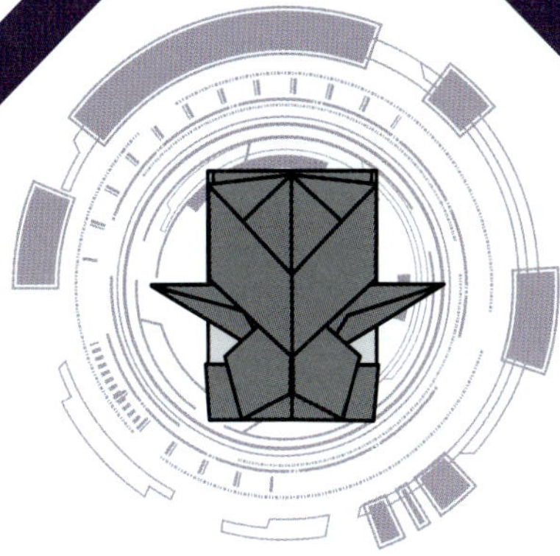

아크라 머리 미니카

접는 방법 영상

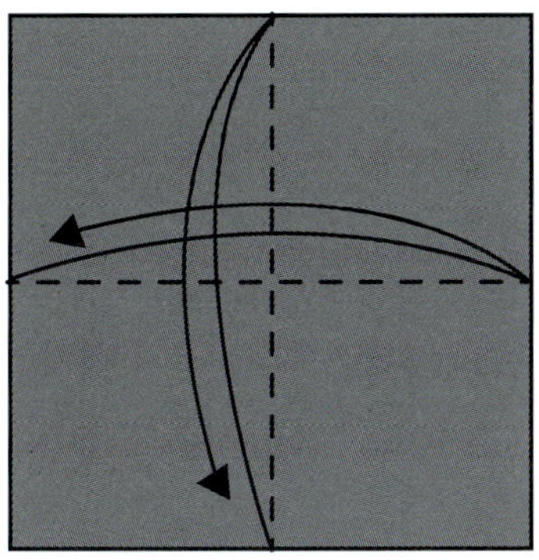

01 점선대로 접었다가 펼쳐 주세요

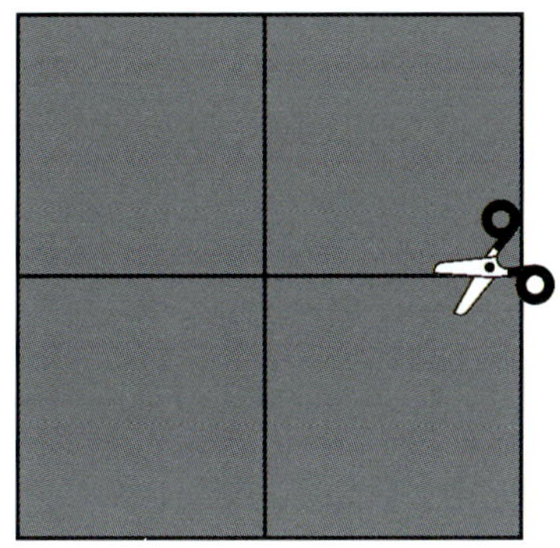

02 표시선을 따라 오려 주세요

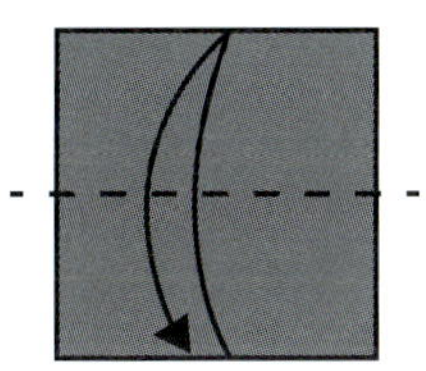

확대

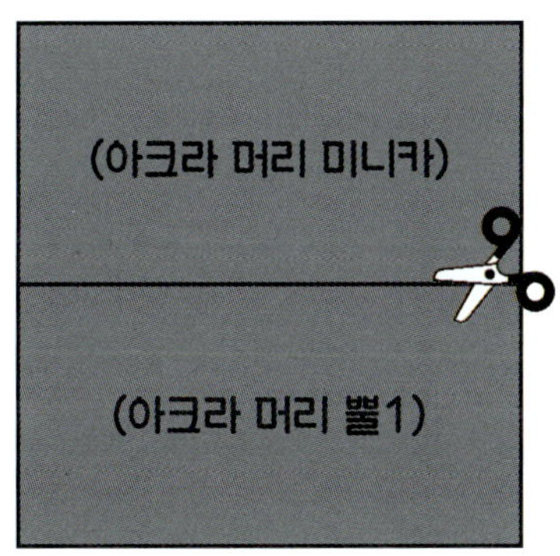

03 반으로 접었다 펼쳐 주세요

04 표시선을 따라 오려 주세요

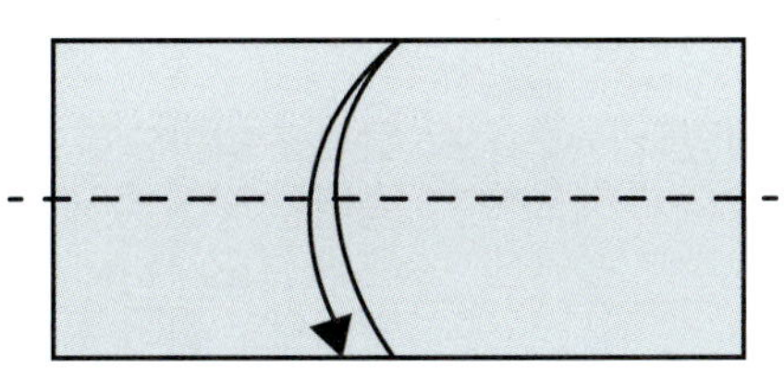

05 원하는 색을 뒷장에 놓고
반으로 접었다 펼쳐 주세요

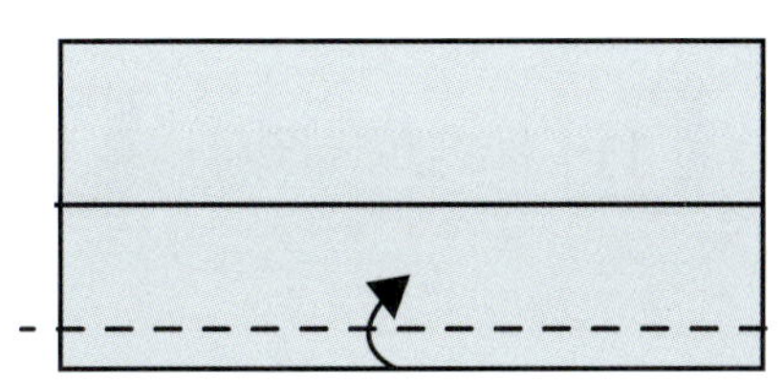

06 0.5cm 정도 위로 올려 접어 주세요

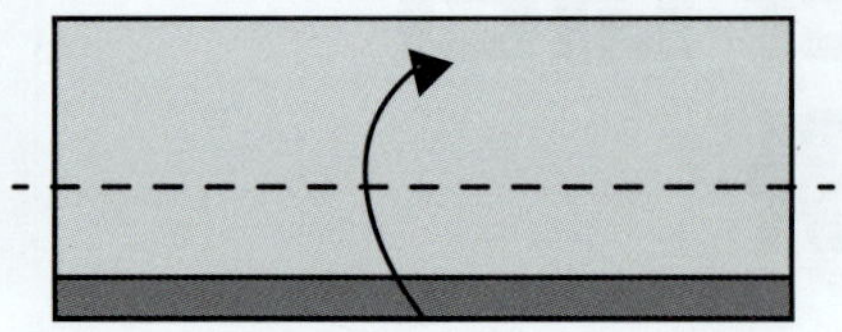

07 05 에서 만든 표시선을 따라 접어 주세요

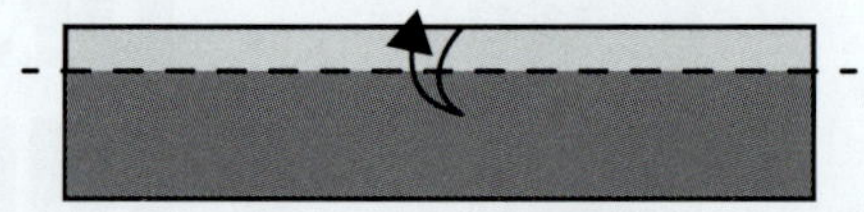

08 점선대로 접었다 펼쳐 주세요

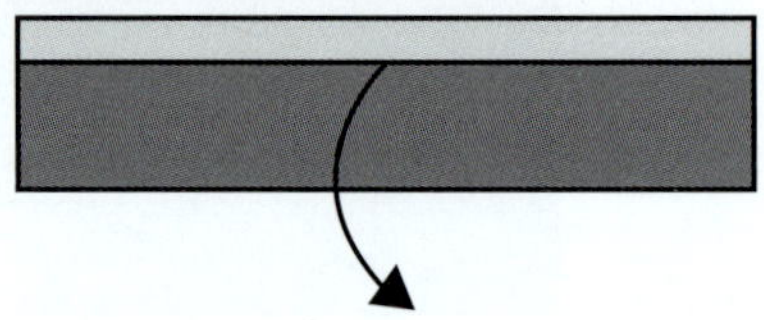

09 한 번 더 펼쳐 주세요

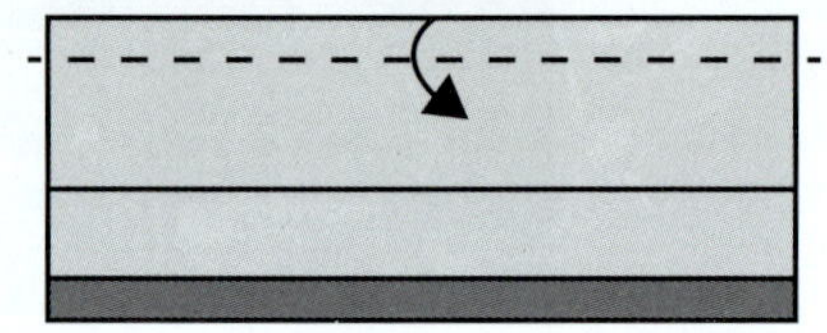

10 점선대로 접어 주세요

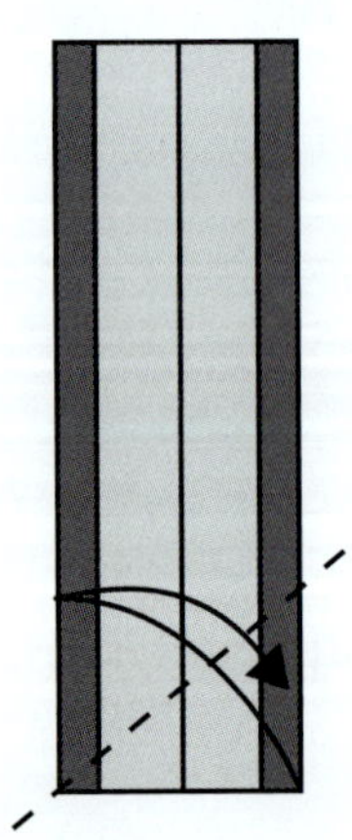

11 점선대로 접었다 펼쳐 주세요

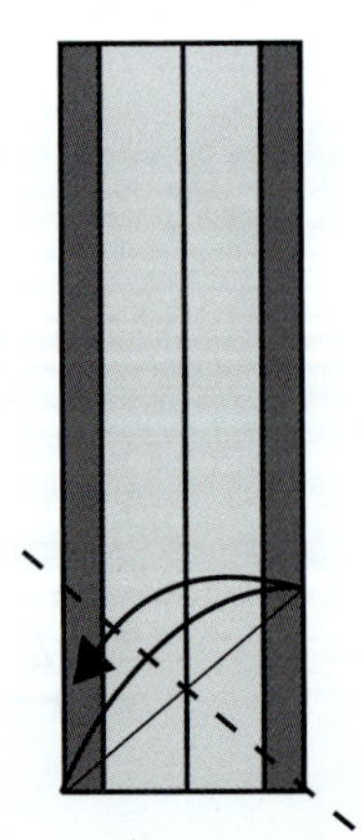

12 점선대로 접었다 펼쳐 주세요

13 화살표 방향으로 종이를 넣어 주세요 윗 부분도 11 ~ 13 까지 같은 방법으로 접어 주세요

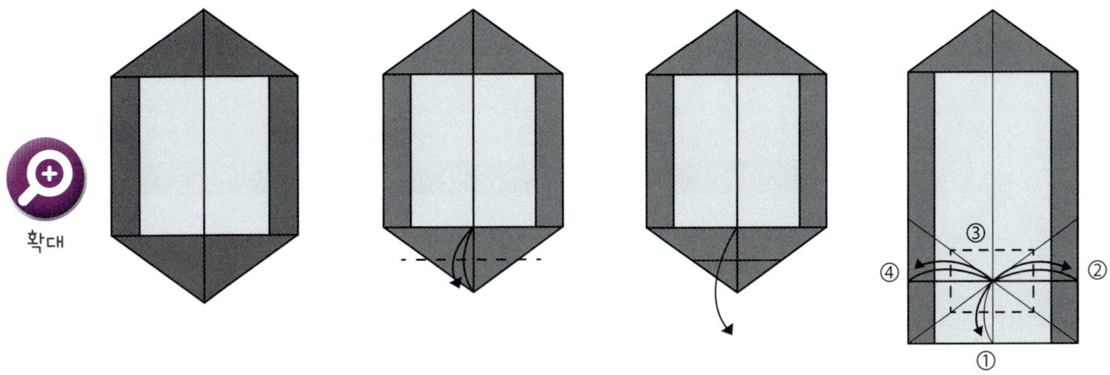

※ 13 이 완성된 모습

14 점선대로 접었다 펼쳐 주세요

15 한 번 더 펼쳐 주세요

16 순서대로 접었다 펼쳐 주세요

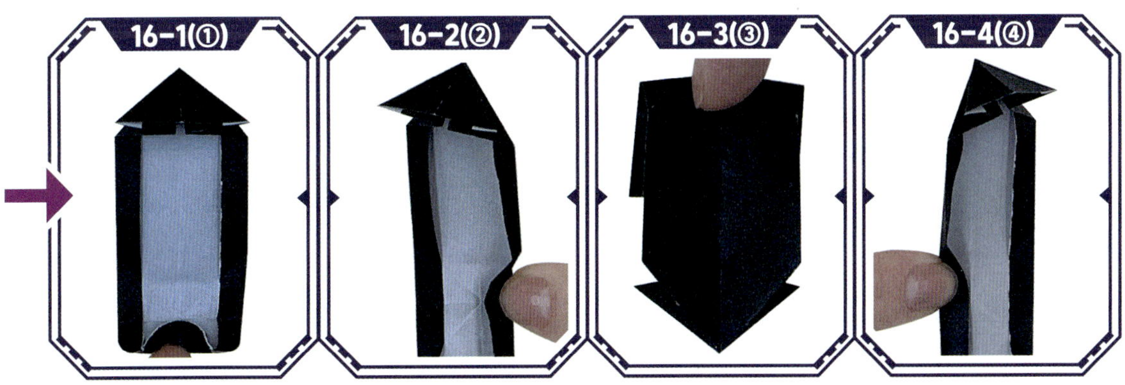

https://www.youtube.com/@origami_jina

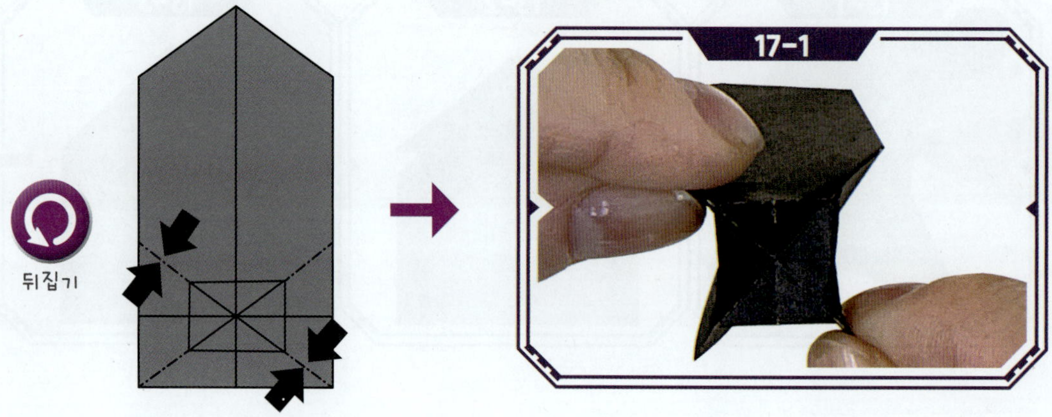

17 네모 모양이 밖으로 나올 수 있도록 화살표 부분을 손으로 잡아 주세요

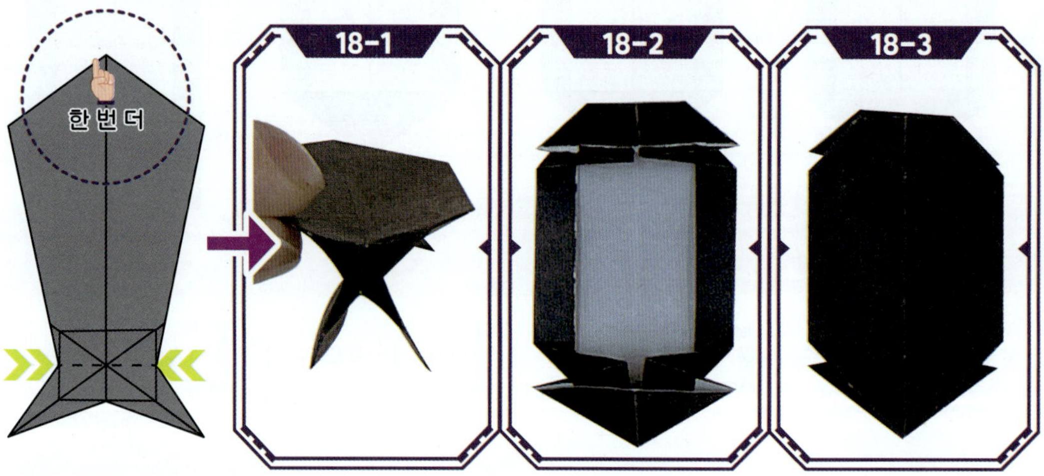

18 화살표 부분을 안쪽으로 눌러 접어 주세요
윗 부분도 14 ~ 18 까지 같은 방법으로 접어 주세요

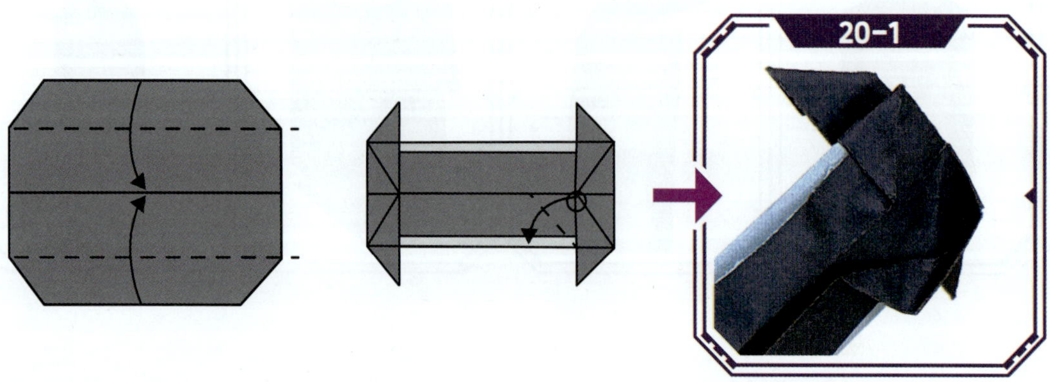

19 점선대로 접어 주세요

20 ○부분을 화살표 방향으로 접어 주세요

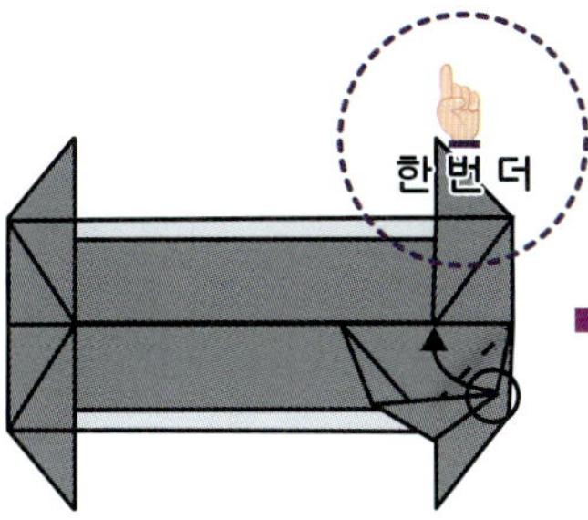

21 ○부분을 화살표 방향으로 넣어 주세요
윗 부분도 20 ~ 21 까지 같은 방법으로 접어 주세요

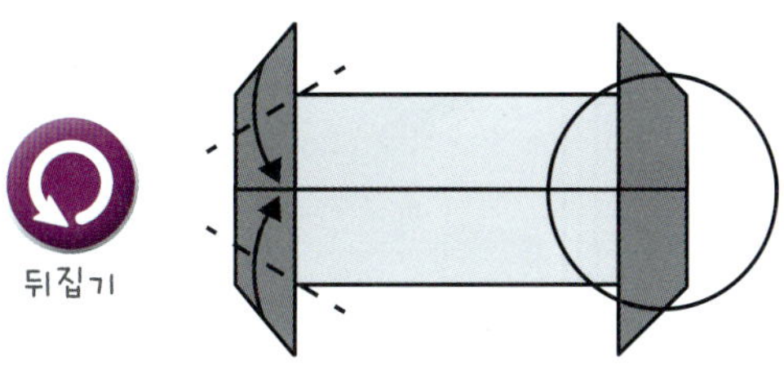

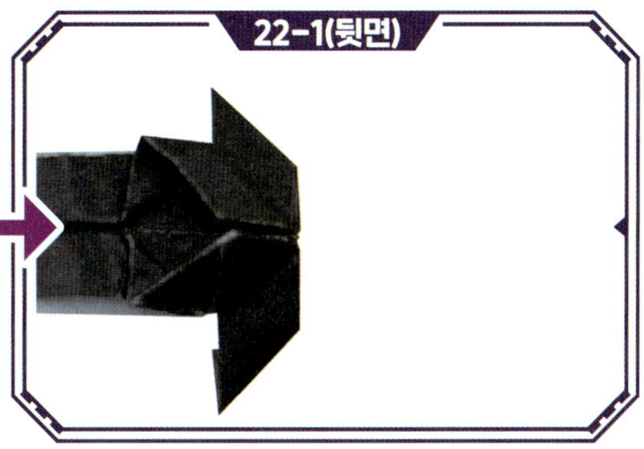

22 점선대로 접어 주세요

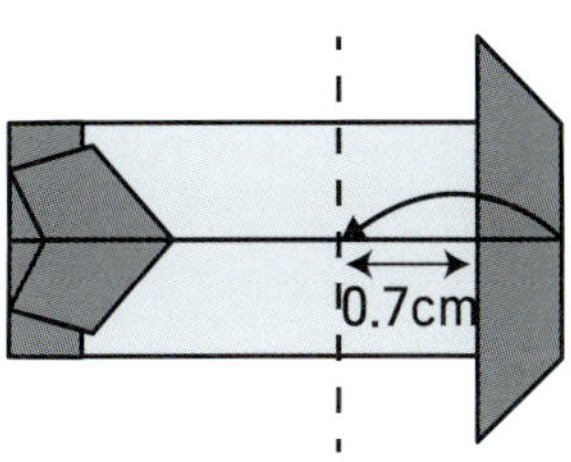

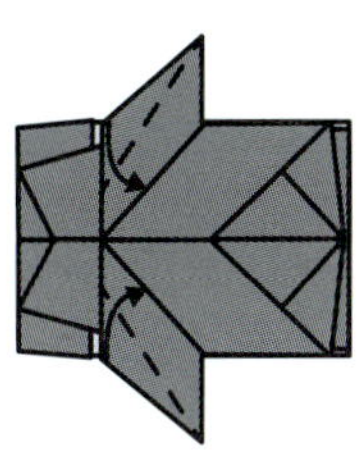

23 0.7cm 정도 점선대로 접어 주세요

24 점선대로 접어 주세요

https://www.youtube.com/@origami_jina

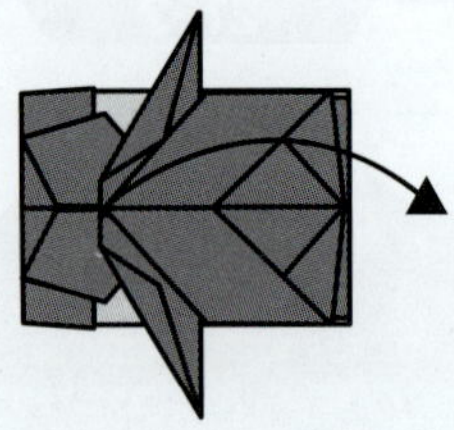

25 화살표 방향으로 펼쳐 주세요

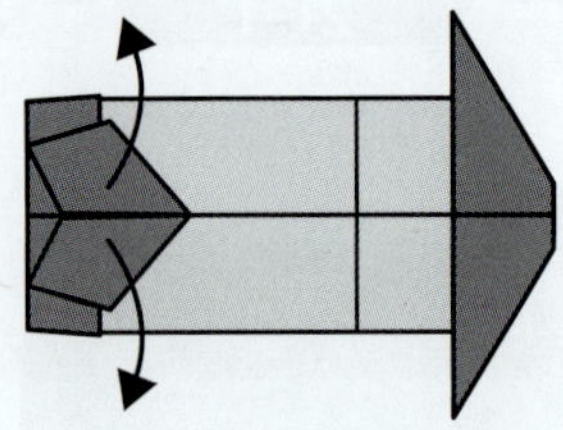

26 화살표 방향으로 펼쳐 주세요

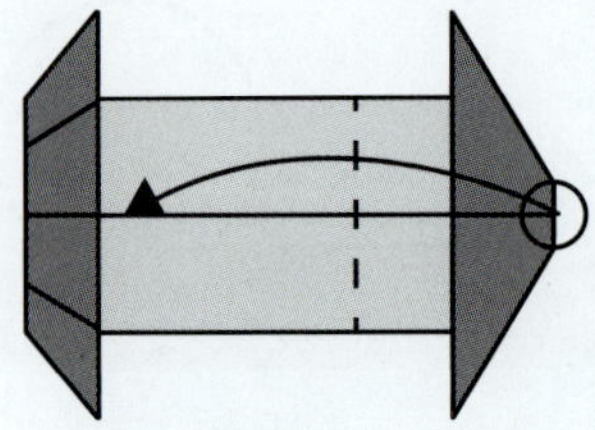

27 점선대로 접어 주세요

28 화살표 안쪽으로 넣어 주세요

완성 아크라 머리 미니카 완성!

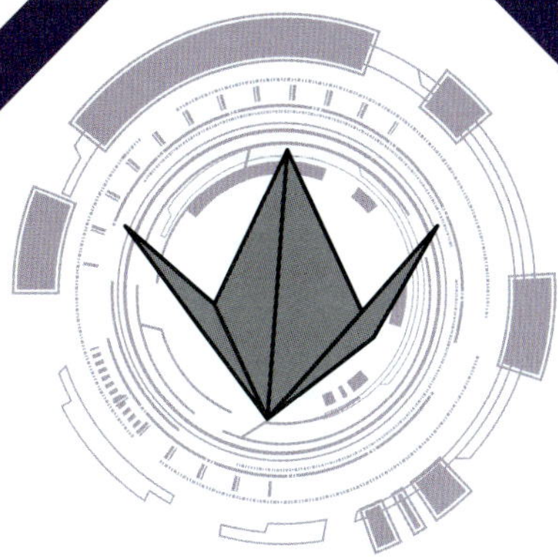

아크라 머리 미니카(뿔 1)

접는 방법 영상

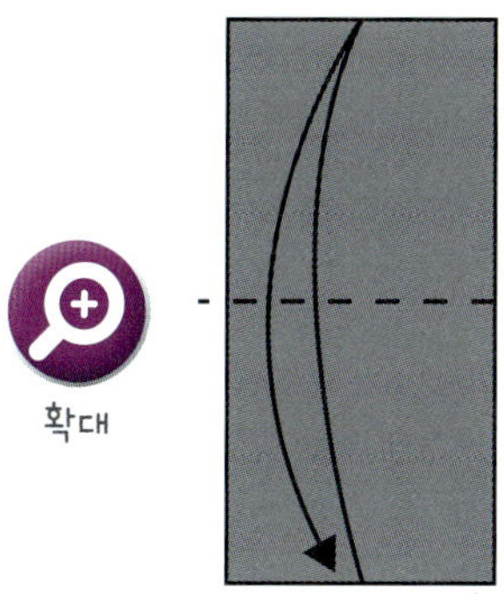

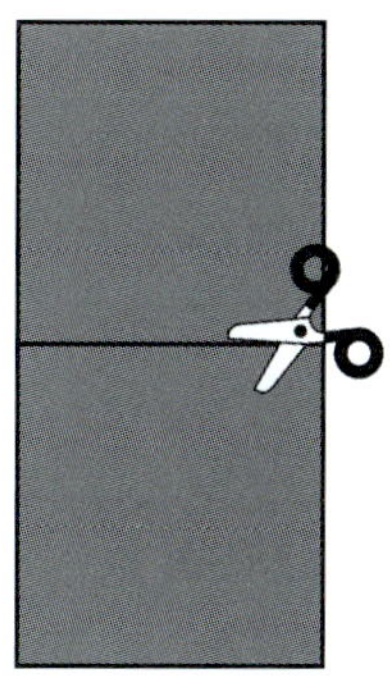

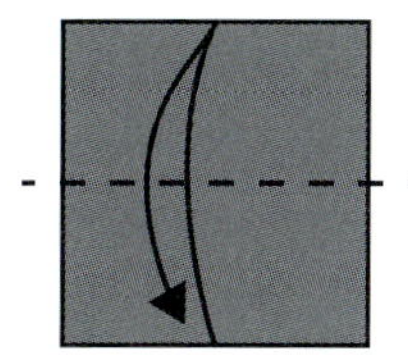

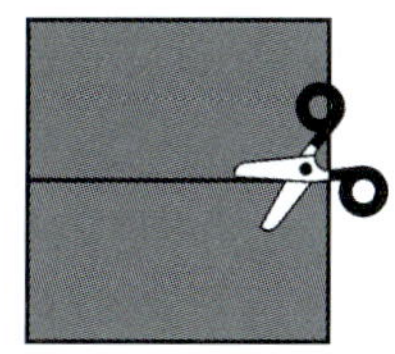

01 아크라 미니카 머리 04 에서 자른 나머지 반장을 준비해 주세요 반으로 접었다 펼쳐 주세요

02 가위로 오려 주세요

03 접었다 펼쳐 주세요

04 가위로 오려 주세요

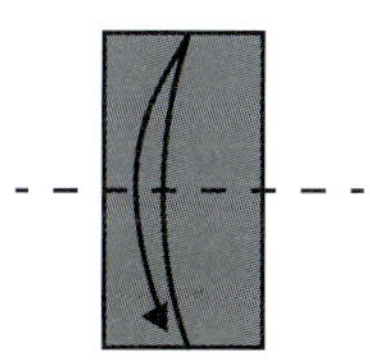

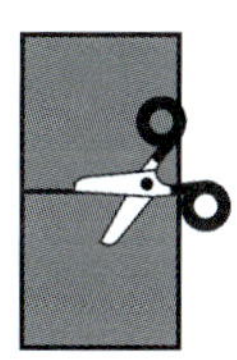

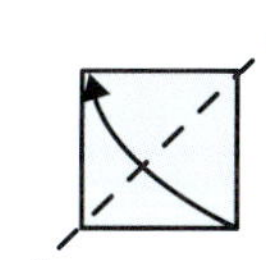

05 접었다 펼쳐 주세요

06 가위로 오려 주세요

07 원하는 색을 뒷장에 놓고 점선대로 접어 주세요

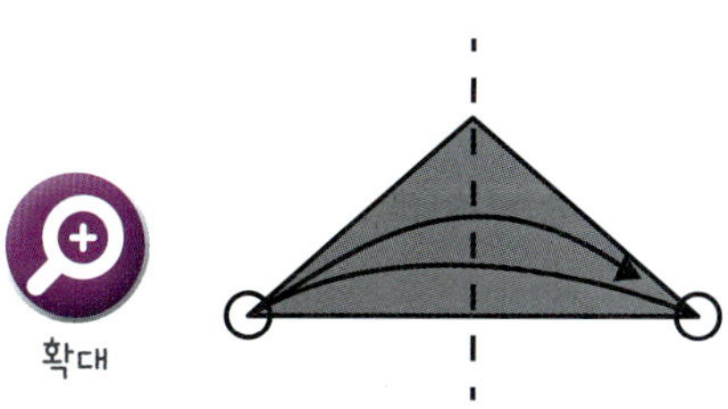

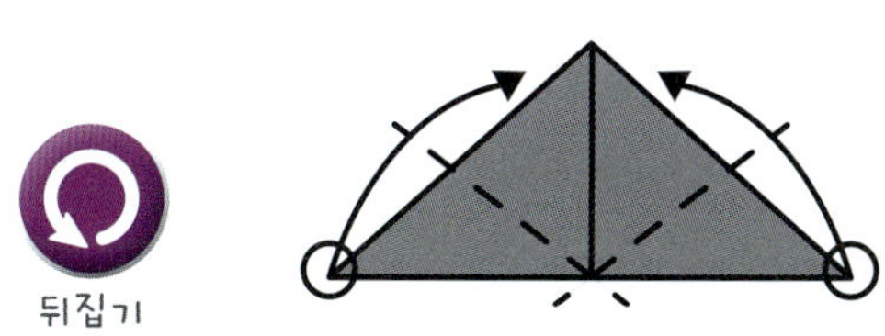

08 점선대로 접었다 펼쳐 주세요

09 점선대로 접어 주세요

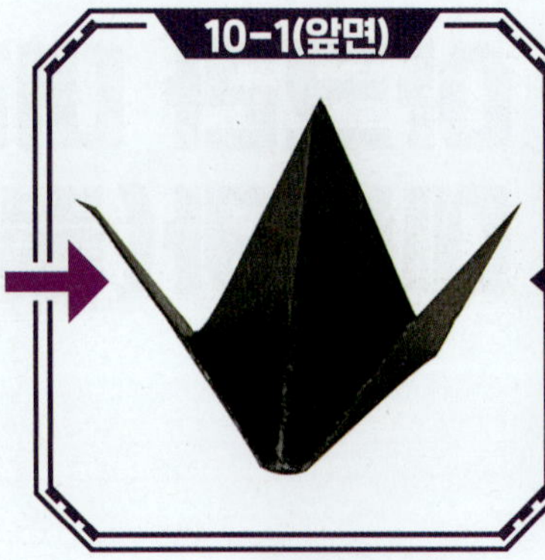

10 ○부분을 살짝 당겨 주세요

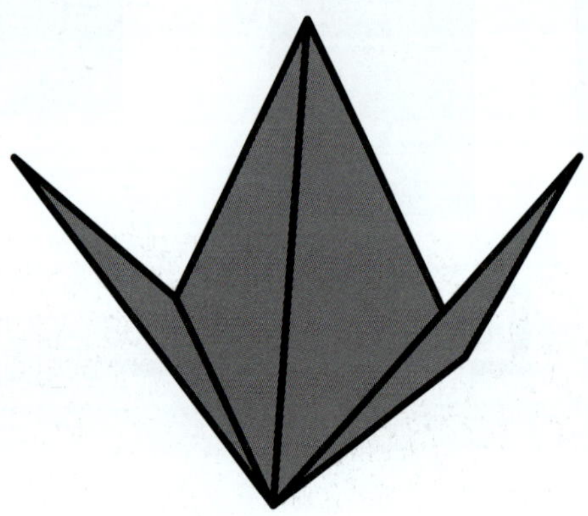

완성 아크라 머리 미니카(뿔1) 완성!

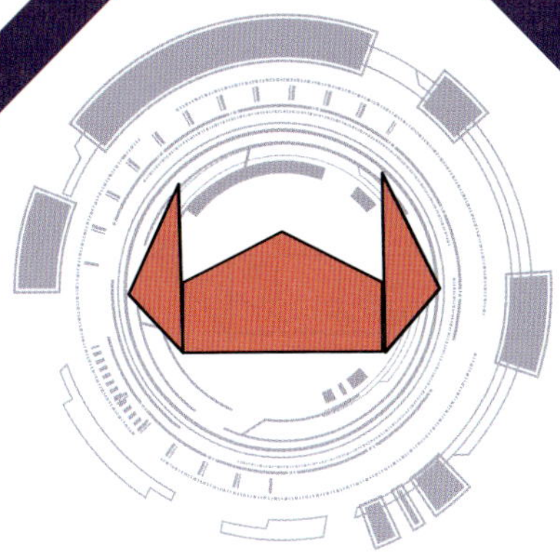

아크라 머리 미니카(뿔2)

접는 방법 영상

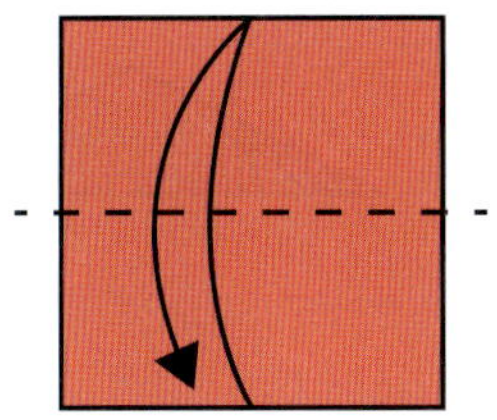

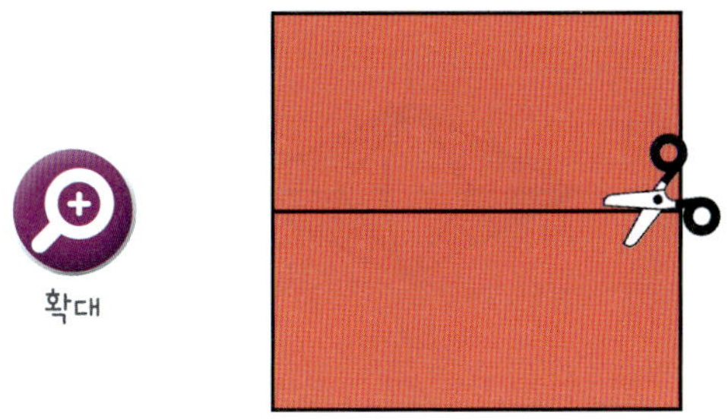

01 1/4 종이를 준비해 주세요
반으로 접었다 펼쳐 주세요

02 가위로 오려 주세요

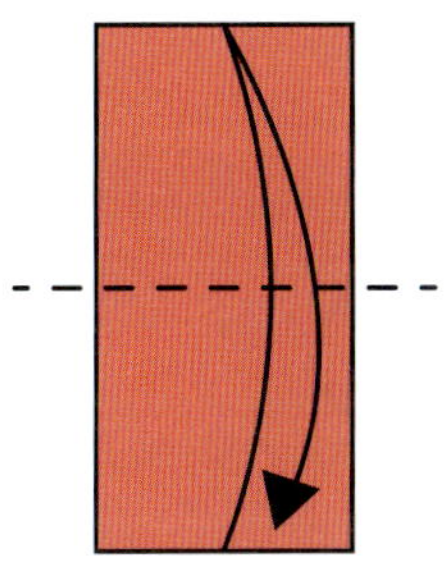

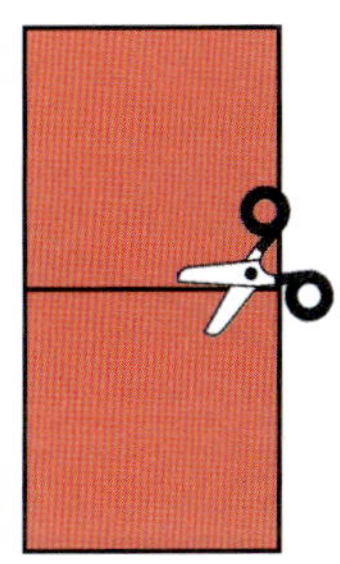

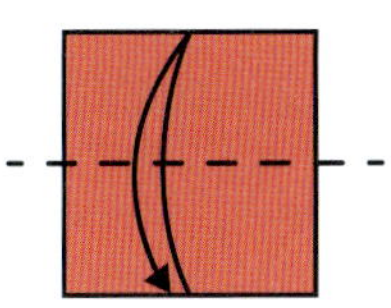

03 반으로 접었다 펼쳐 주세요

04 가위로 오려 주세요

05 반으로 접었다가 펼쳐 주세요

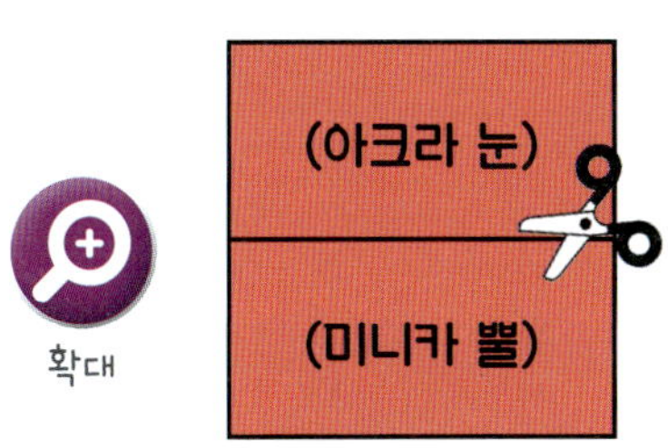

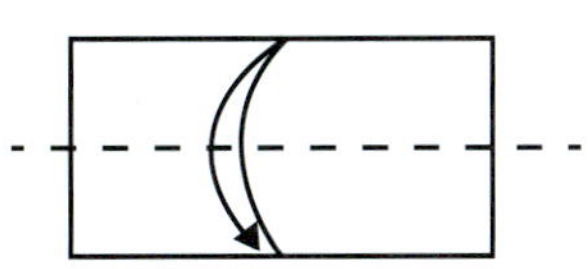

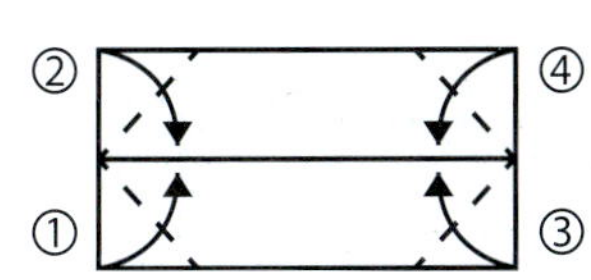

06 가위로 오려 주세요

07 원하는 색을 뒷장에 놓고 반으로 접었다가 펼쳐 주세요

08 순서대로 접어 주세요

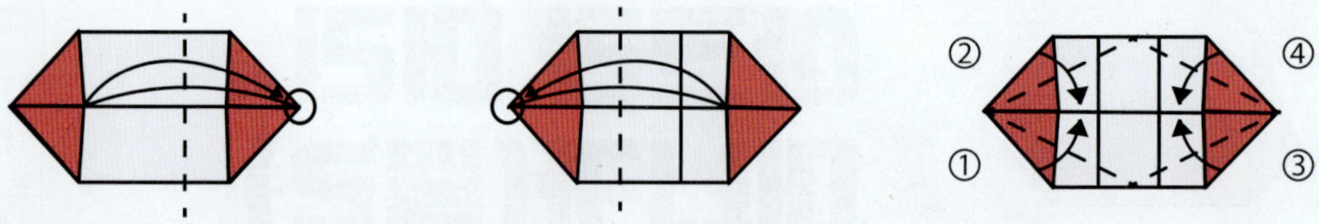

09 접었다 펼쳐 주세요

10 접었다 펼쳐 주세요

11 순서대로 접어 주세요

12 반으로 접어 주세요

13 점선대로 접어 주세요

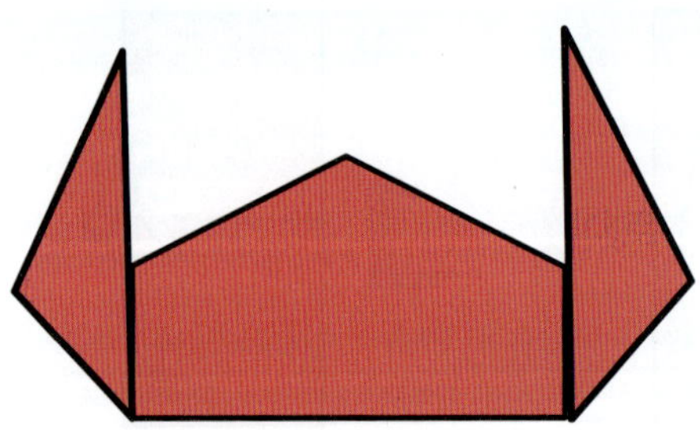

완성 아크라 머리 미니카(뿔2) 완성!

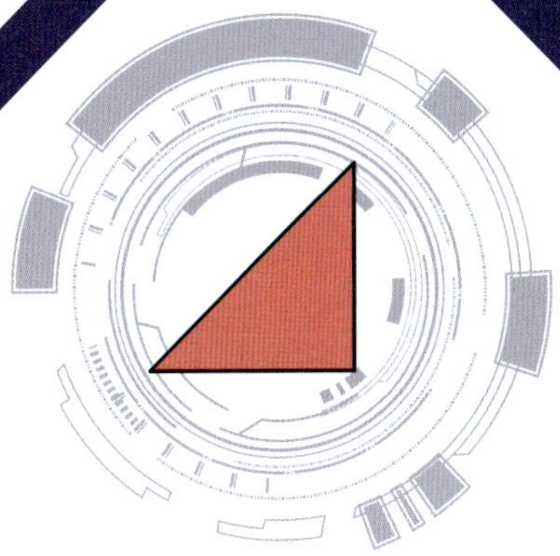

아크라 머리 미니카(눈)

접는 방법 영상

확대

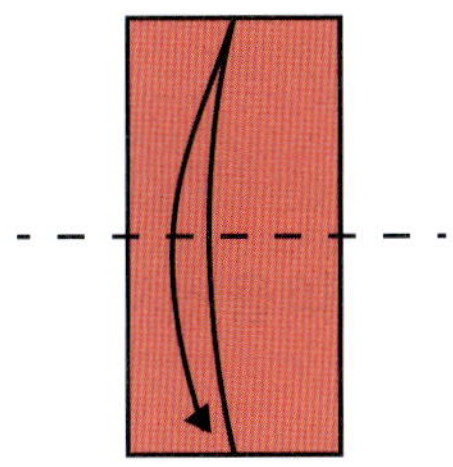

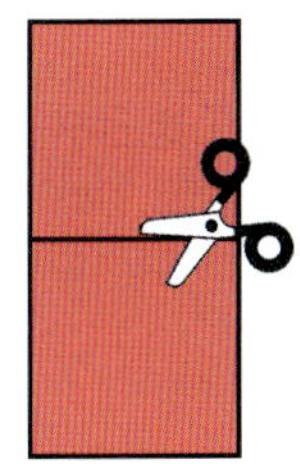

01 아크라 미니카 머리(뿔2) 06 에서 자른 나머지 반장을 준비해 주세요 반으로 접었다 펼쳐 주세요

02 가위로 오려 주세요

확대

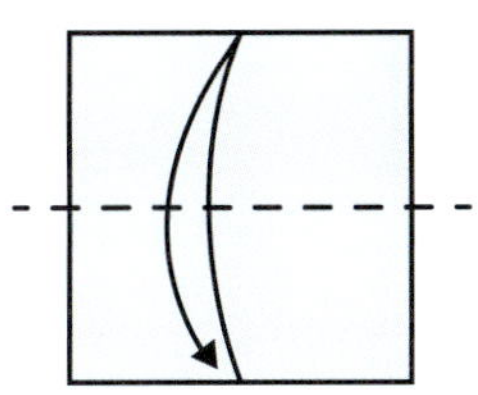

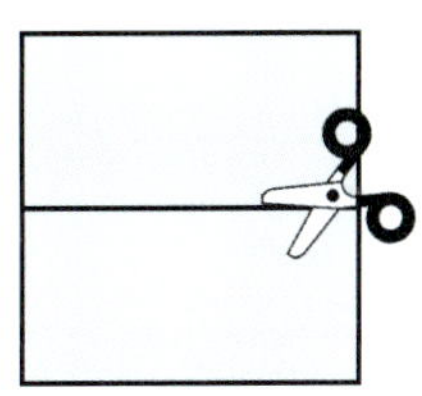

03 원하는 색을 뒷장에 놓고, 반으로 접었다 펼쳐 주세요

04 가위로 오려 주세요

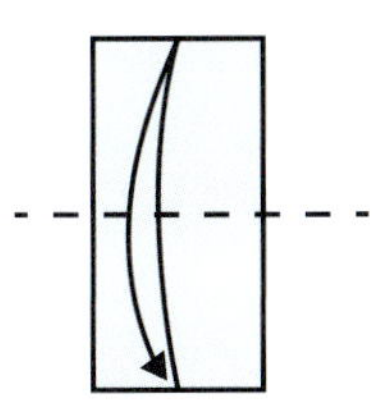

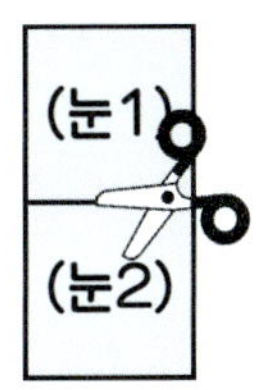

05 반으로 접었다가 펼쳐 주세요

06 가위로 오려 주세요

확대

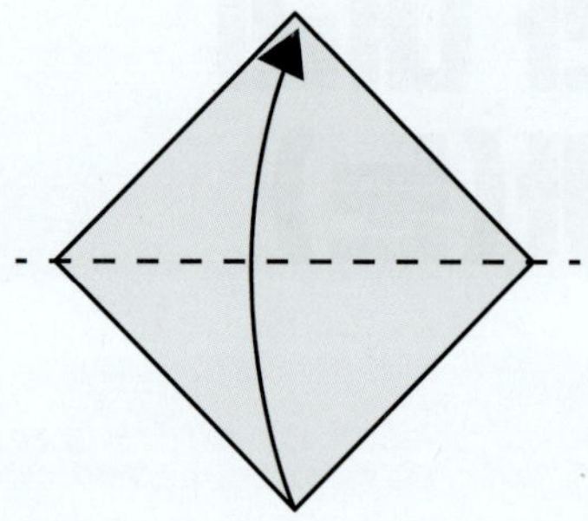

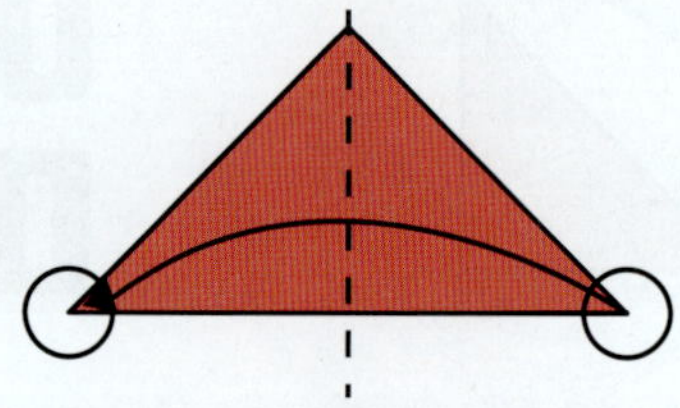

07 원하는 색을 뒷장에 놓고,
점선대로 접어 주세요

08 점선대로 접어 주세요

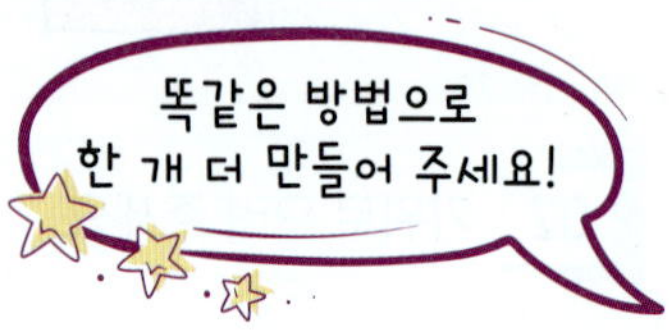

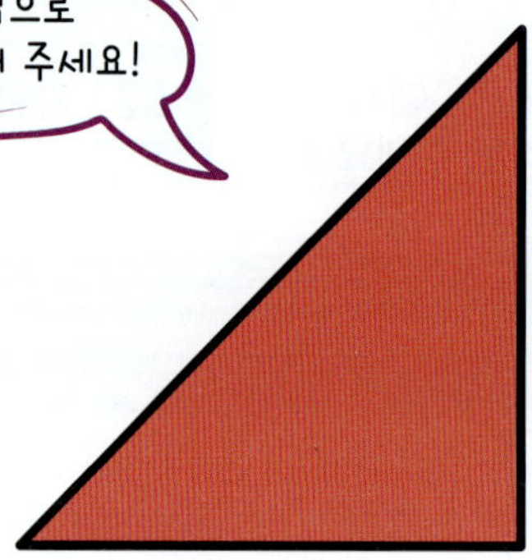

완성 아크라 머리 미니카(눈) 완성!

STAGE 10 AKRAH HEAD COMBINATION

아크라 머리
미니카 합체

접는 방법 영상

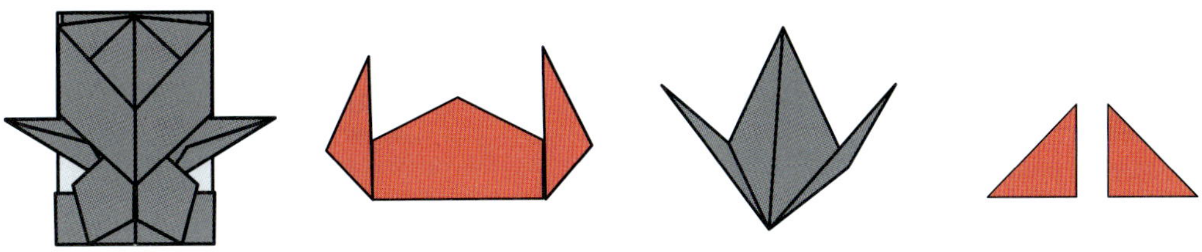

01 완성한 아크라 미니카 머리(뿔1, 뿔2, 눈)을 준비해 주세요

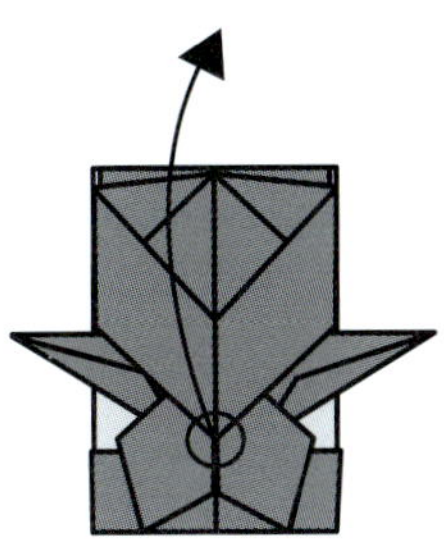

02 ○부분을 화살표 방향대로 펼쳐 주세요

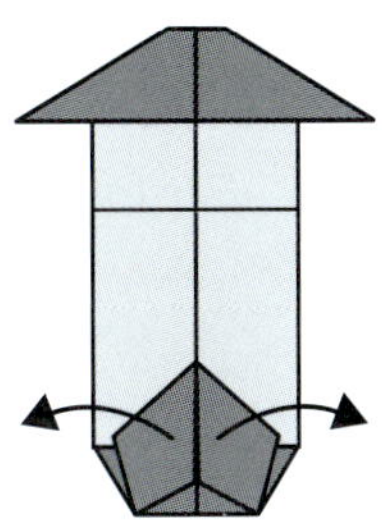

03 화살표 방향대로 펼쳐 주세요

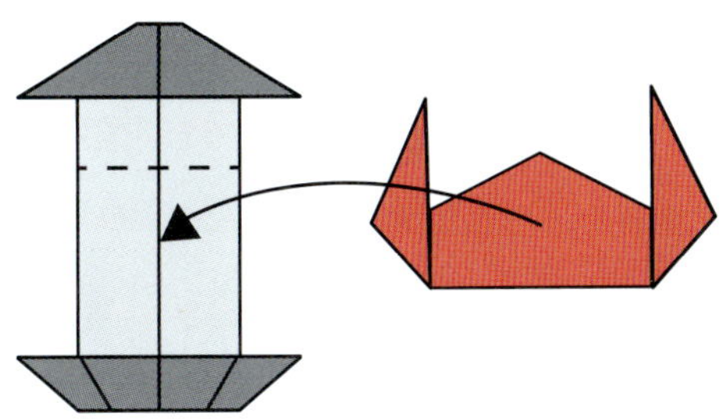

04 뿔2를 미니카 안쪽에 넣어 주세요

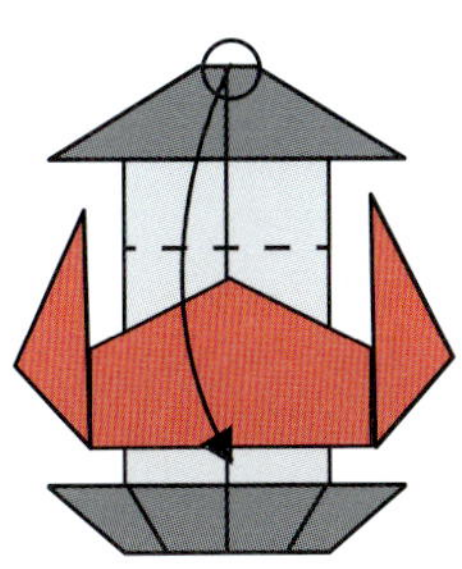

05 점선대로 접어 주세요

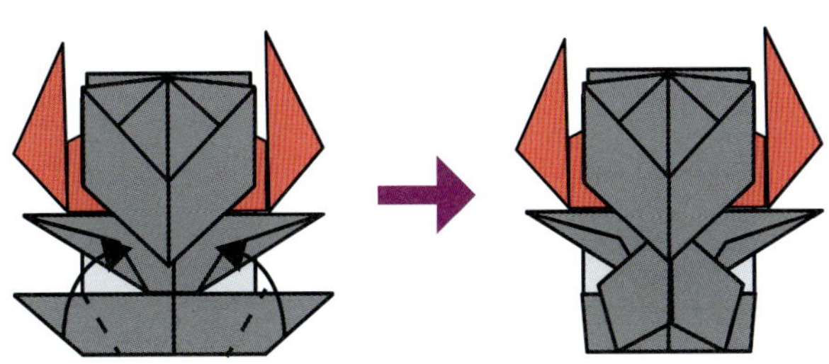

06 화살표 안쪽으로 넣어 주세요

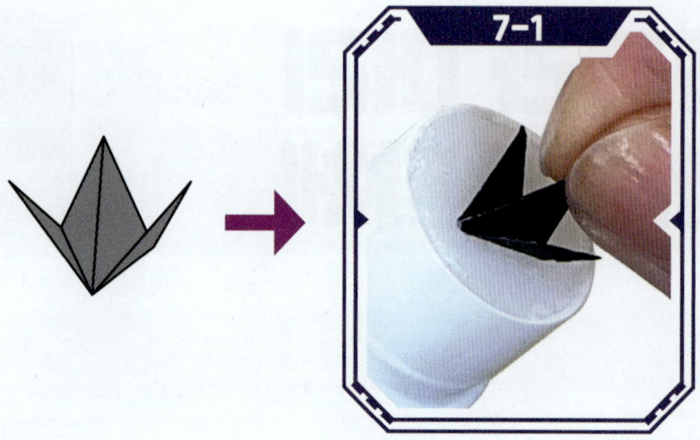

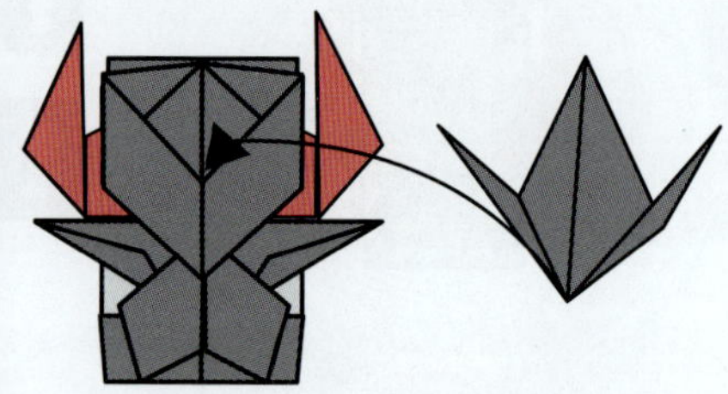

07 뿔1 아래 부분을 풀칠해 주세요

08 뿔1을 미니카 윗부분에
붙여 주세요

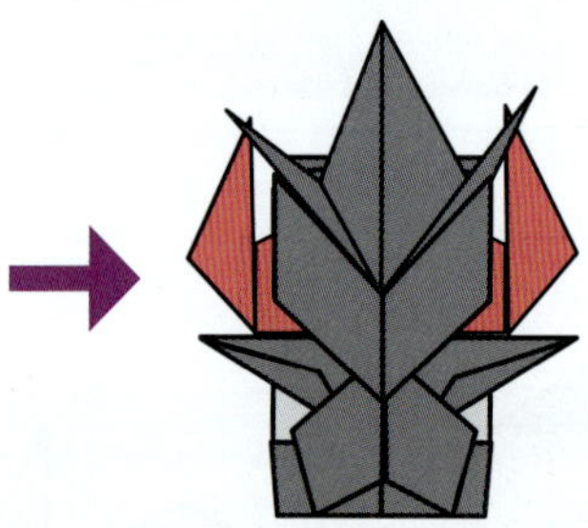

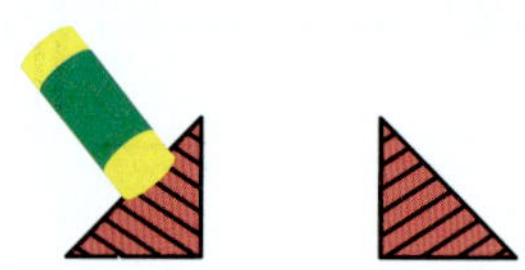

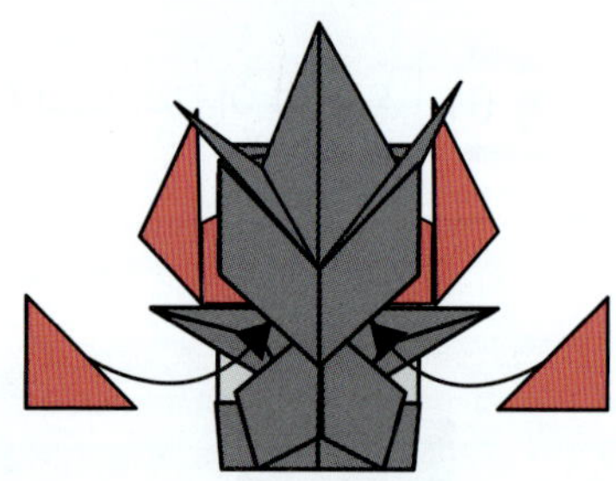

09 눈 뒷면을
풀칠해 주세요

10 눈을 화살표 방향 안쪽으로
넣어 주세요

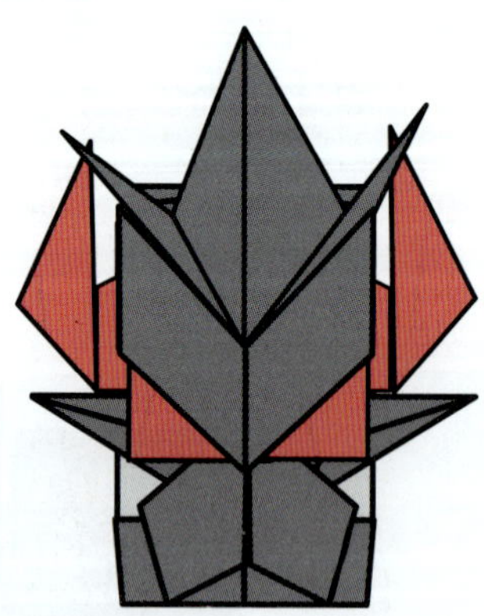

완성 아크라 머리 미니카 합체 완성!

STAGE 11 JAVELIN MINI CAR(SHIELD)

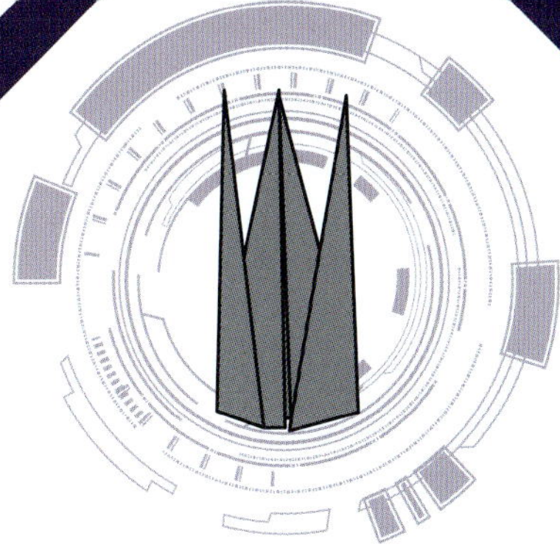

제블린 미니카 (방어막)

접는 방법 영상

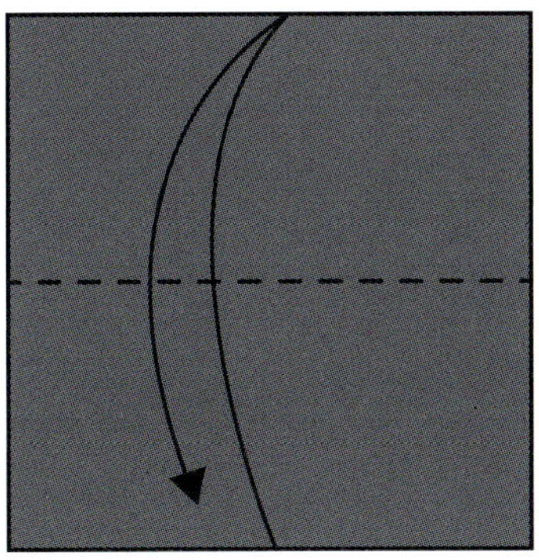

01 반으로 접었다가 펼쳐 주세요

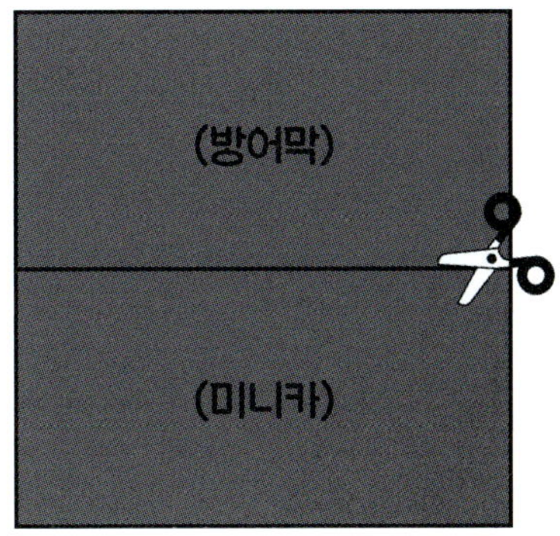

02 표시선을 따라 반으로 잘라 주세요

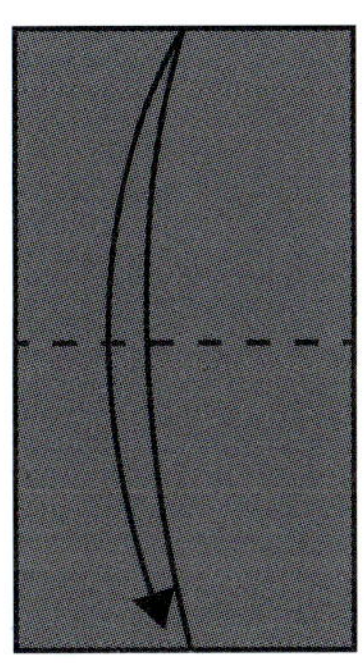

03 반으로 접었다 펼쳐 주세요

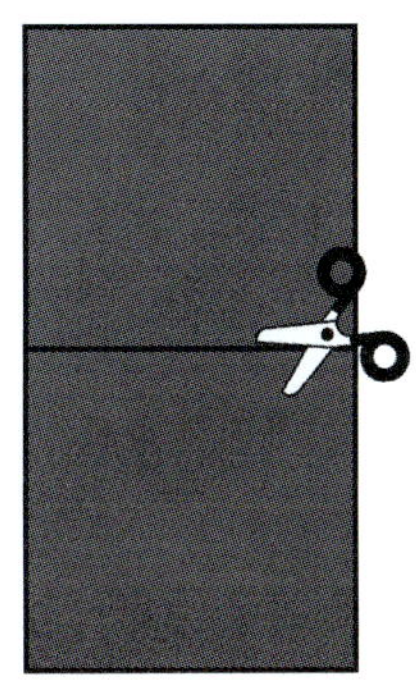

04 가위로 오려 주세요

확대

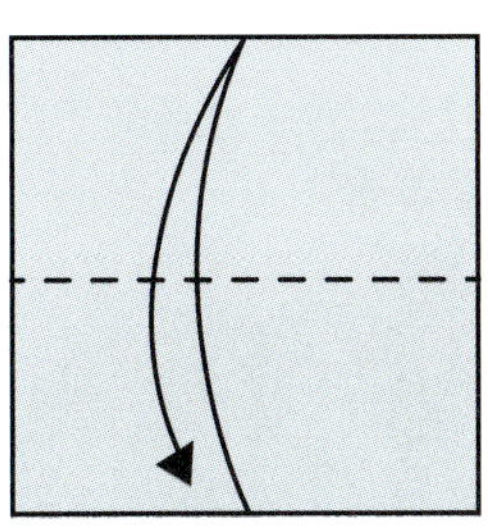

05 원하는 색을 뒷장에 놓고
점선대로 접었다 펼쳐 주세요

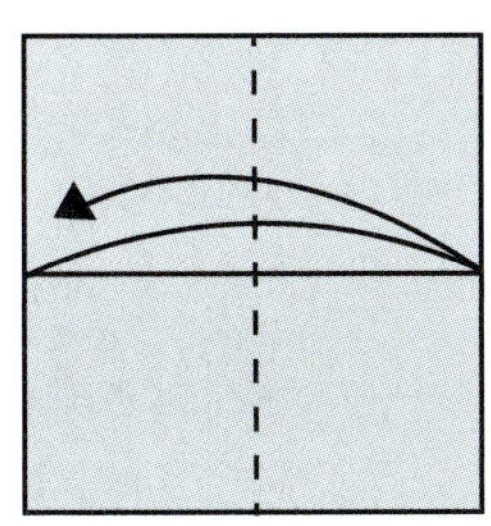

06 점선대로 접었다 펼쳐 주세요

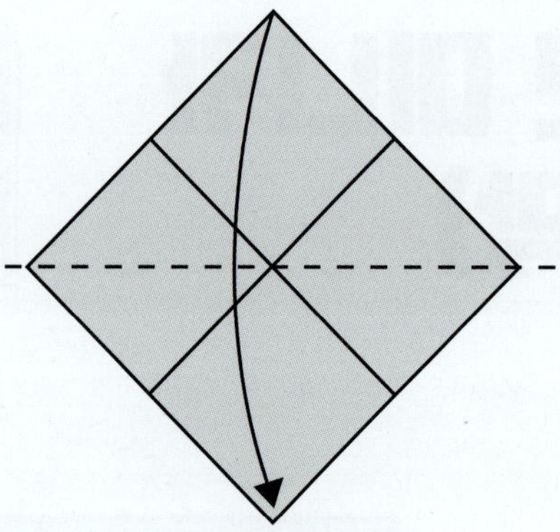

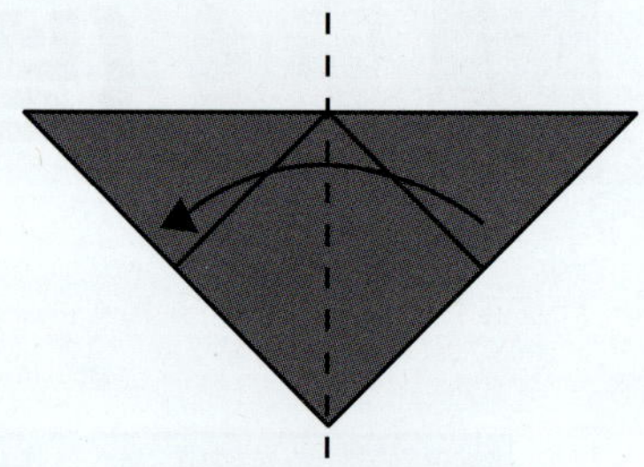

07 반으로 접어 주세요

08 점선대로 접어 주세요

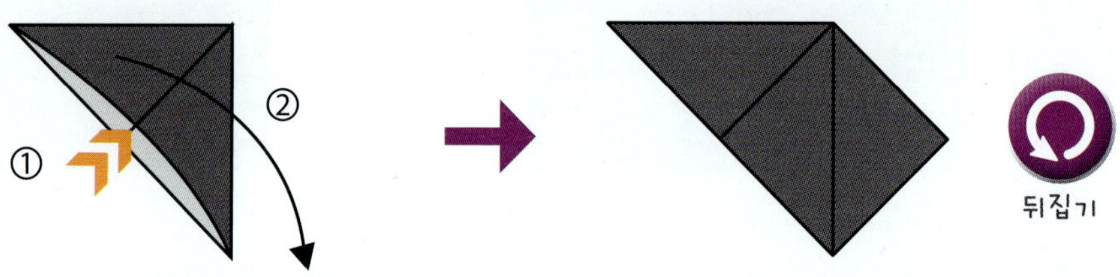

09 ① 주황색 화살표 방향으로 종이를 벌리며 ② 옆으로 눌러 접어 주세요

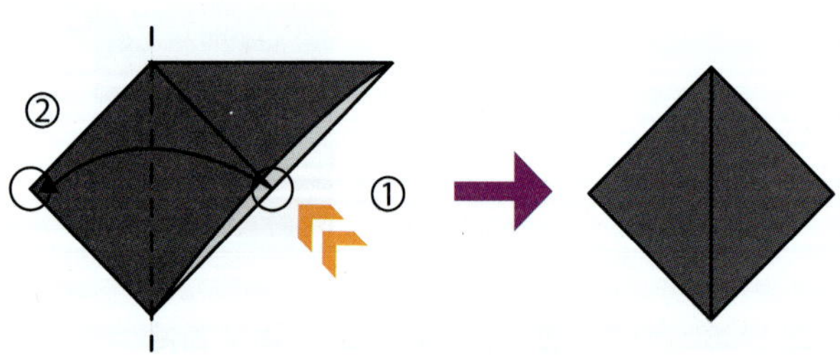

10 ① 주황색 화살표 방향으로 종이를 벌린 후
② ○부분이 닿을 수 있도록 접어 주세요

※종이가 여러장으로 되어있는 부분을 아래로 향하게 놓아 주세요

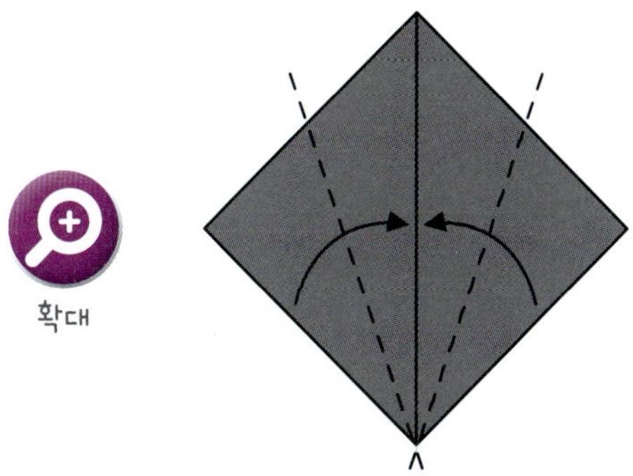

11 위에 한 장만 중심선에 맞춰 점선대로 접어 주세요

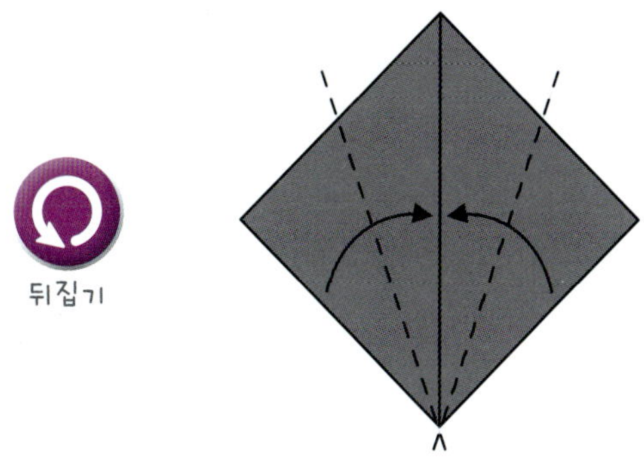

12 점선대로 접어 주세요

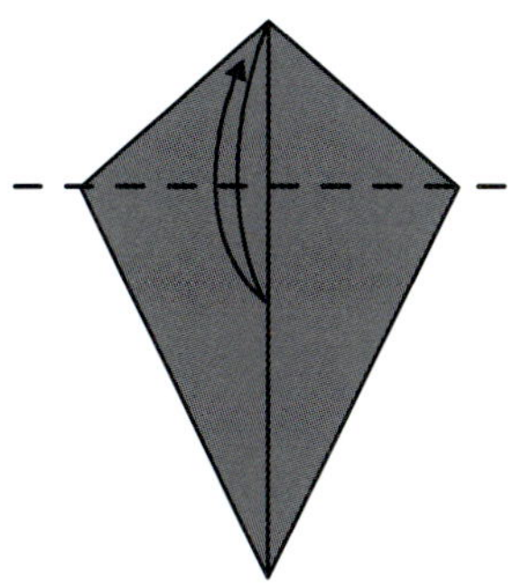

13 점선대로 접었다 펼쳐 주세요

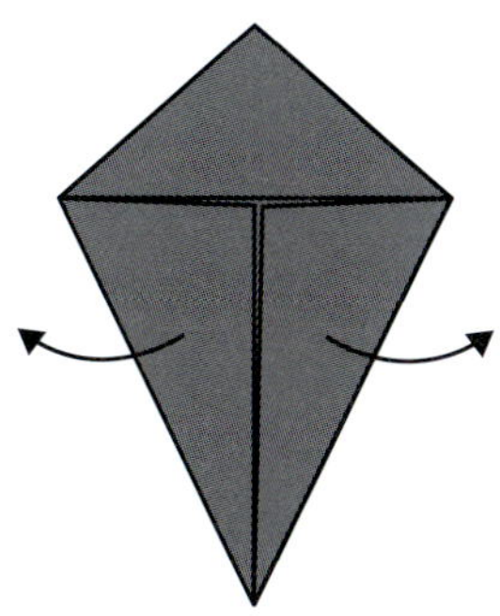

14 화살표 방향대로 펼쳐 주세요

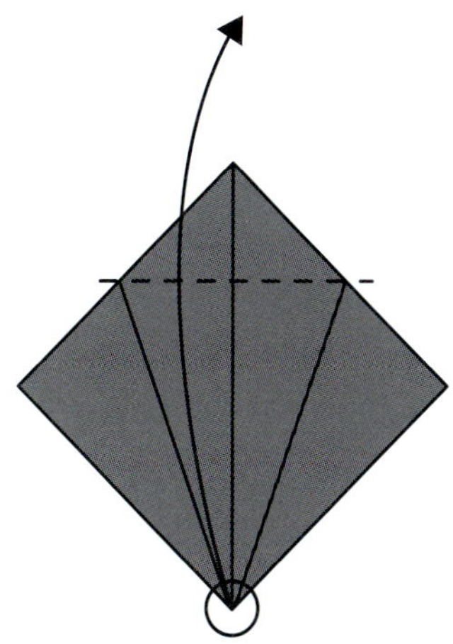

15 위에 한 장만 화살표 방향으로 펼쳐 주세요

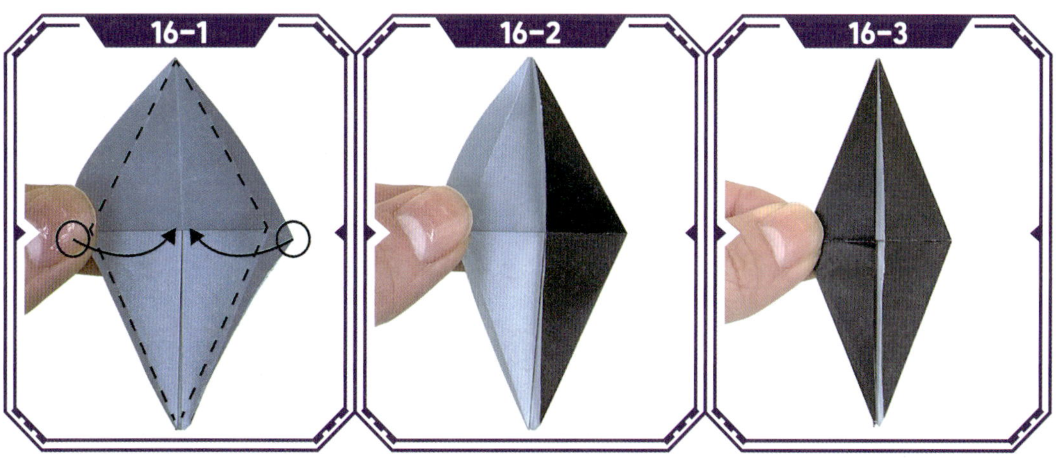

16 점선대로 접어 주세요

https://www.youtube.com/@origami_jina

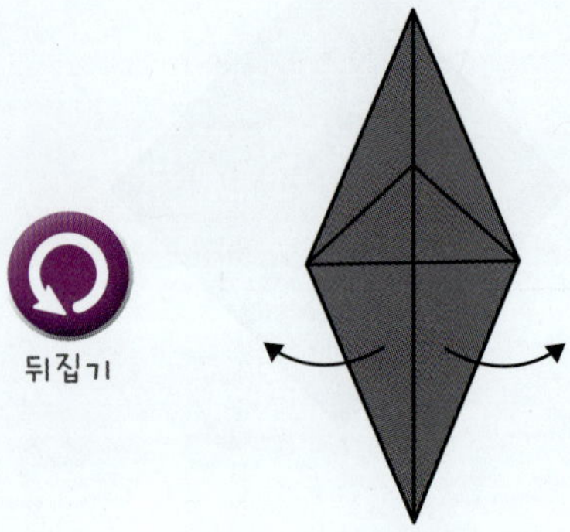

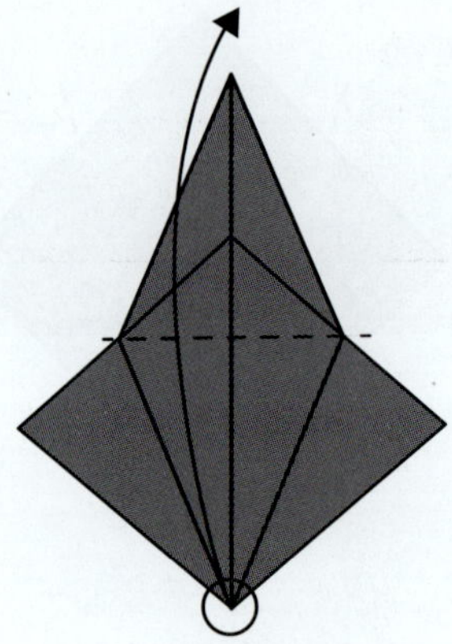

17 화살표 방향대로 펼쳐 주세요

18 화살표 방향대로 펼쳐 주세요

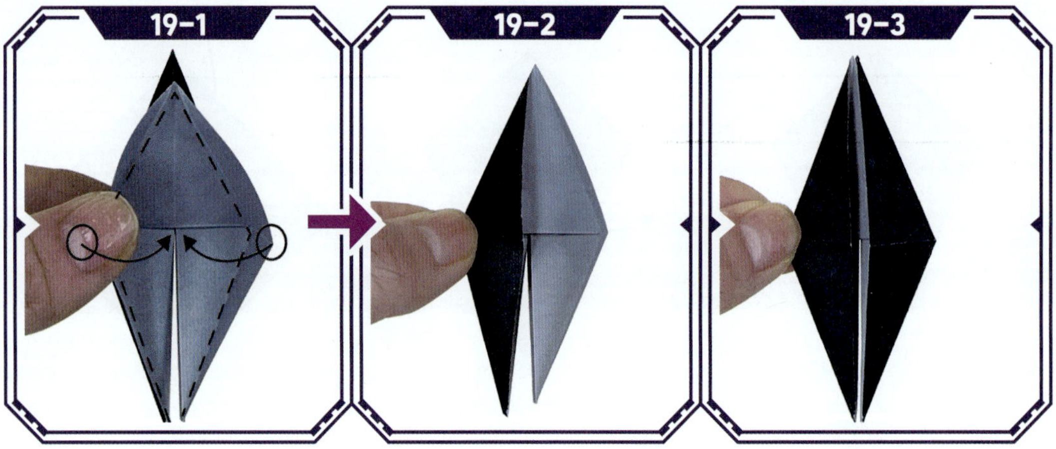

19 점선대로 접어 주세요

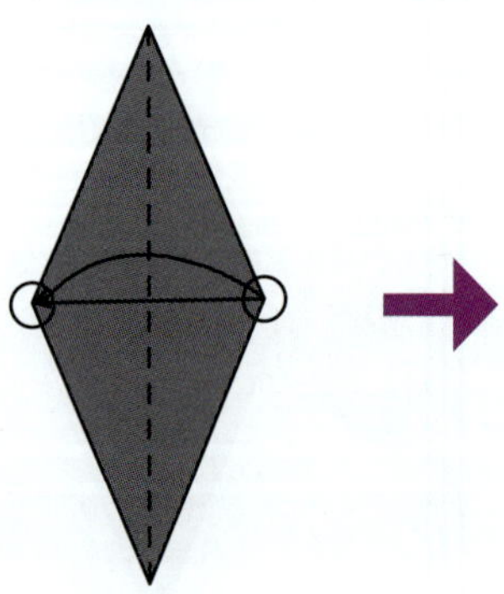

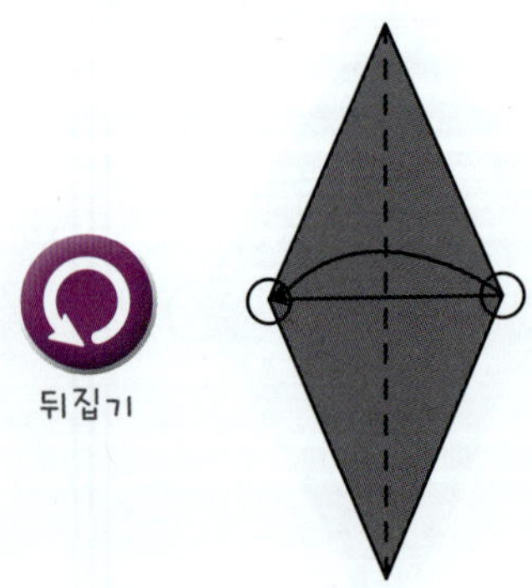

20 점선대로 접어 주세요

21 점선대로 접어 주세요

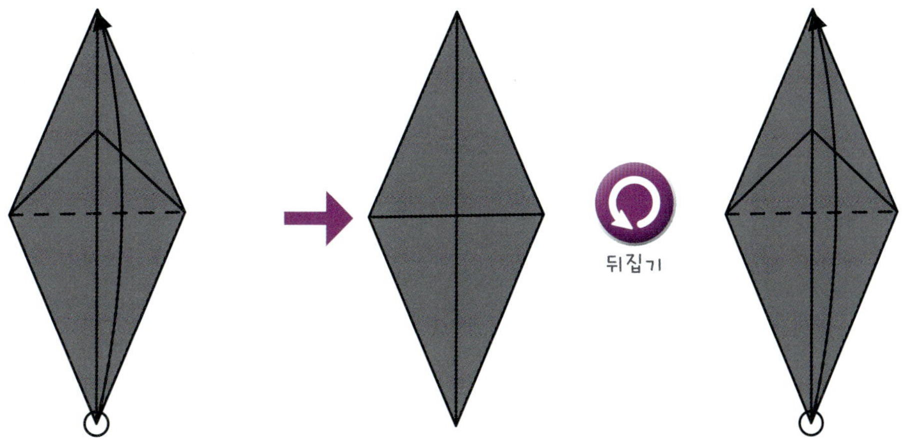

22 점선대로 접어 주세요

23 점선대로 접어 주세요

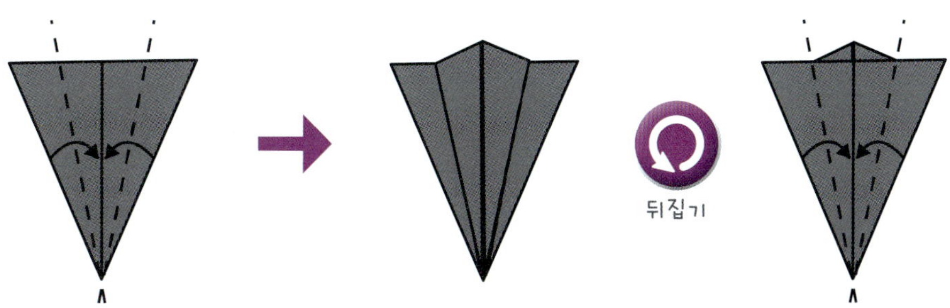

24 위에 한 장만 점선대로 접어 주세요

25 위에 한 장만
점선대로 접어 주세요

26 화살표 방향으로 벌려 주세요

https://www.youtube.com/@origami_jina

완성 제블린 미니카(방어막) 완성!

STAGE 12 JAVELIN MINI CAR

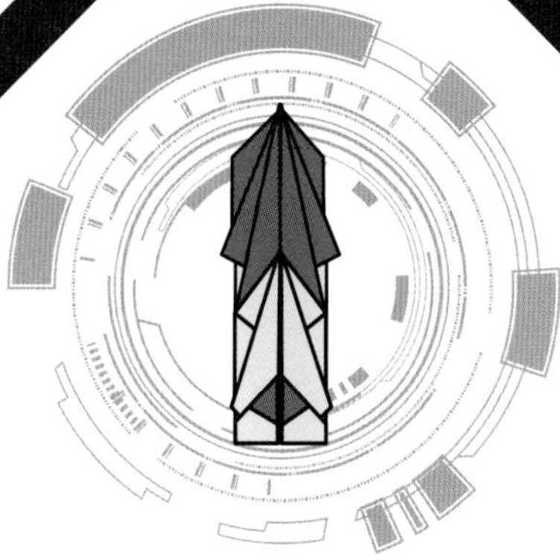

제블린 미니카

접는 방법 영상

01 제블린 미니카 방어막 02 에서 남은 반장을 준비해 주세요

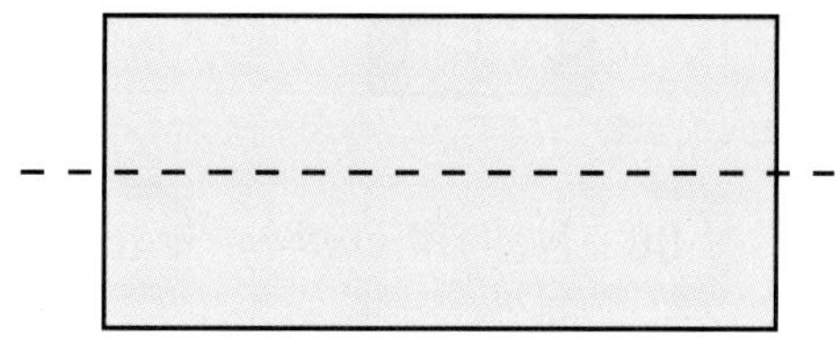

02 원하는 색을 뒷장에 놓고, 반으로 접었다 펼쳐 주세요

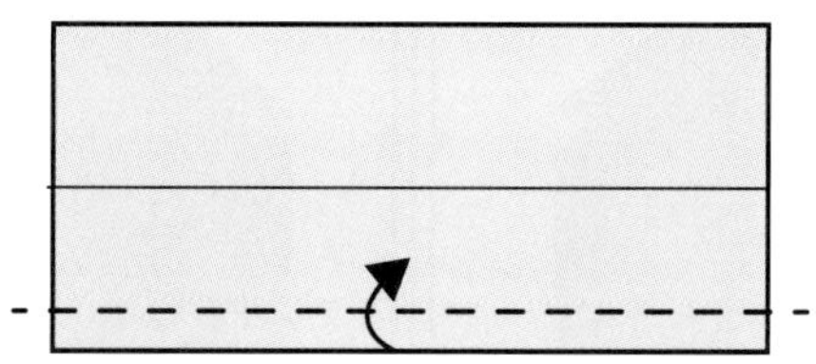

03 0.7cm 정도 위로 올려 접어 주세요

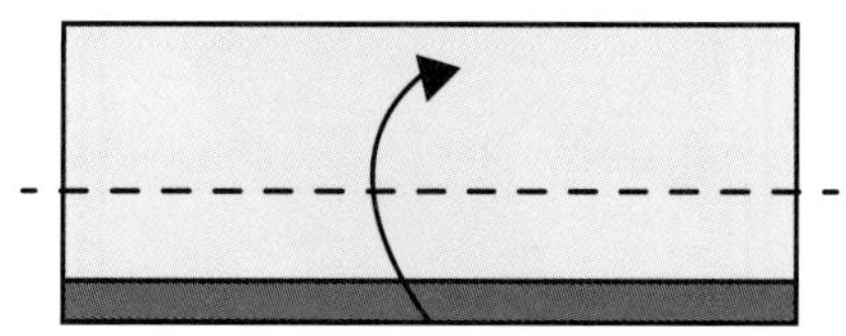

04 03 에서 만든 표시선을 따라 접어 주세요

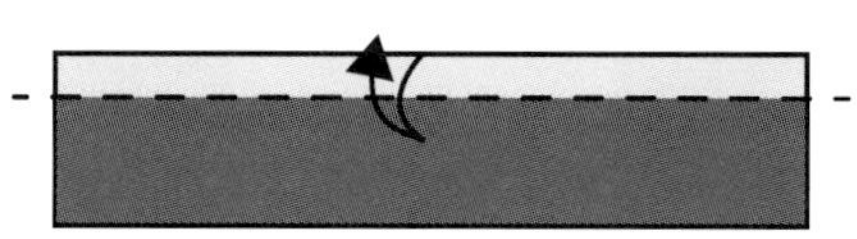

05 점선대로 접었다 펼쳐 주세요

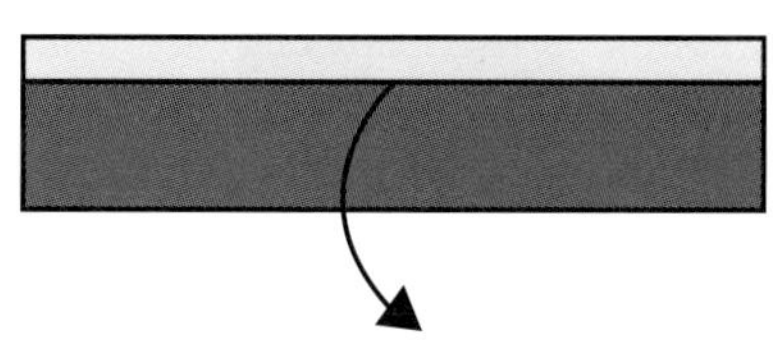

06 한 번 더 펼쳐 주세요

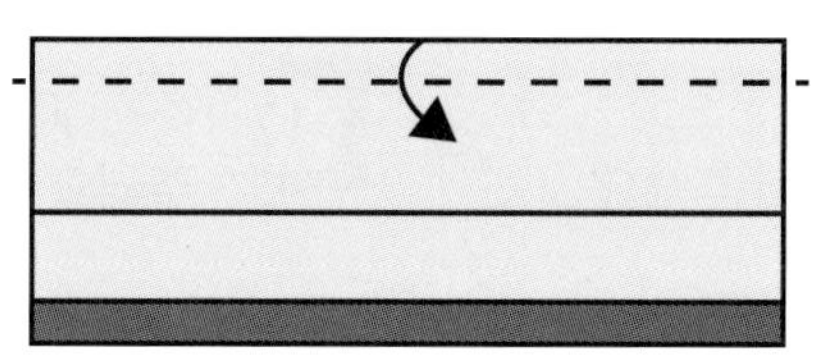

07 점선대로 접어 주세요

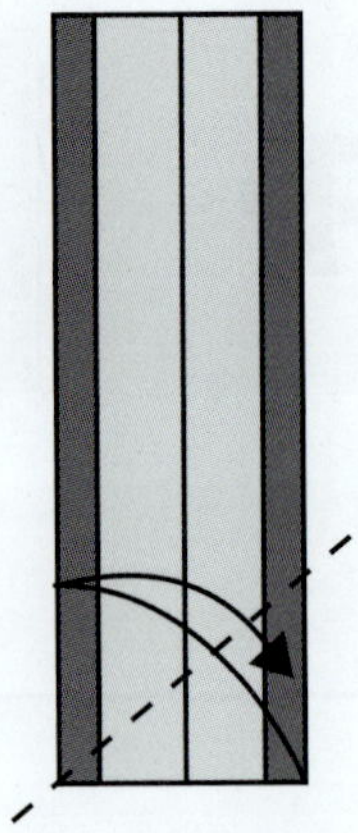

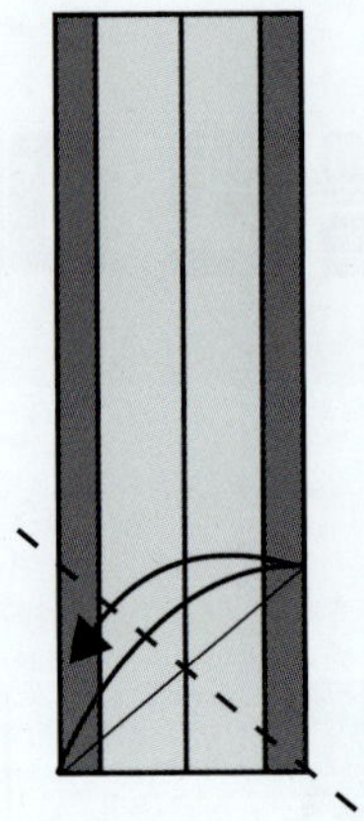

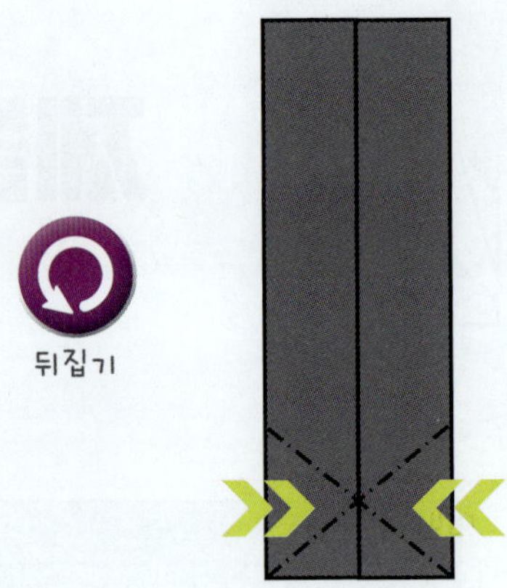

08 점선대로 접었다
펼쳐 주세요

09 점선대로 접었다
펼쳐 주세요

10 화살표 방향으로
종이를 넣어 주세요

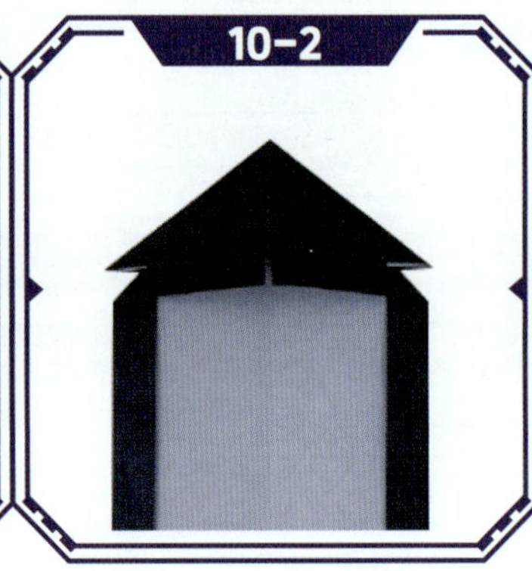

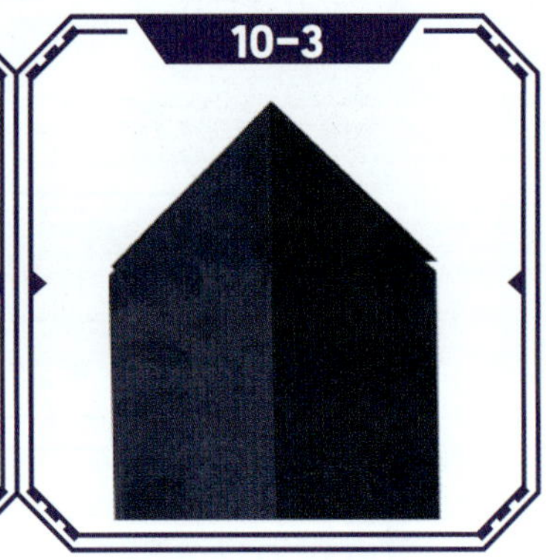

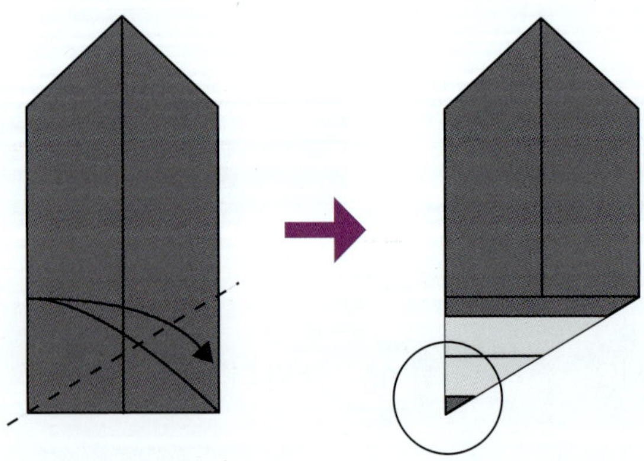

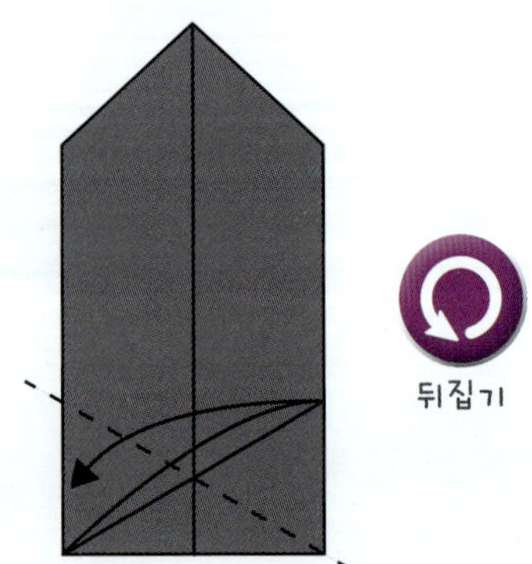

11 점선대로 접어 주세요
○부분도 놓치지 말고 꼭! 접었다가 펼쳐 주세요

12 점선대로 접었다 펼쳐
주세요

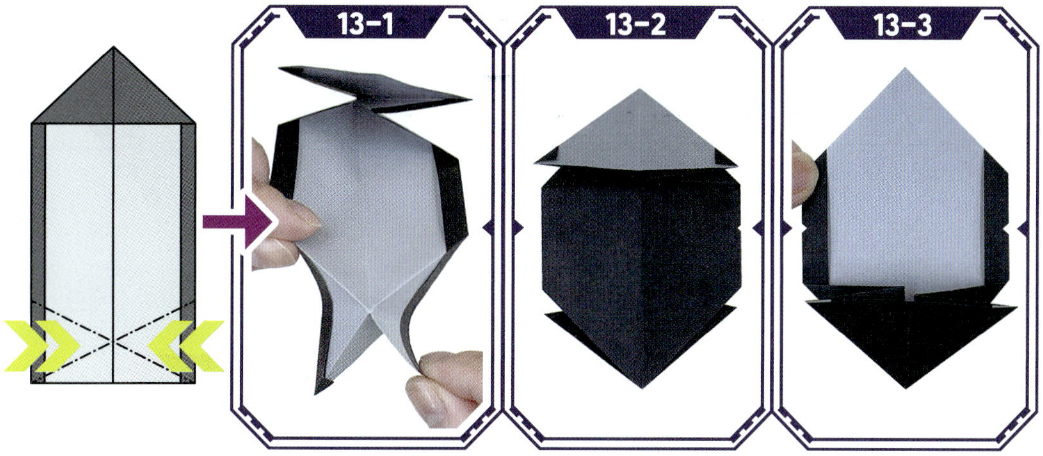

13 화살표 방향으로 종이를 넣어 주세요

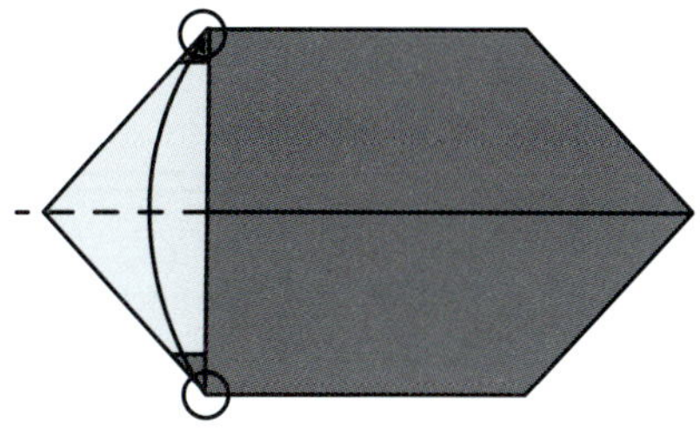

14 ○부분이 서로 닿도록 접어 주세요

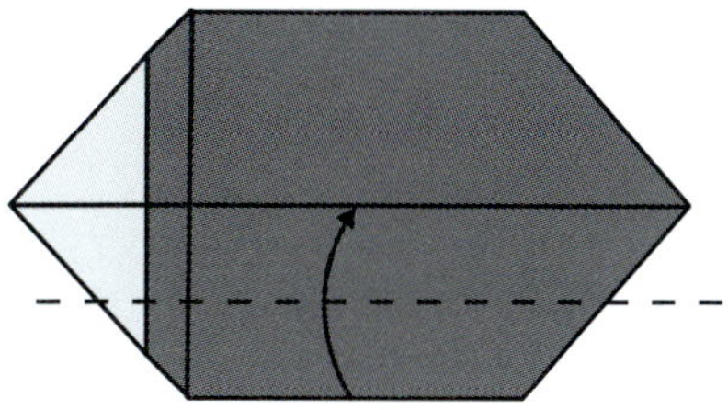

15 점선대로 접어 주세요

https://www.youtube.com/@origami_jina

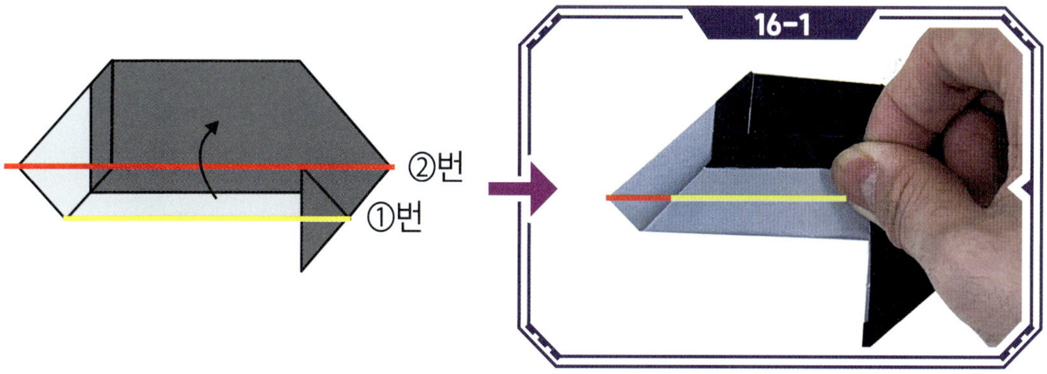

16 ①번 선을 ②번 선에 맞춰 화살표 방향으로 올려 접어 주세요

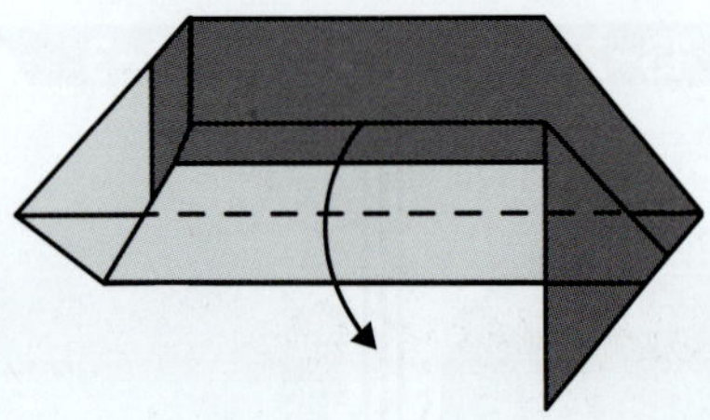

17 점선에 맞춰 접어 주세요

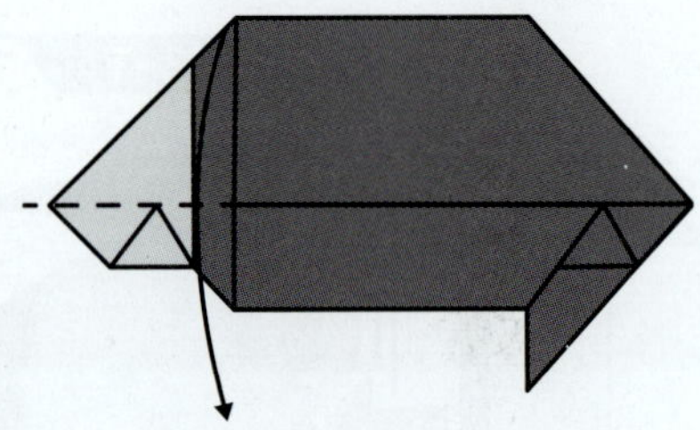

18 한 장만 점선에 맞춰 접어 주세요

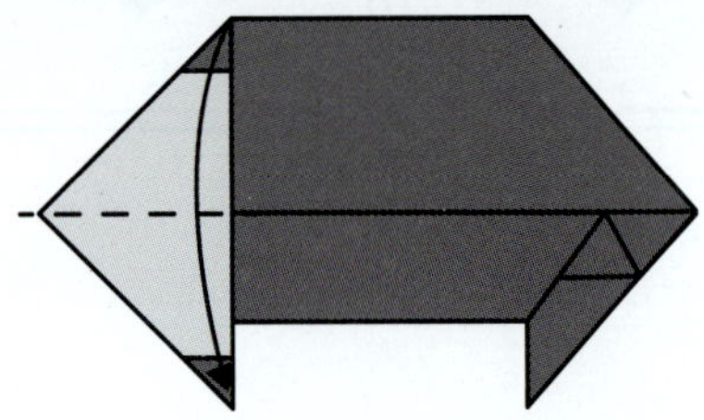

19 점선에 맞춰 접어 주세요

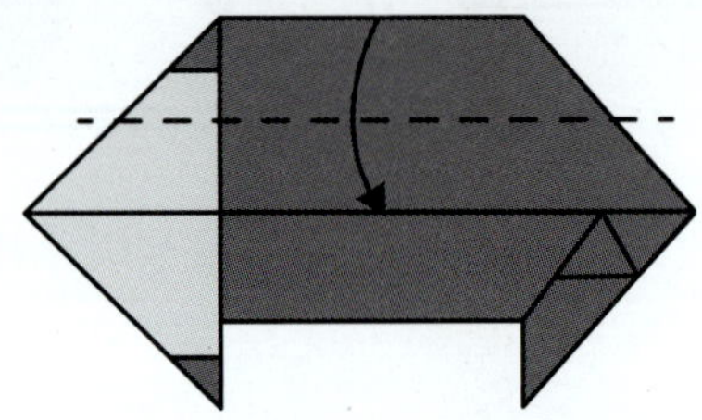

20 가운데 중심선에 맞춰 접어 주세요

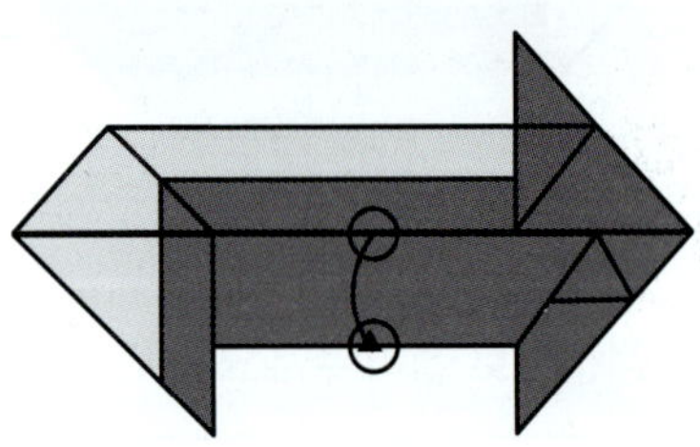

21 ○부분이 서로 닿을 수 있도록 아래로 당겨 접어 주세요

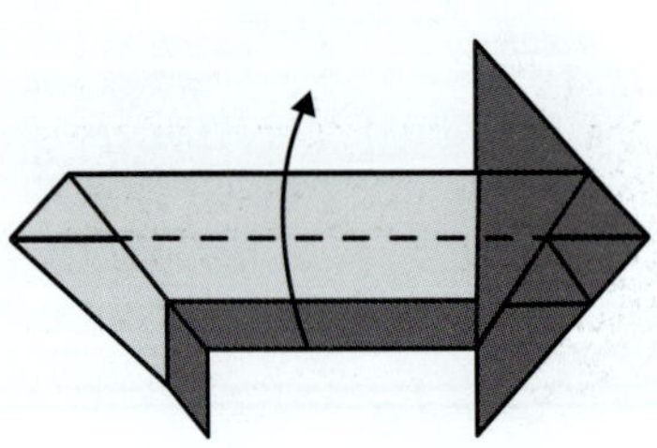

22 점선대로 접어 주세요

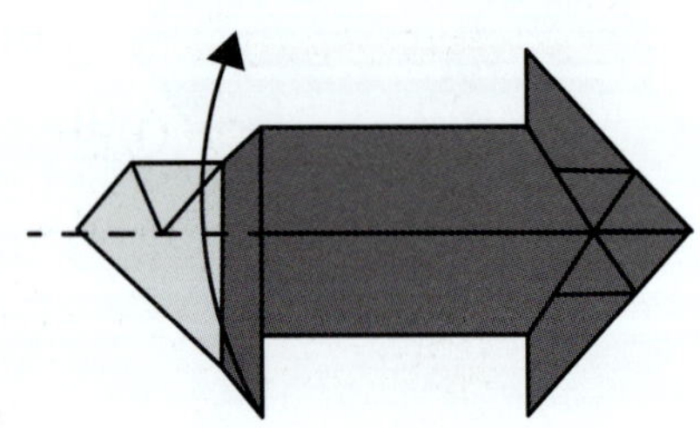

23 한 장만 점선대로 접어 주세요

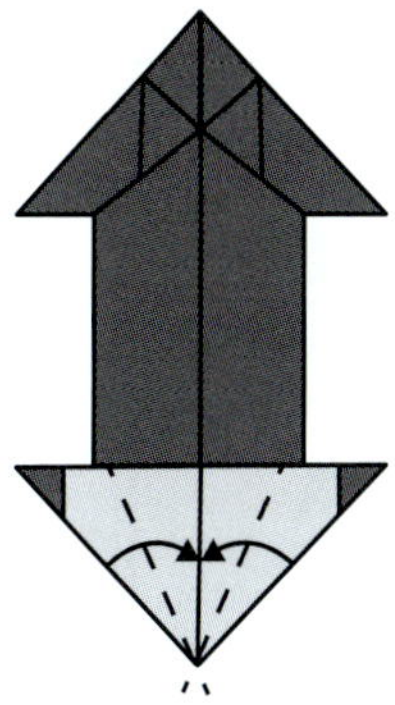

24 중심선에 맞춰
점선대로 접어 주세요

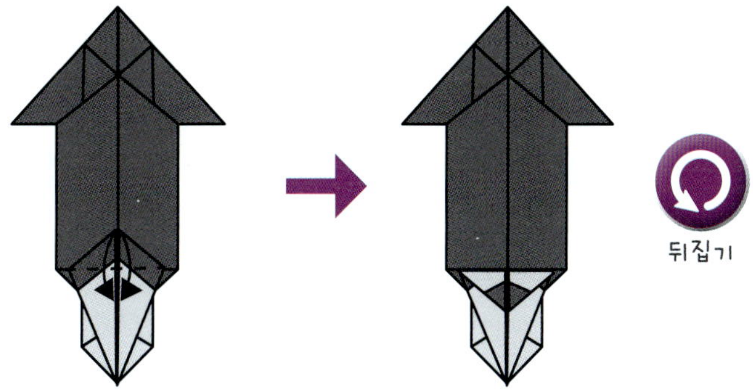

25 점선대로 접어 주세요

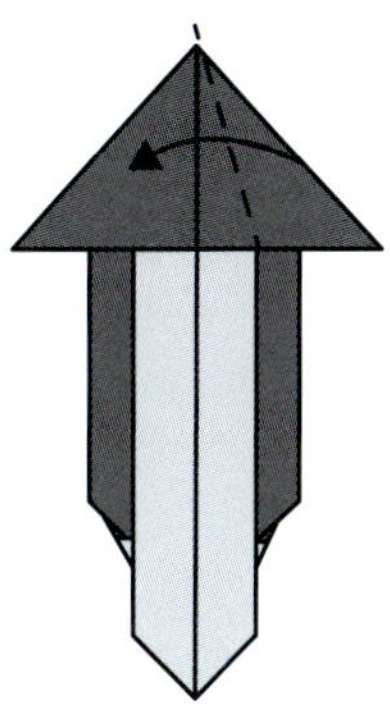

26 점선대로
접어 주세요

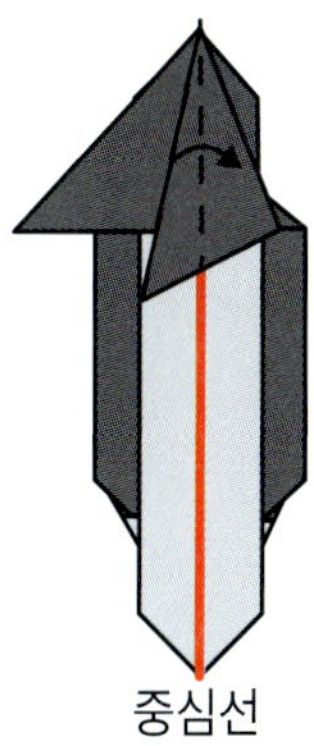

27 중심선에 맞춰
점선대로
접어 주세요

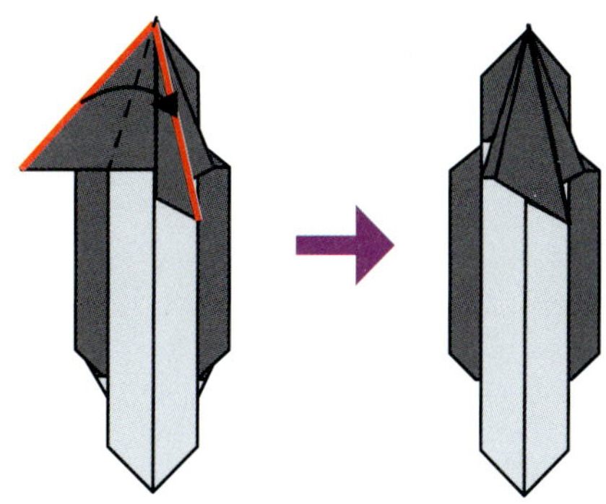

28 빨간선 부분이 서로 닿을 수 있도록
접어 주세요

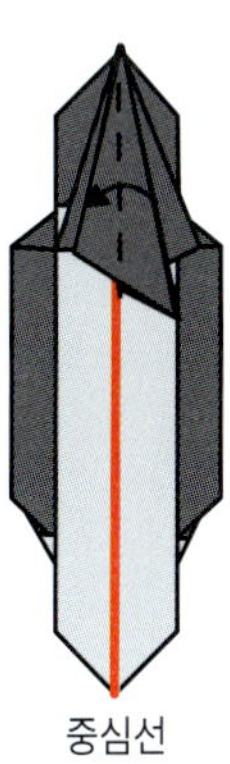

29 중심선에 맞춰
점선대로 접어 주세요

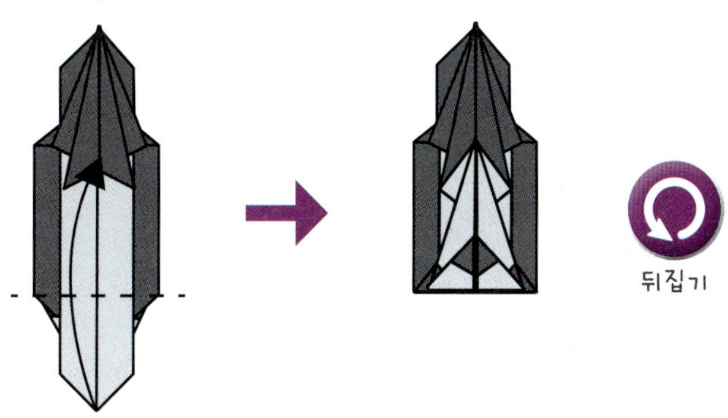

30 점선대로 접어 주세요

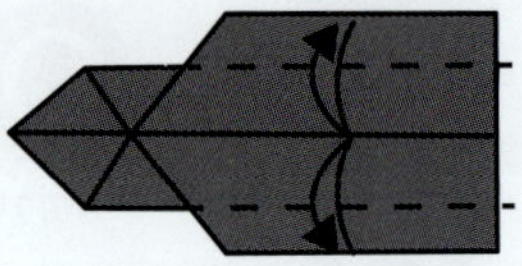

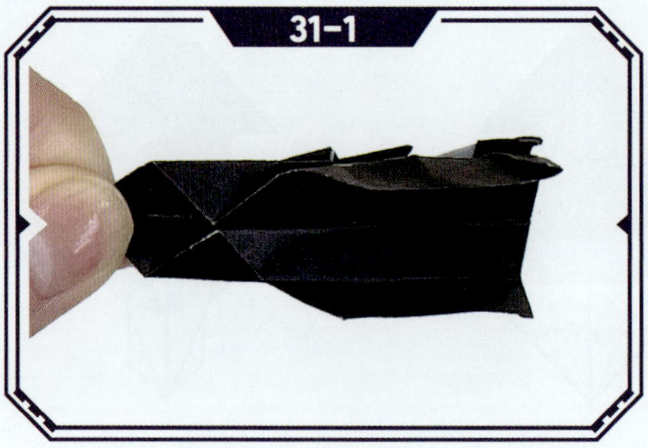

31 중심선에 맞춰 접었다가 살짝 당겨 주세요

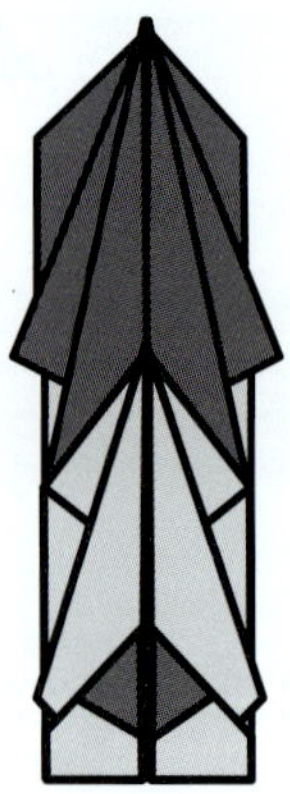

완성 제블린 미니카 완성!

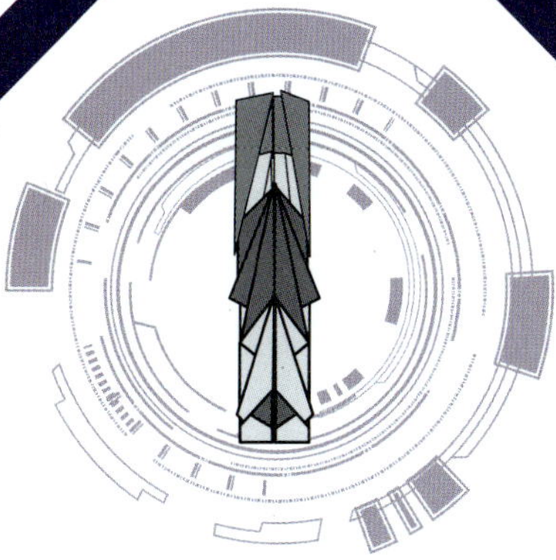

제블린 미니카 합체

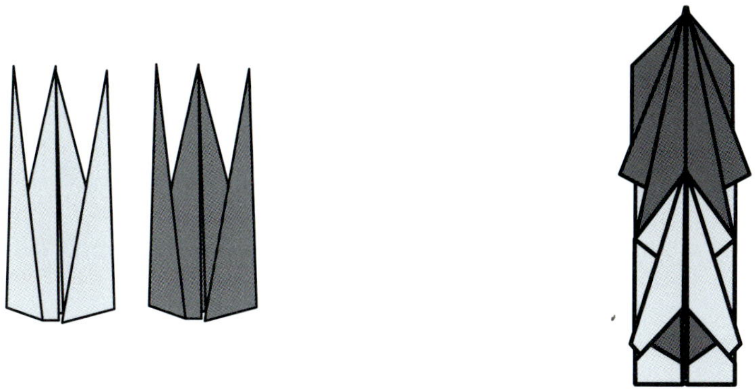

01 완성한 제블린 방어막 2개와 미니카를 준비해 주세요

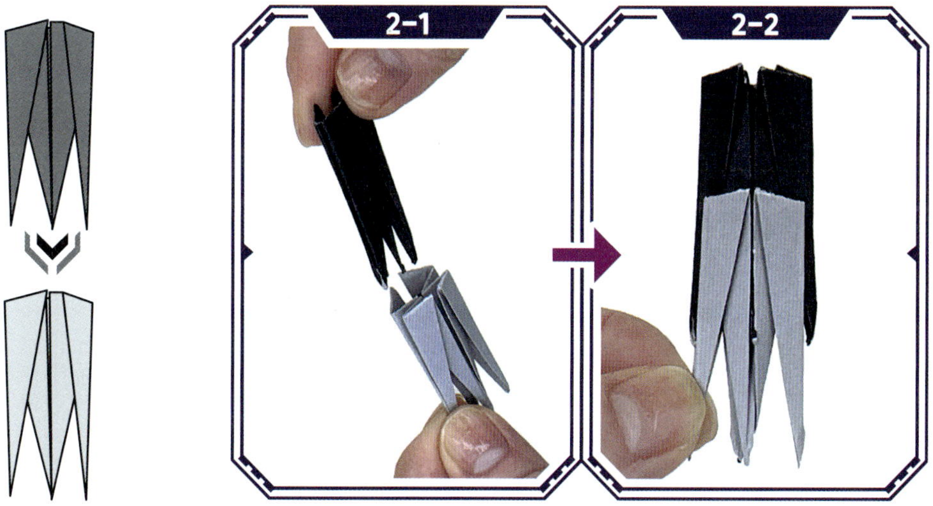

02 검정색 방어막을 회색 방어막에 끼어 주세요

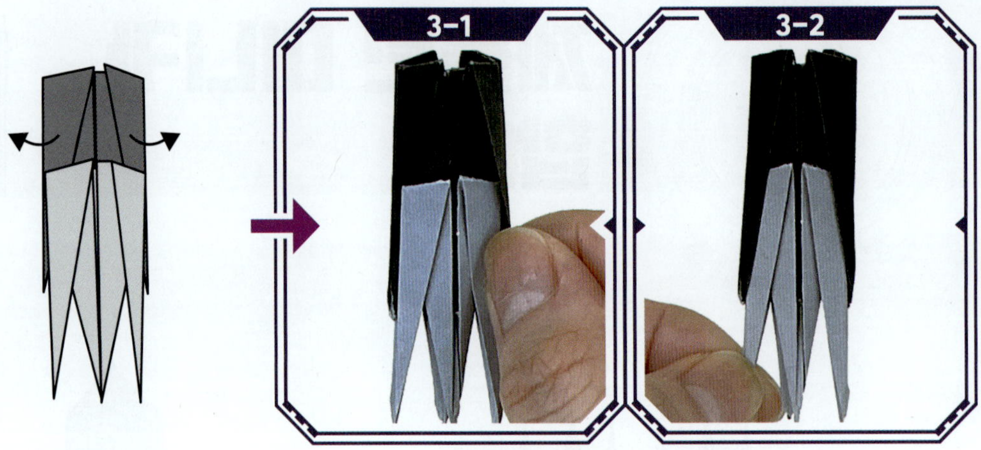

03 화살표 방향으로 살짝 당겨 주세요

3-2 뒤집어서 한 번 더 **03** 처럼 당겨 주세요

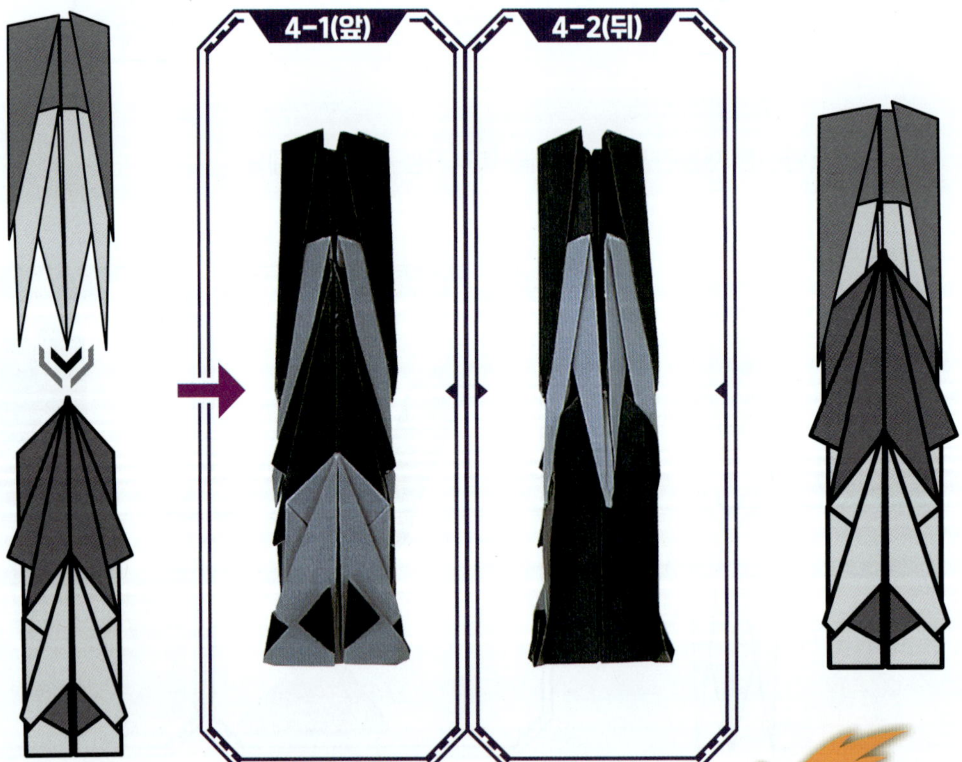

04 미니카에 방어막을 끼어 주세요

완성 제블린 미니카 완성!

똑같은 방법으로
한 개 더
만들어 주세요!

STAGE14 CLOAK

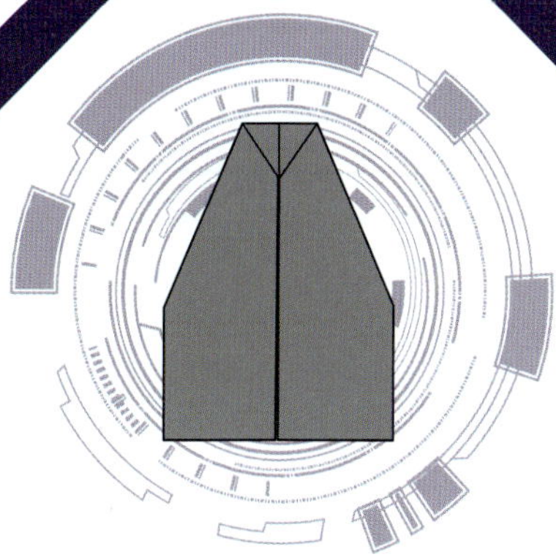

망토

접는 방법 영상

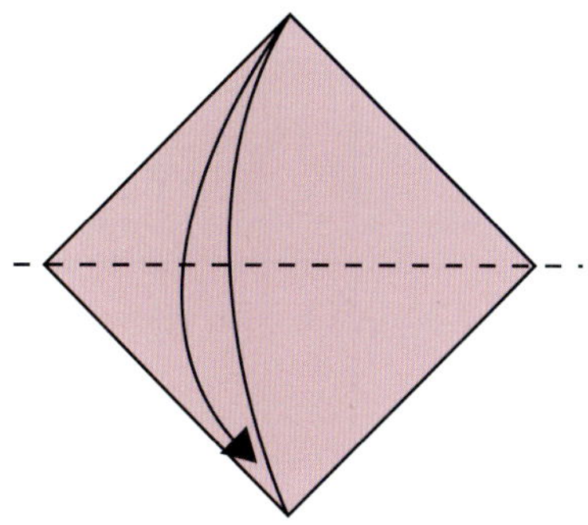

01 원하는 색을 뒷장에 놓고
반으로 접었다가 펼쳐 주세요

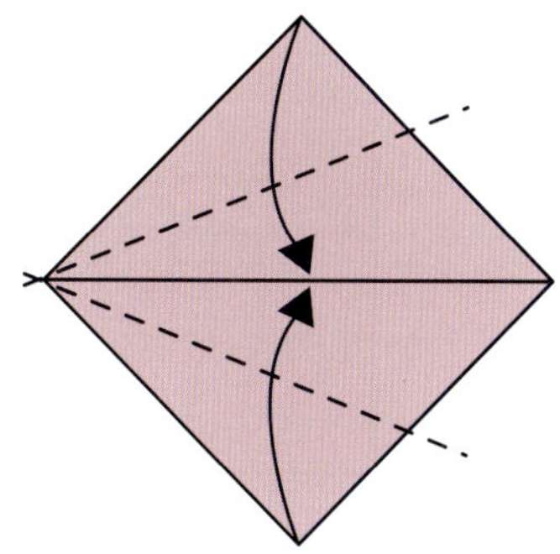

02 가운데 선에 맞춰 접어 주세요

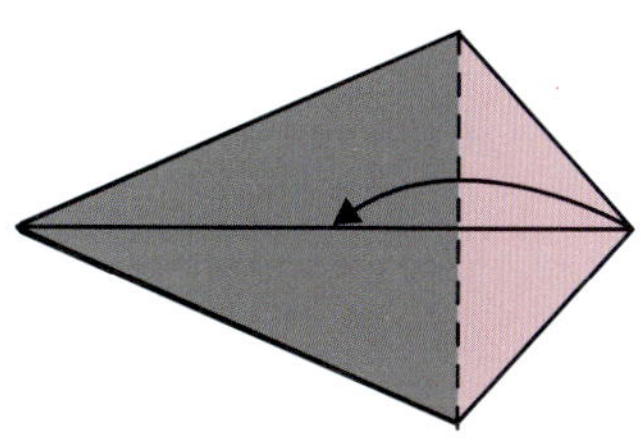

03 점선대로 접어 주세요

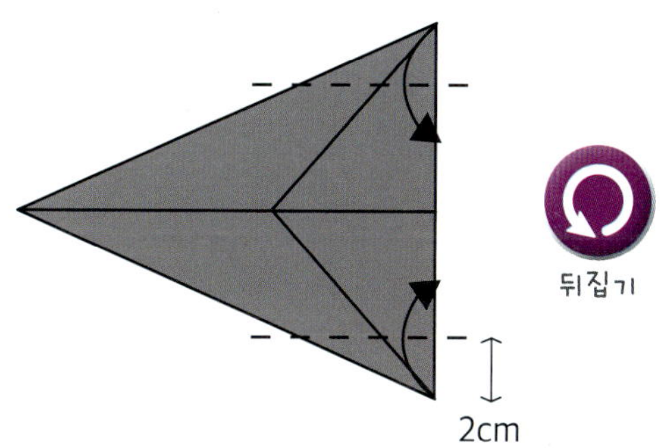

04 점선대로 접어 주세요

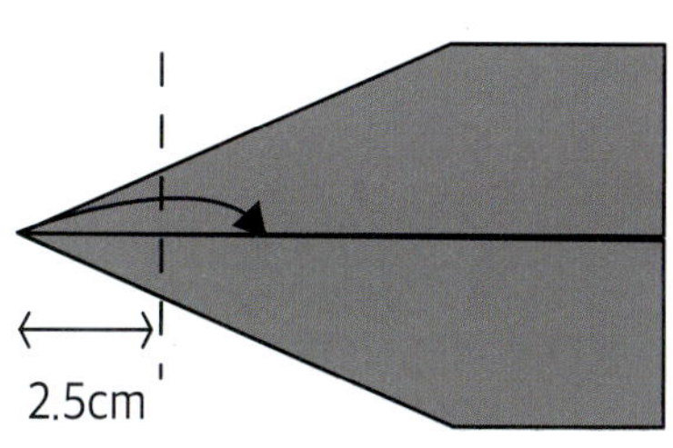

05 점선대로 접어 주세요

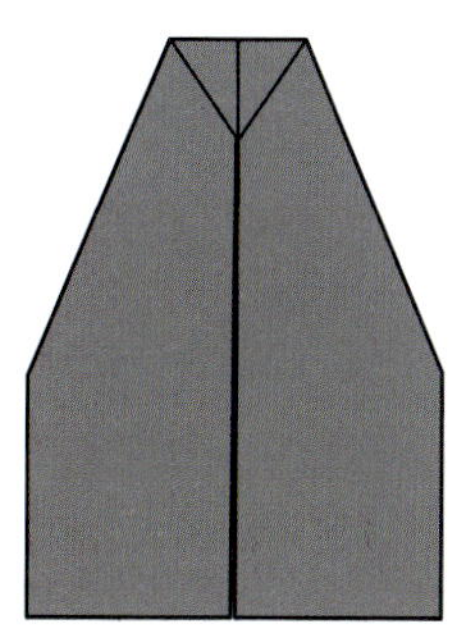

06 망토 완성!

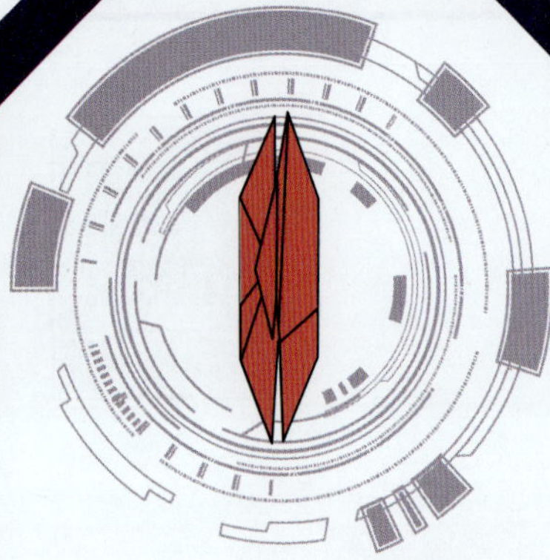

무기

접는 방법 영상

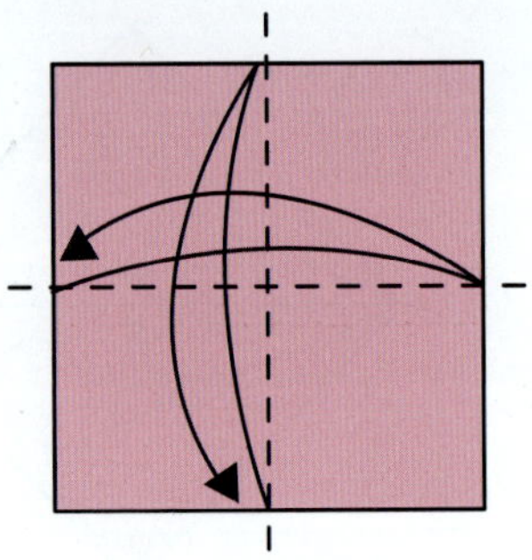

01 점선대로 접었다 펼쳐 주세요

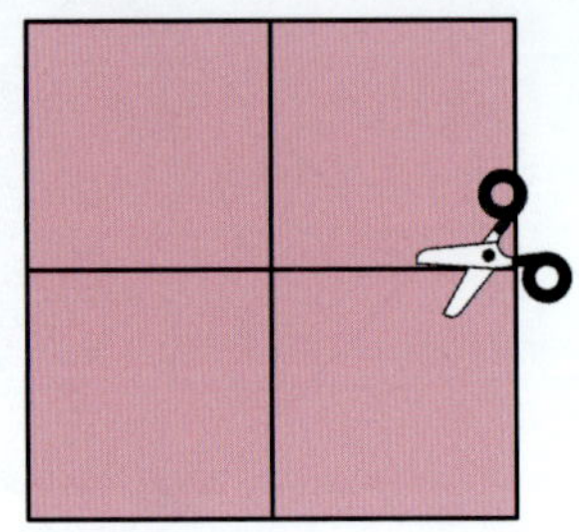

02 표시선을 따라 오려 주세요

확대

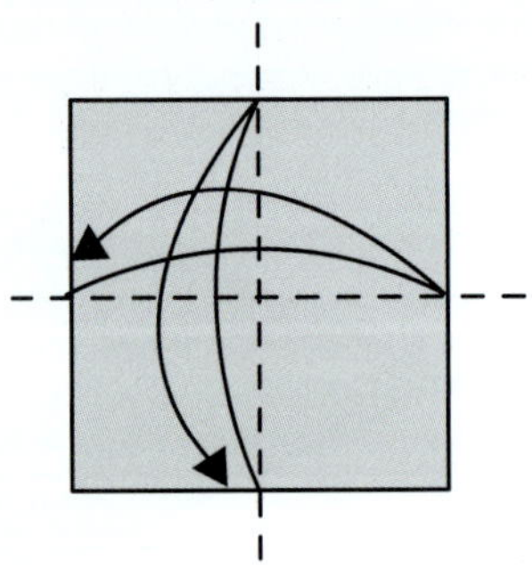

03 원하는 색을 뒷장에 놓고
점선대로 접었다 펼쳐 주세요

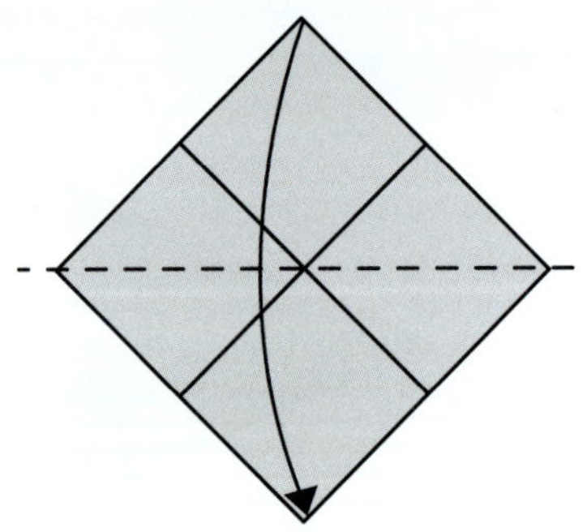

04 반으로 접어 주세요

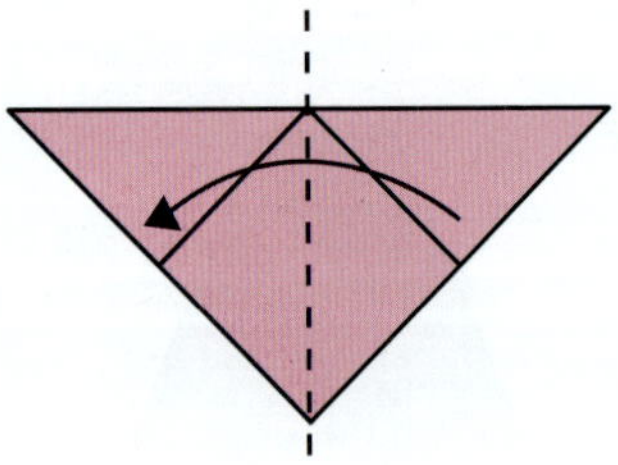

05 점선대로 접어 주세요

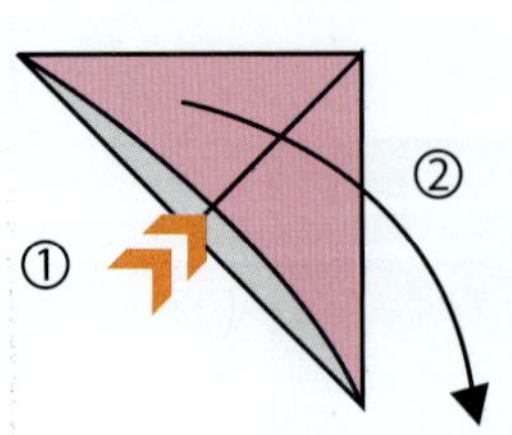

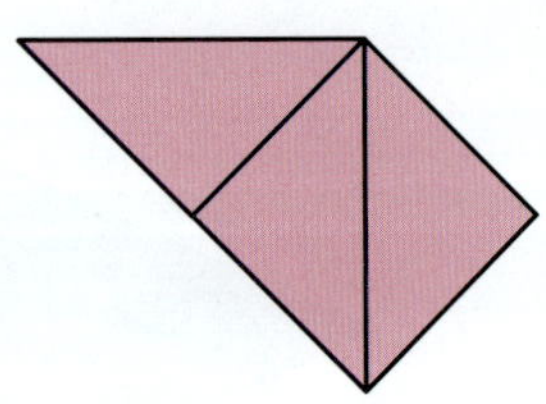

뒤집기

06 ① 주황색 화살표 방향으로 종이를 벌리며
② 옆으로 눌러 접어 주세요

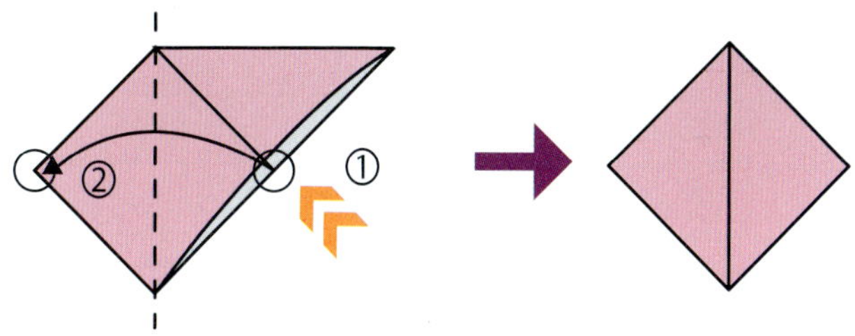

07 ① 주황색 화살표 방향으로 종이를 벌린 후
② ○부분이 닿을 수 있도록 접어 주세요

08 종이가 여러장으로
되어있는 부분을
아래로 향하게 놓아
주세요

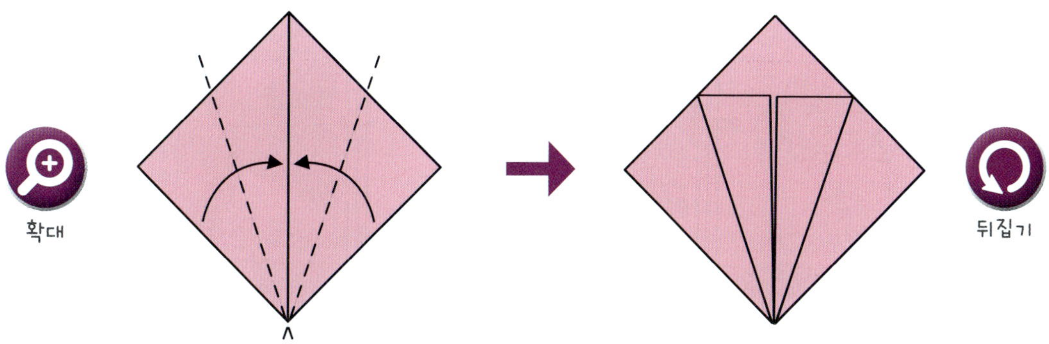

09 위에 한 장만 중심선에 맞춰 점선대로 접어 주세요

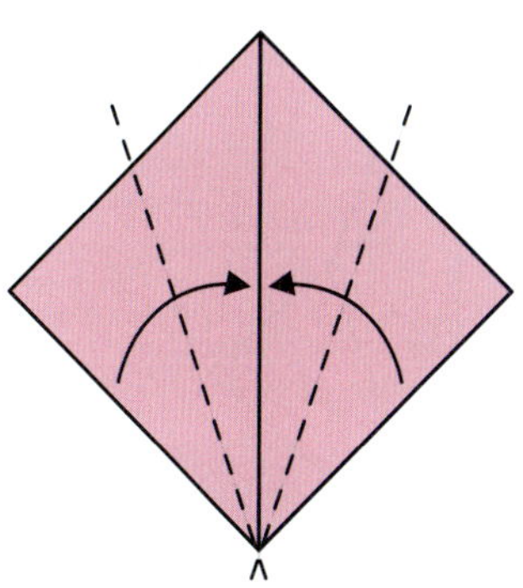

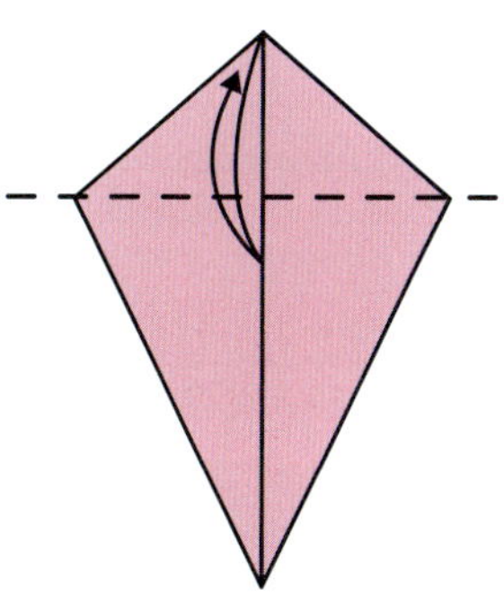

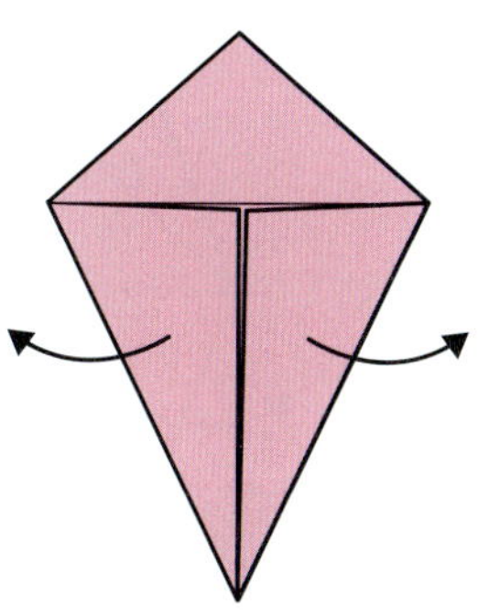

10 점선대로 접어 주세요

11 점선대로 접었다 펼쳐
주세요

12 화살표 방향대로 펼쳐
주세요

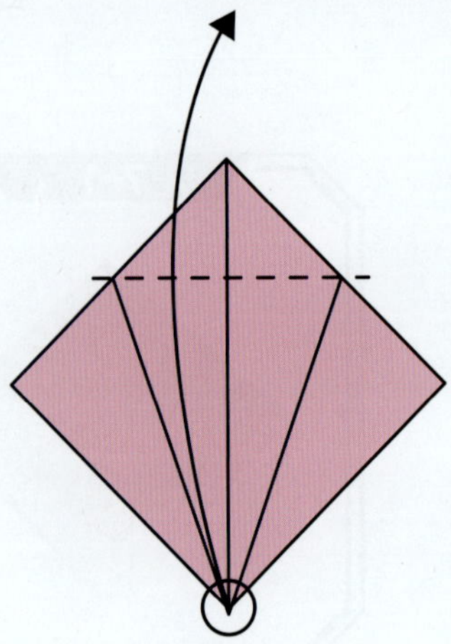

13 위에 한 장만 화살표 방향으로 펼쳐 주세요

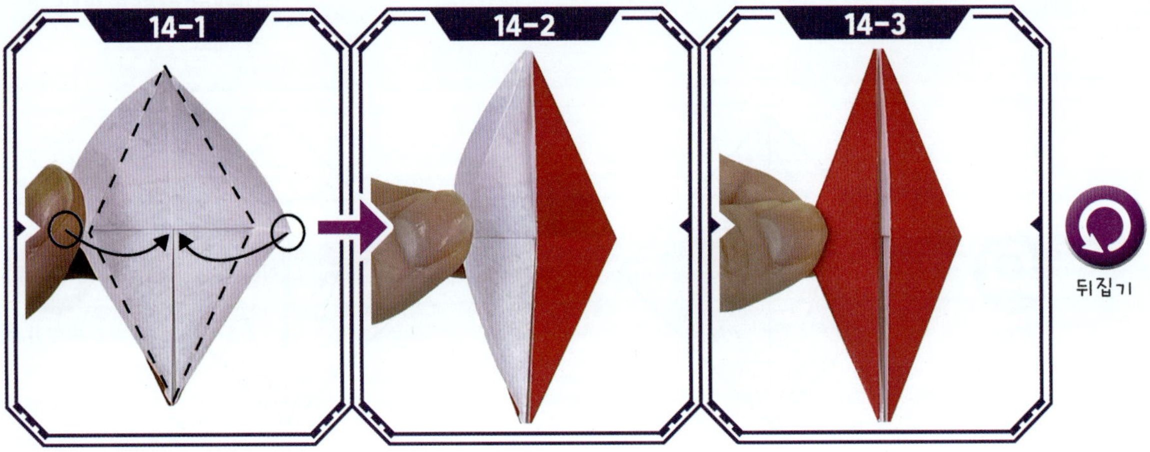

14 점선대로 접어 주세요

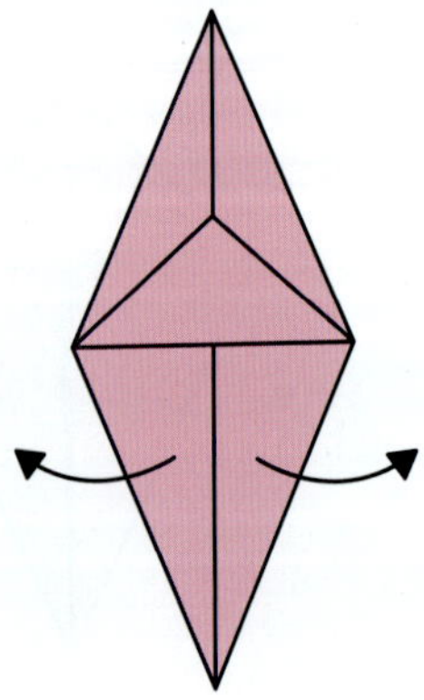

15 화살표 방향대로 펼쳐 주세요

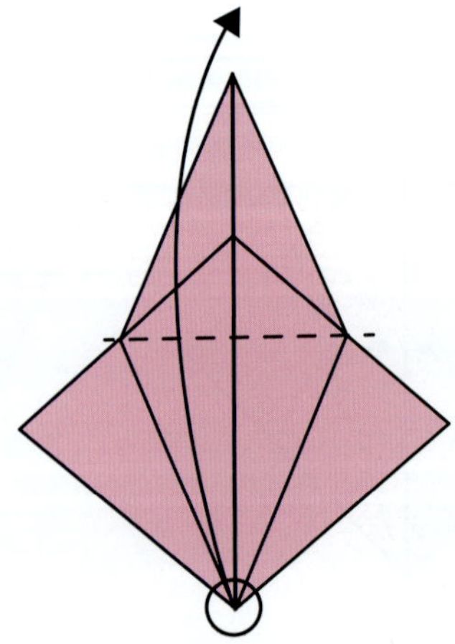

16 화살표 방향대로 펼쳐 주세요

17-1

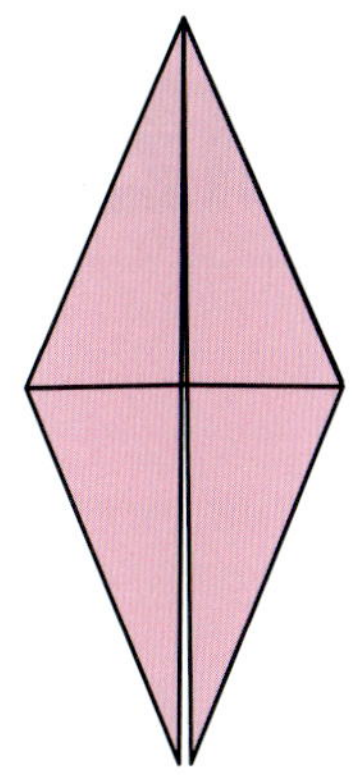

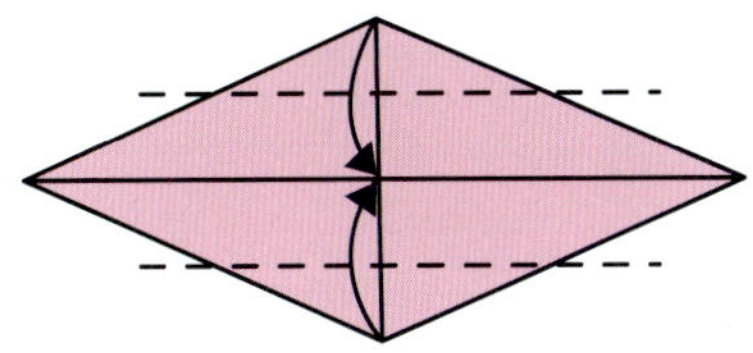

17 점선대로 접어 주세요

18 점선대로 접어 주세요 뒤집어서
한 번 더 똑같이 접어 주세요

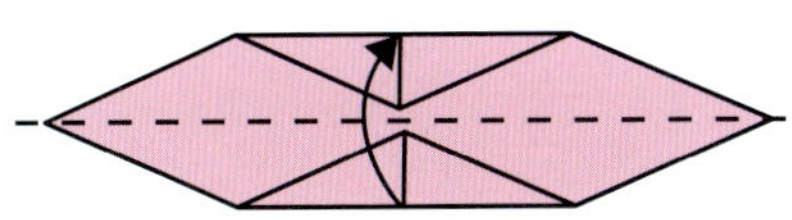

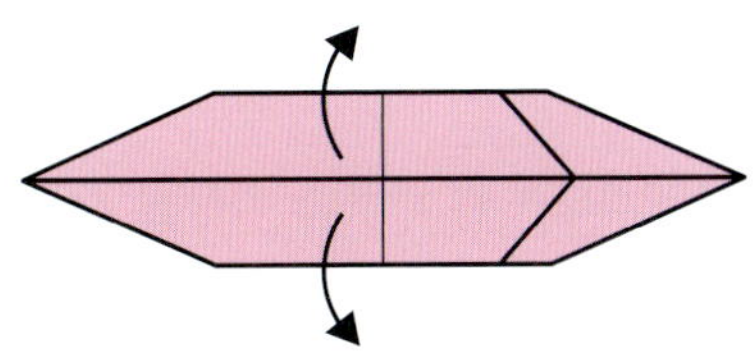

19 점선대로 접어 주세요
뒤집어서 한 번 더 똑같이 접어 주세요

20 화살표 방향으로 종이를 당겨서
입체적으로 만들어 주세요

20-1

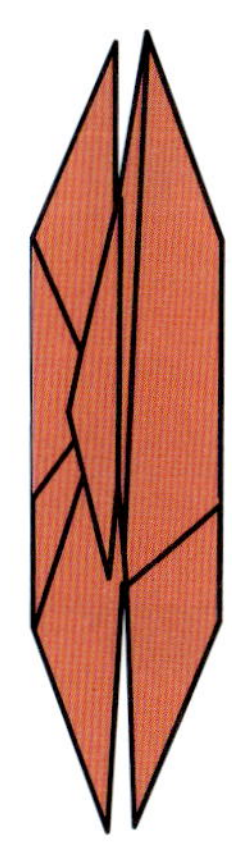

완성 무기 완성!

https://www.youtube.com/@origami_jina

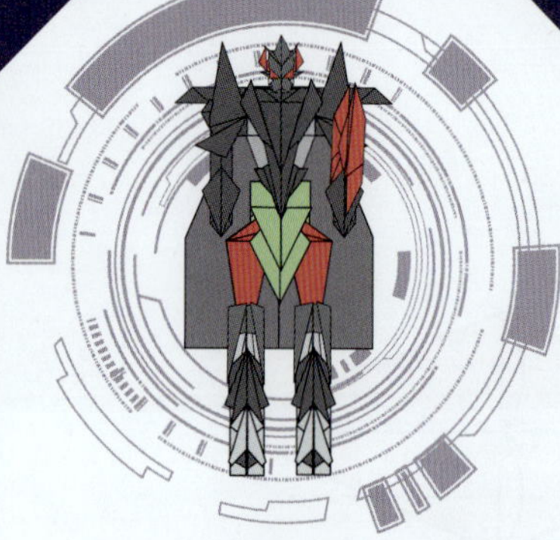

악당 데몬 합체

접는 방법 영상

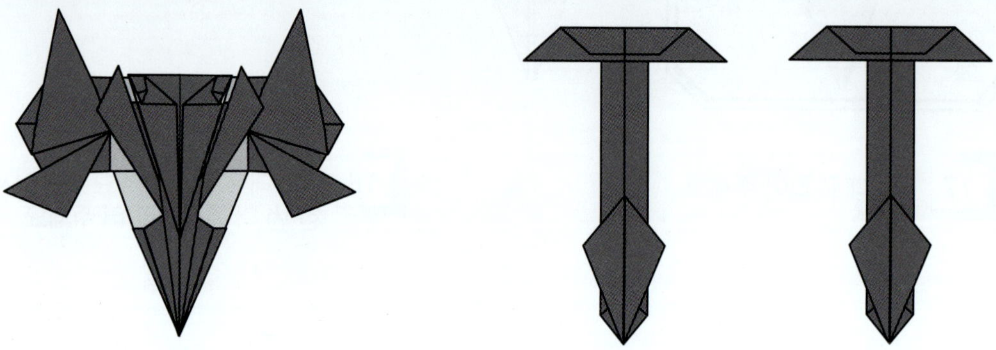

01 블랙크로우와 크루즈 미사일 2개를 준비해 주세요

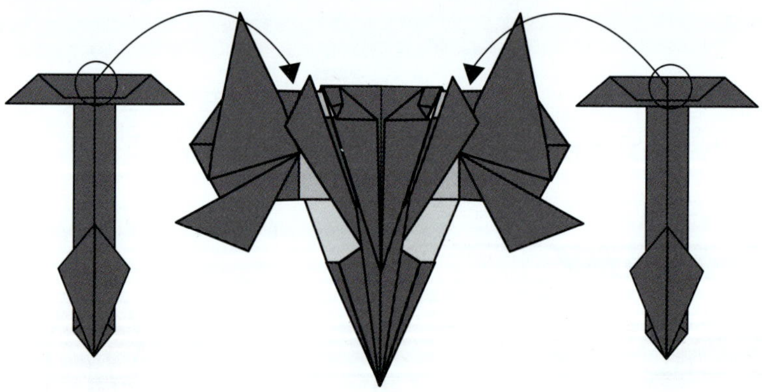

02 ○부분을 화살표 안쪽으로 넣어 주세요

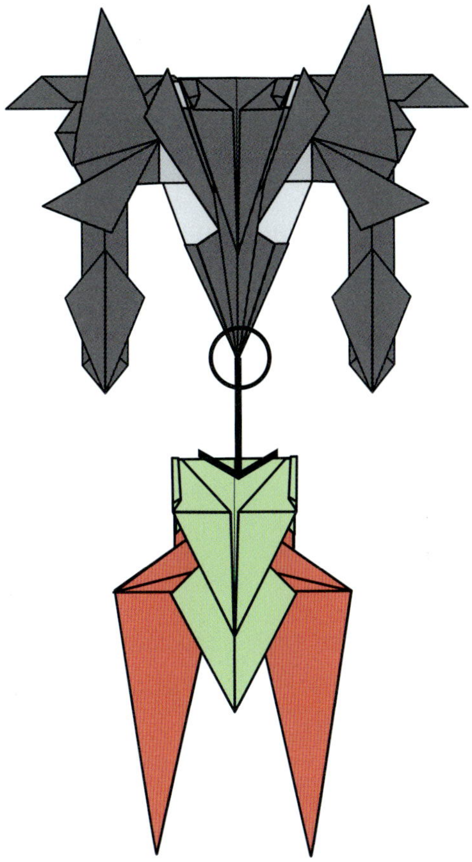

03 아크라를 준비해 주세요
○부분을 화살표 방향으로 끼어 주세요

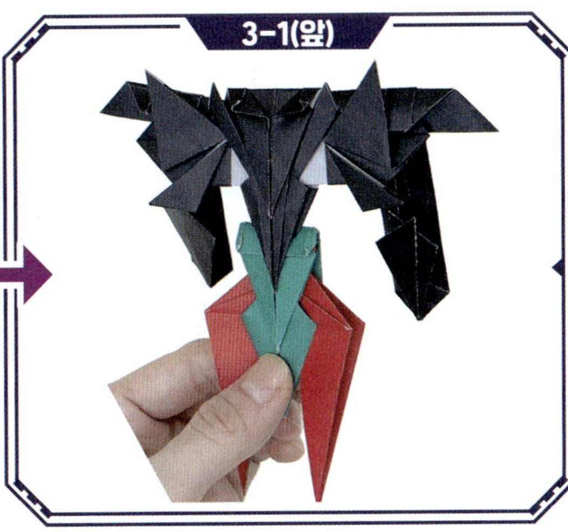

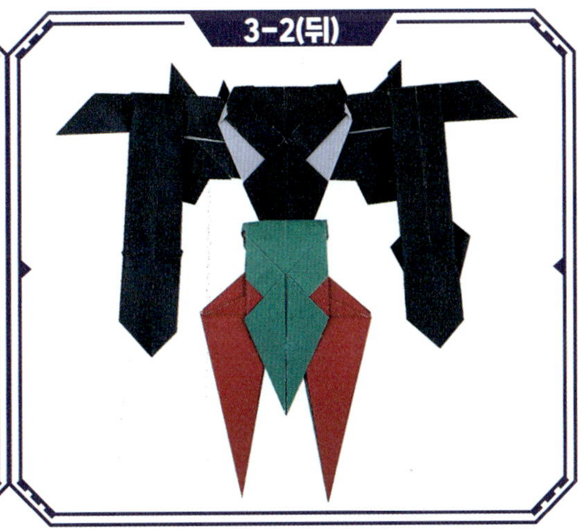

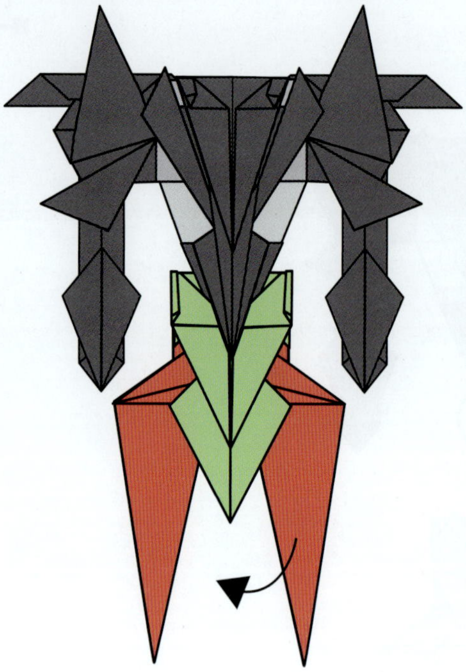

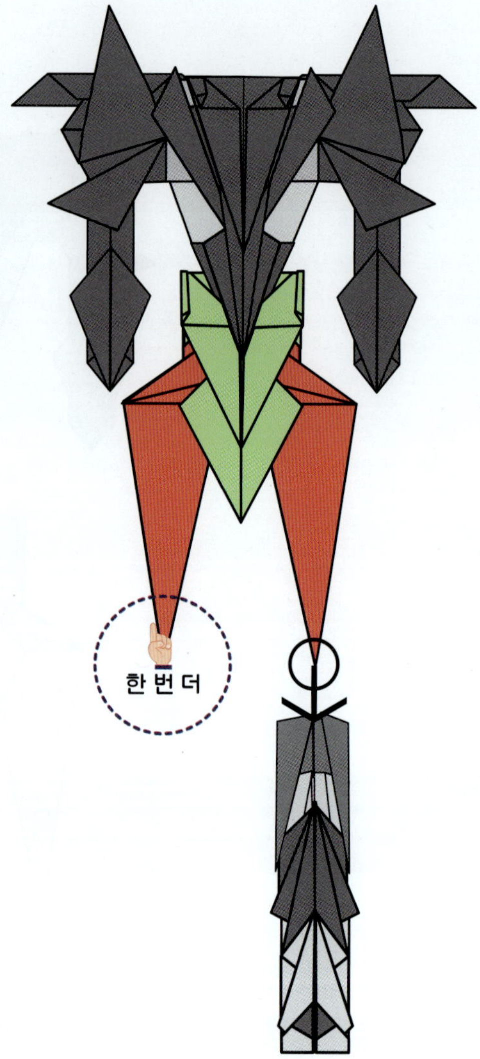

04 아크라 날개 한 장만 화살표 방향으로 벌려 주세요

05 제블린을 준비해 주세요
○부분을 화살표 방향으로 끼어 주세요
반대편도 04 ~ 05 처럼 똑같이 끼어 주세요

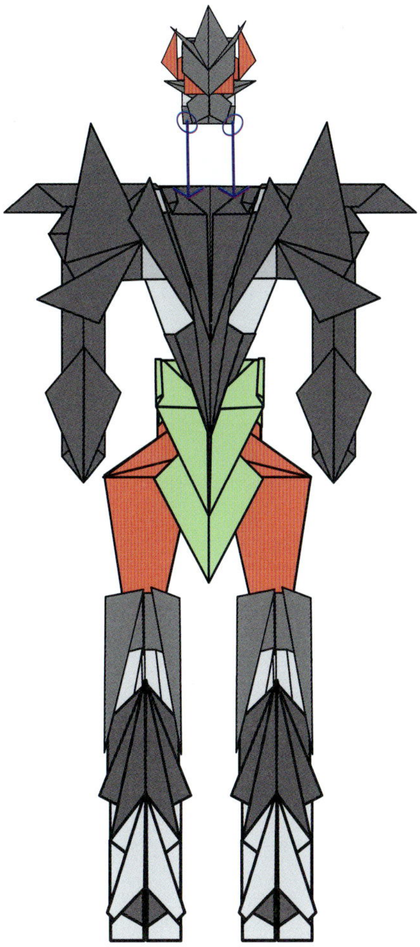

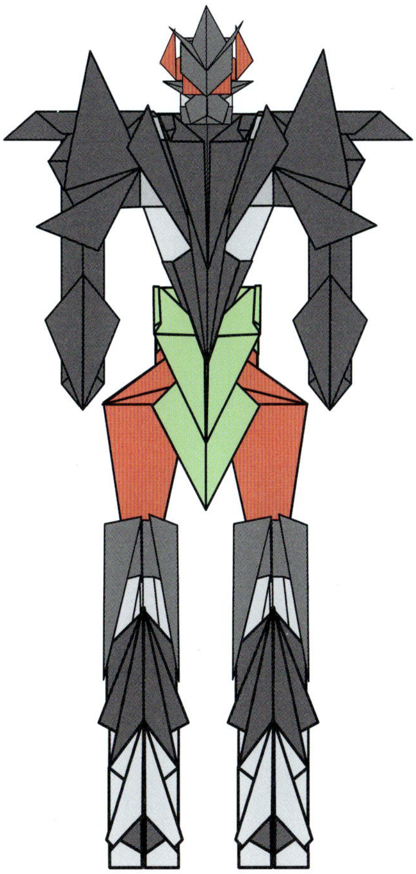

06 아크라 머리를 준비해 주세요
머리의 ○부분을 화살표 안쪽으로
끼어 주세요

07 악당 데몬 완성!

6-1

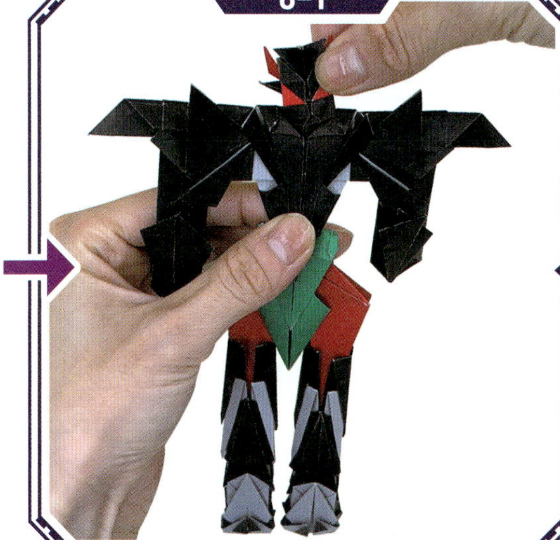

7-1

https://www.youtube.com/@origami_jina

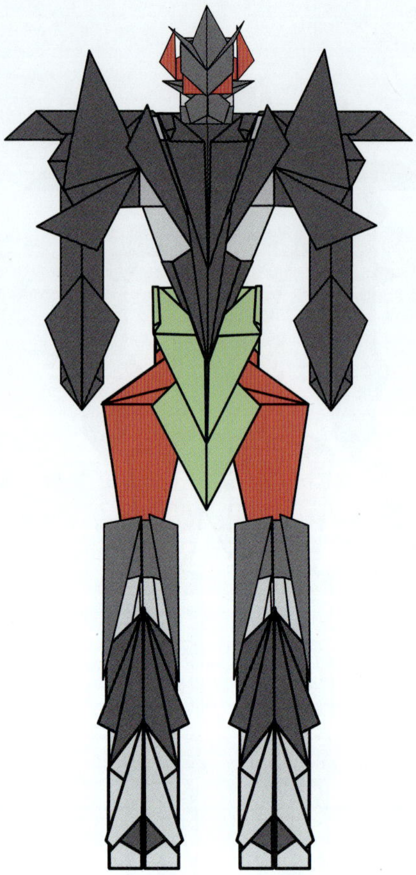

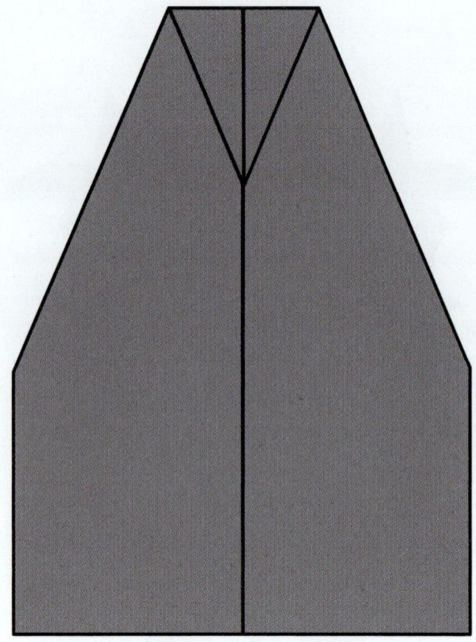

08 악당데몬과 망토를 준비해 주세요 악당데몬을 뒤집어 주세요

09 ○부분을 화살표 안쪽에 끼어 주세요

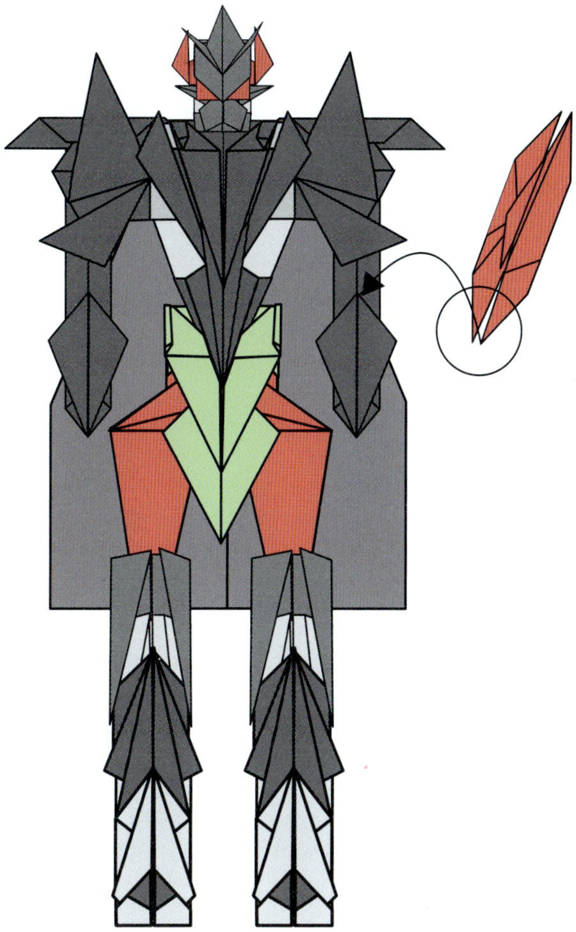

10 악당데몬과 무기를 준비해 주세요
○부분을 화살표 안쪽으로 끼어 주세요

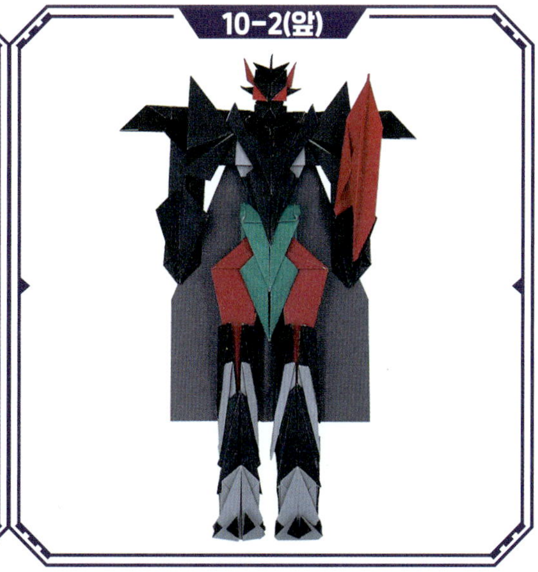

STAGE 17 SHIRAZ SHIELD

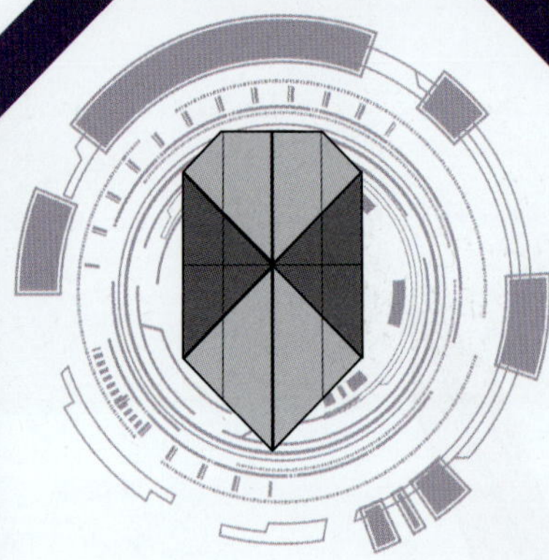

쉬라즈 방패

접는 방법 영상

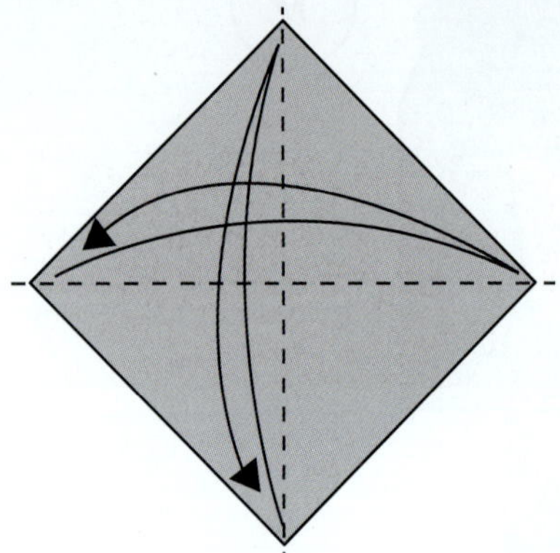

01 점선대로 접었다 펼쳐 주세요

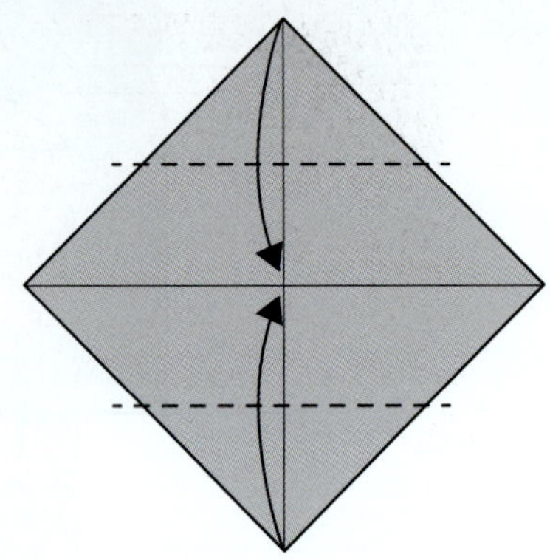

02 점선대로 접어 주세요

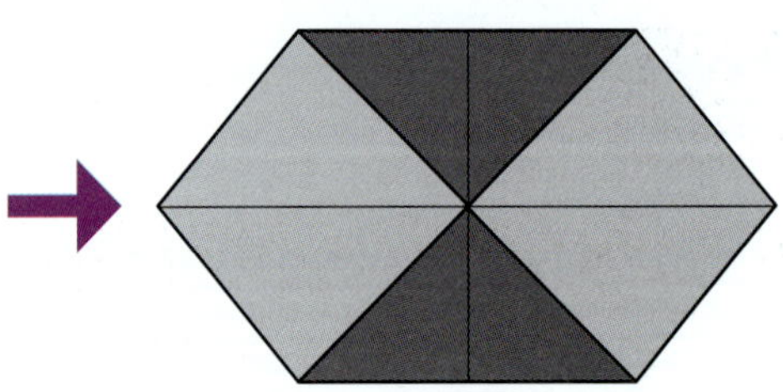

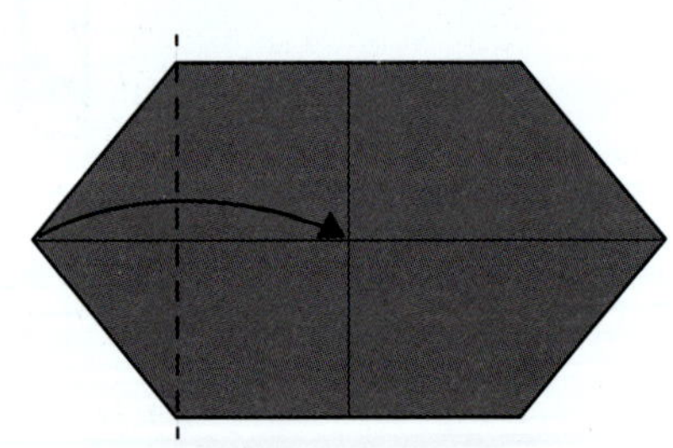

03 점선대로 접어 주세요

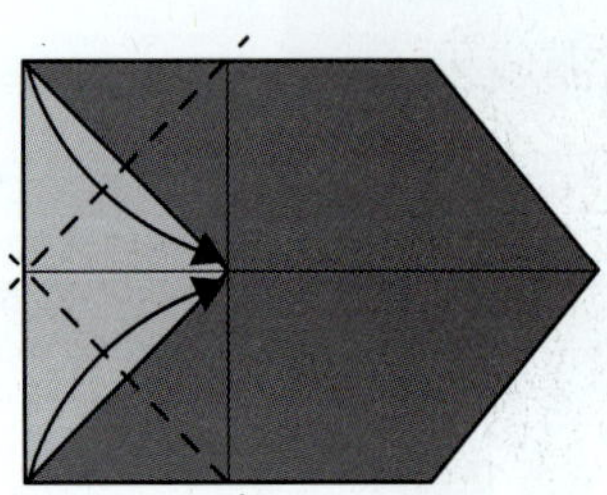

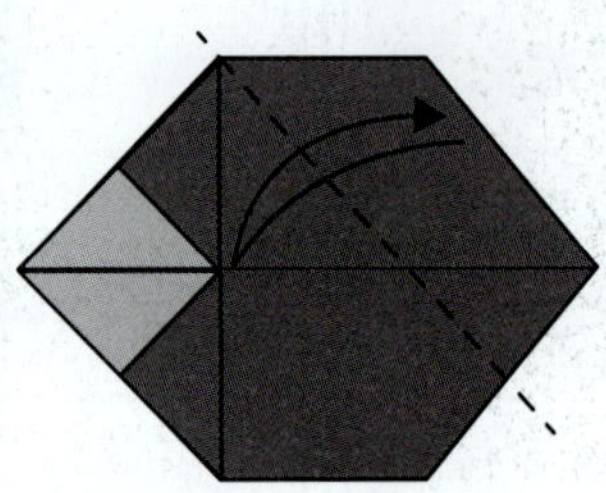

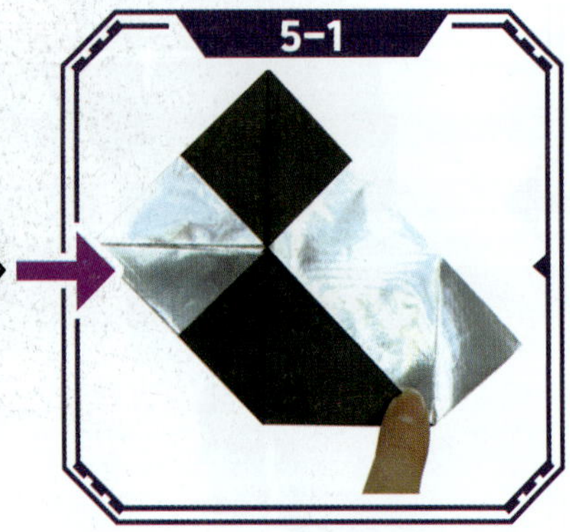

04 점선대로 접어 주세요

05 점선대로 접었다 펼쳐 주세요

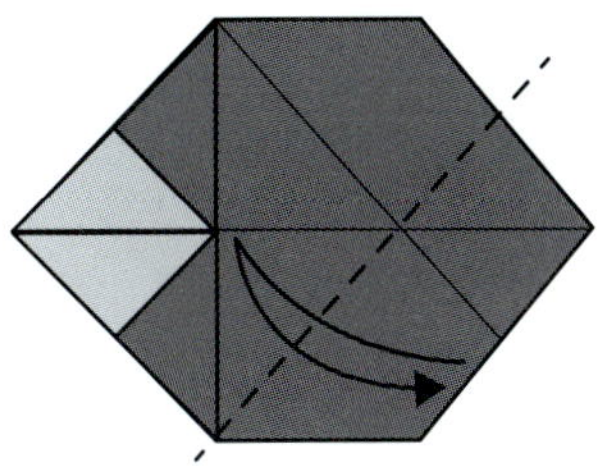

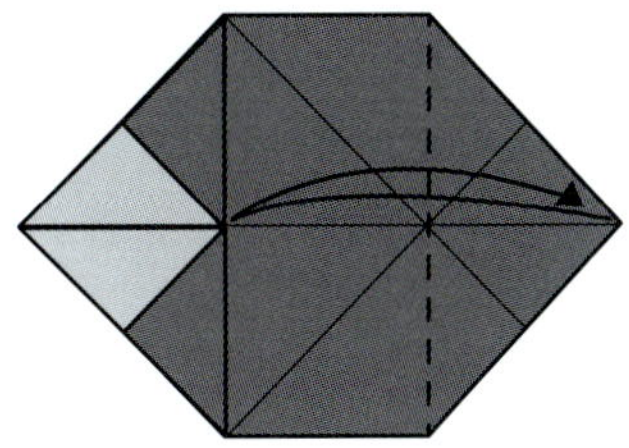

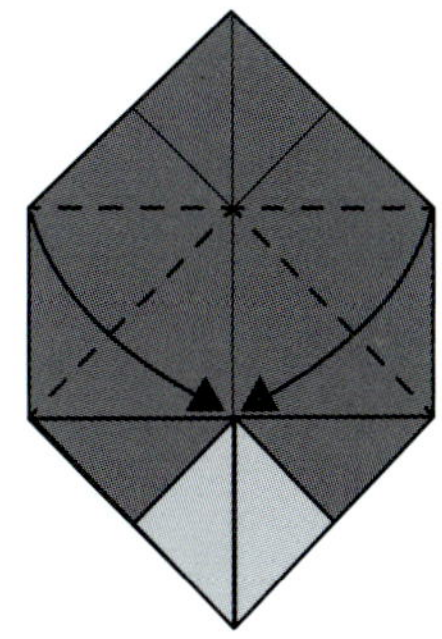

06 점선대로 접었다
펼쳐 주세요

07 점선대로 접었다
펼쳐 주세요

08 종이를 모아
접어 주세요

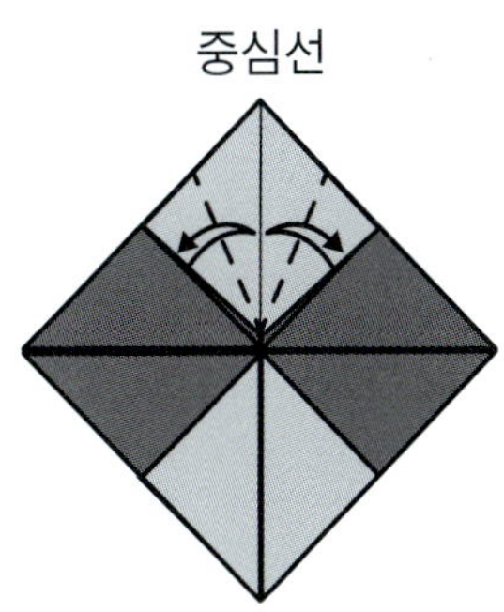

09 화살표 방향으로 눌러 접어 주세요

10 중심선에 맞춰 접었다
펼쳐 주세요

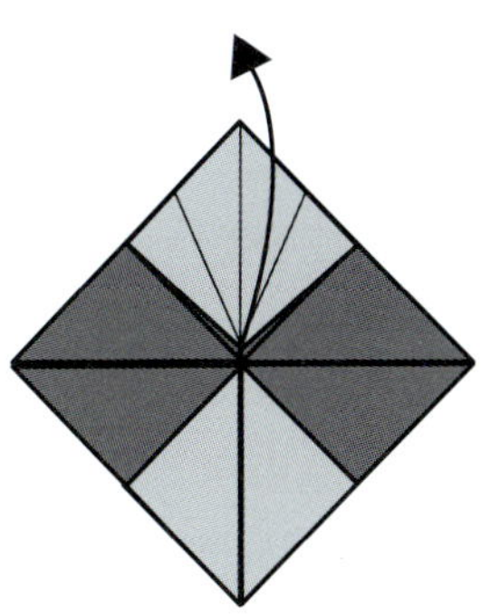

11 종이 한 장을 화살표
방향으로 펼쳐 주세요

12 점선대로 접어 주세요

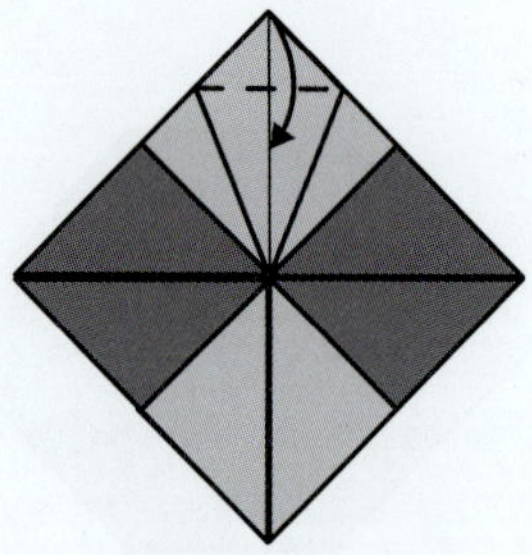

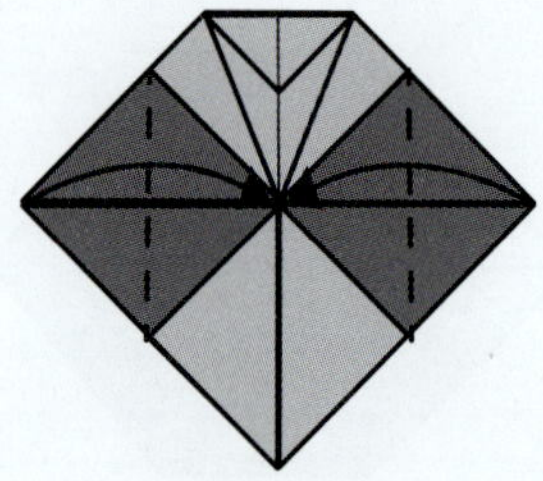

13 점선대로 접어 주세요

14 점선대로 접어 주세요

15 점선대로 접어 주세요

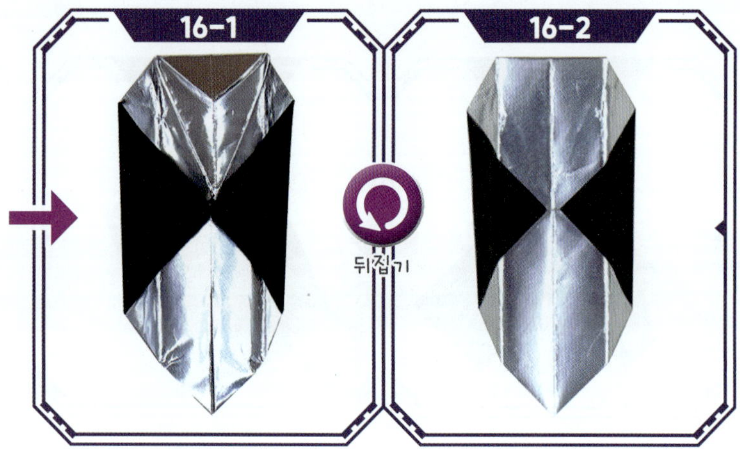

16 점선대로 접었다 살짝 당겨 주세요

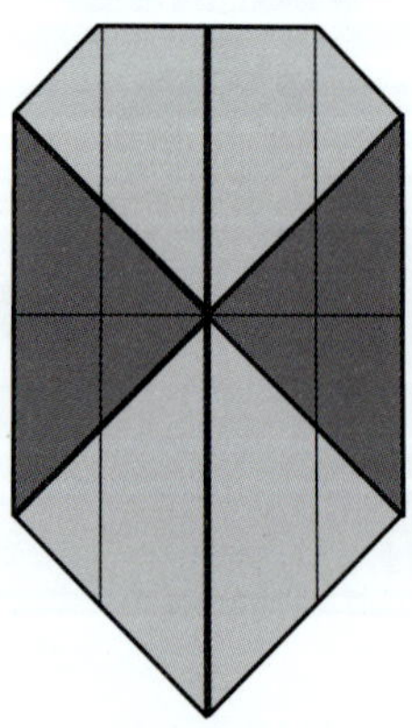

완성 쉬라즈 방패 완성!

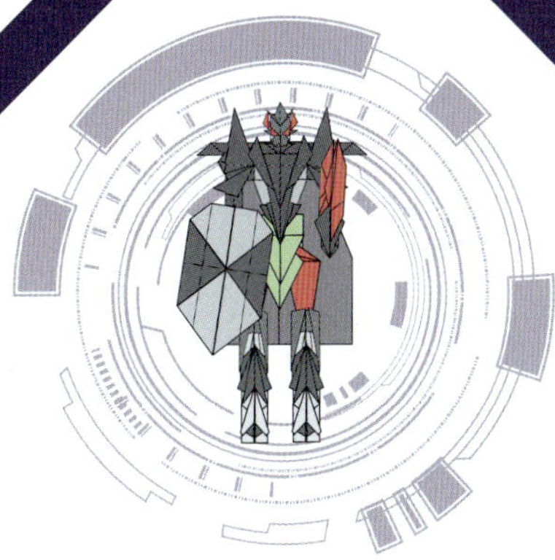

방패&악당 데몬 합체

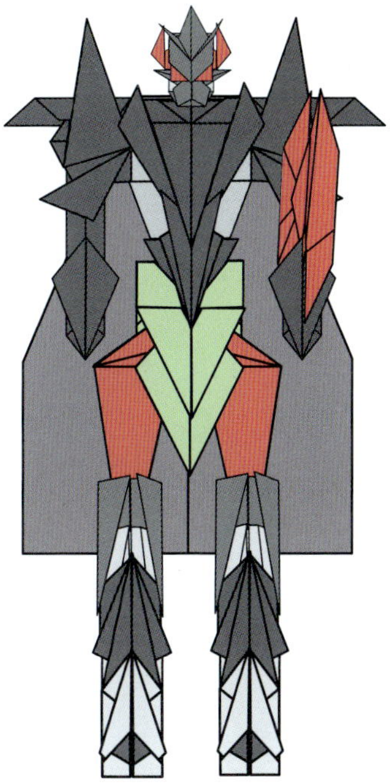

01 방패와 악당데몬을 준비해 주세요

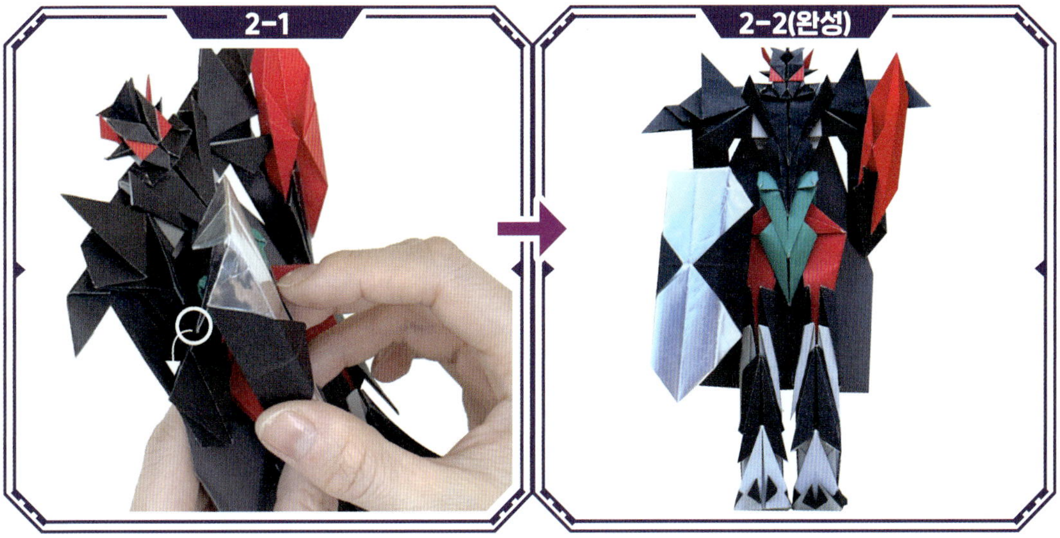

02 ○부분을 화살표 안쪽으로 넣어 주세요

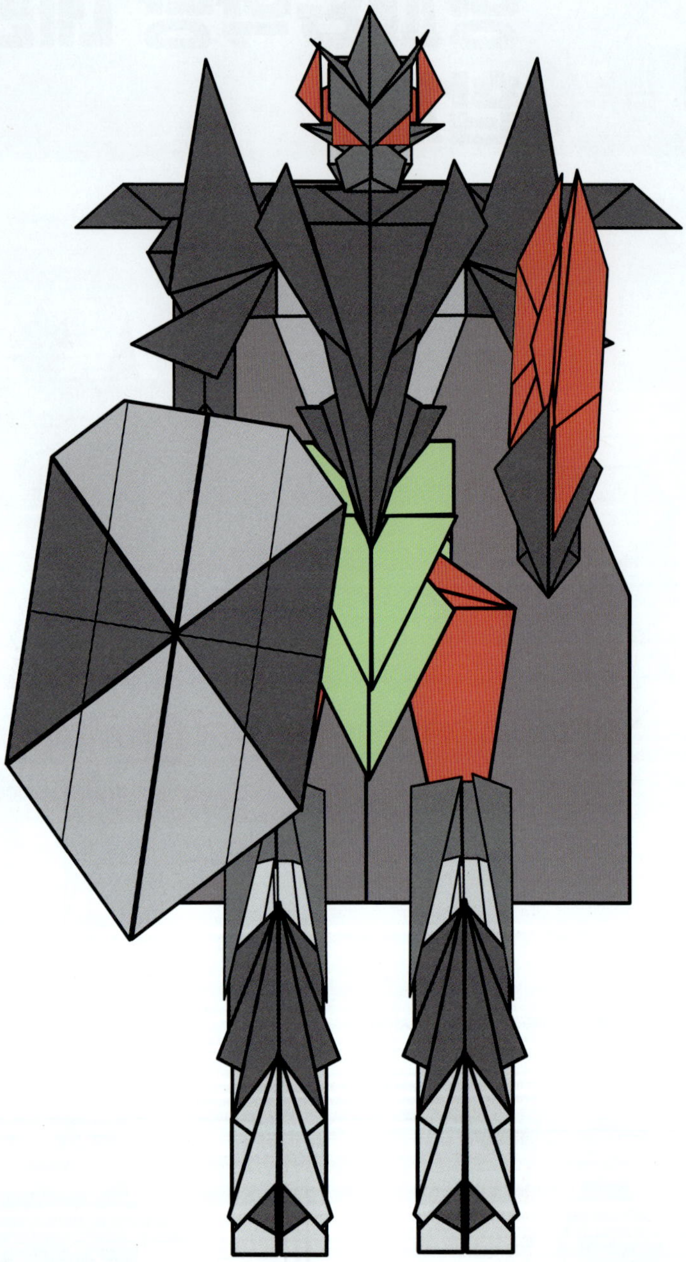

완성 악당 데몬 완성!

※ 이해를 돕기위한 연출된 이미지

02

합체로봇 델타

COMBINED ROBOT DELTA

피톤행성을 향해 우주 비행중이던 합체로봇 델타는
긴급한 구조요청을 듣게 된다.

SOS SOS SOS
긴급구조 요청!
근처에 무슨
큰일이 벌어진 것 같아!

구조요청 신호를 따라 도착한 행성에서
쓰러진 합체로봇을 발견하는데

긴급상황이야!
지구가 위험해!
쓰러진 합체로봇에게서 악당 데몬의 배신과
마법 운석을 모두 빼앗긴 일, 스페셜 무기와
망토로 강력해진 사실을 듣게 된다.

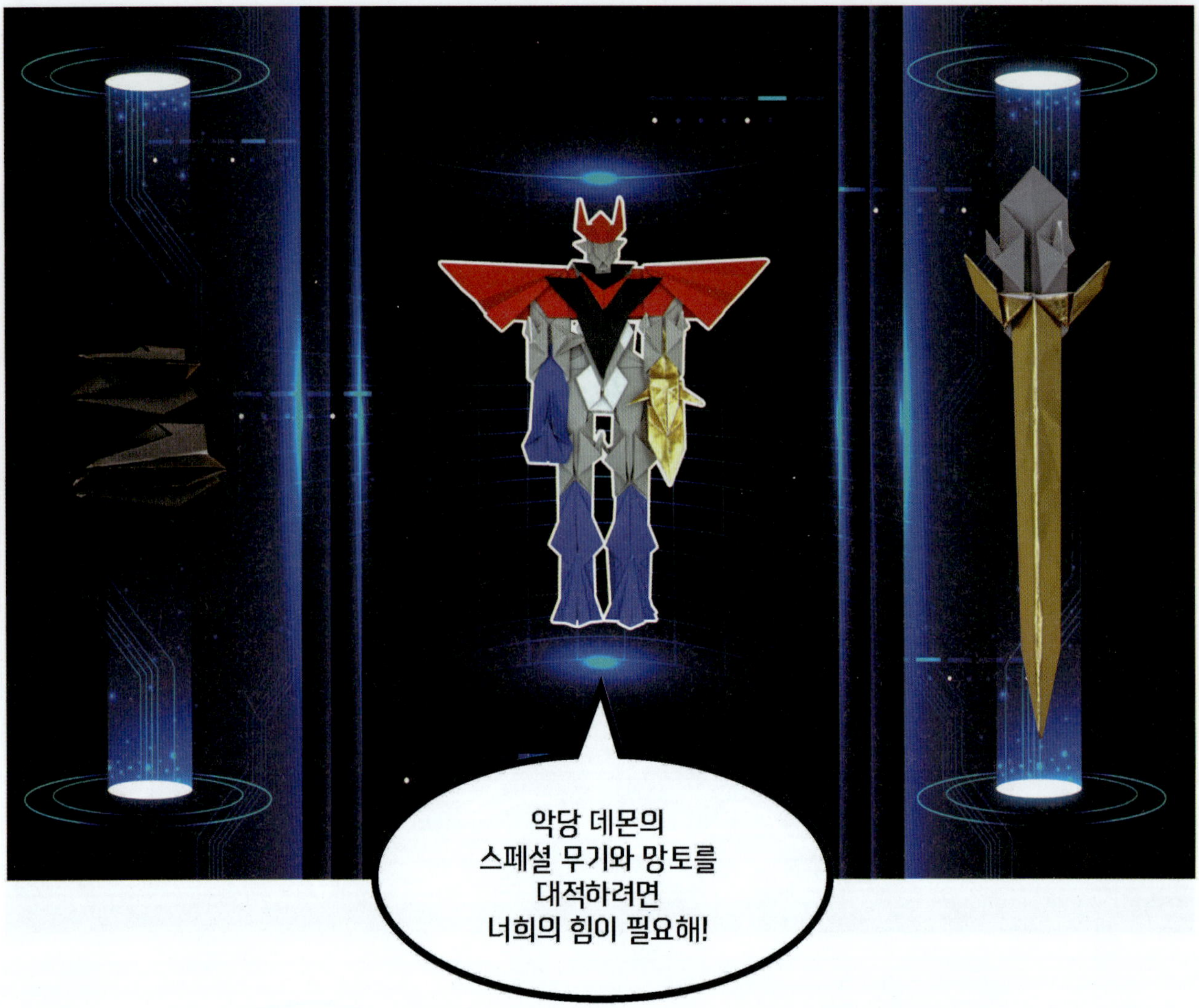
악당 데몬의
스페셜 무기와 망토를
대적하려면
너희의 힘이 필요해!

총과 검으로 무장한 합체로봇 델타 완성!

기다려라 악당 데몬!
마법 운석을 되찾고
지구를 지키러
합체로봇 델타가 간다~

아스테리아

접는 방법 영상

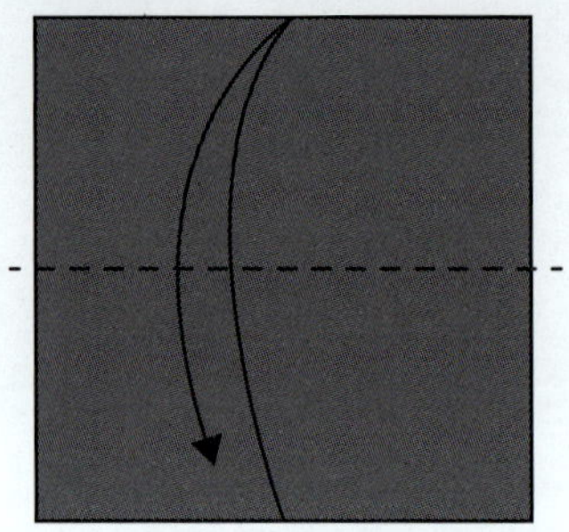

01 반으로 접었다가 펼쳐 주세요

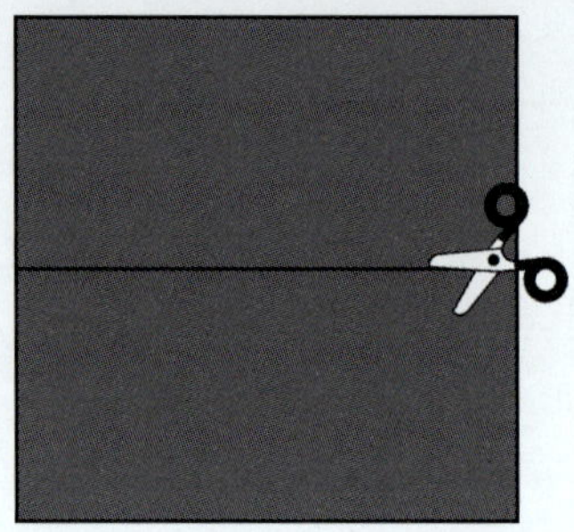

02 표시선을 따라 반으로 잘라 주세요

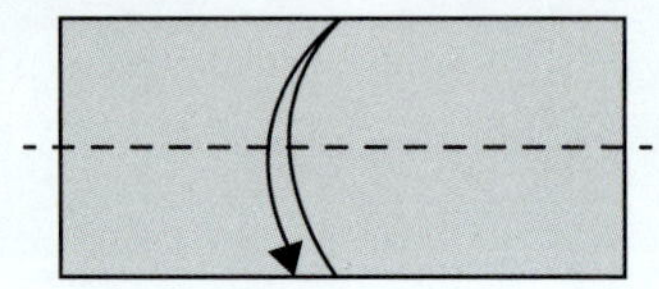

03 원하는 색을 뒷장에 놓고 반으로 접었다 펼쳐 주세요

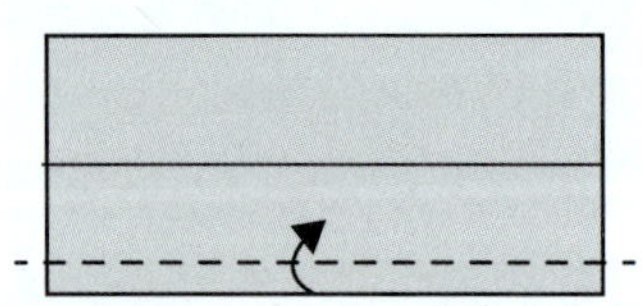

04 0.7cm 정도 위로 올려 접어 주세요

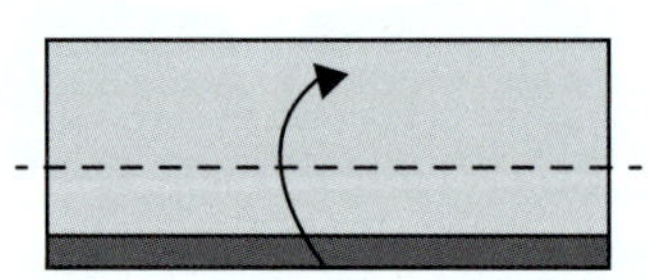

05 03에서 만든 표시선을 따라 접어 주세요

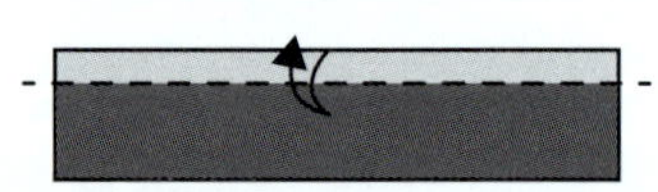

06 점선대로 접었다 펼쳐 주세요

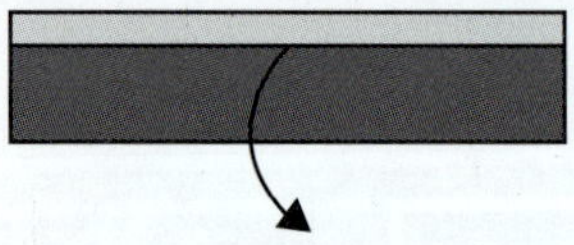

07 한 번 더 펼쳐 주세요

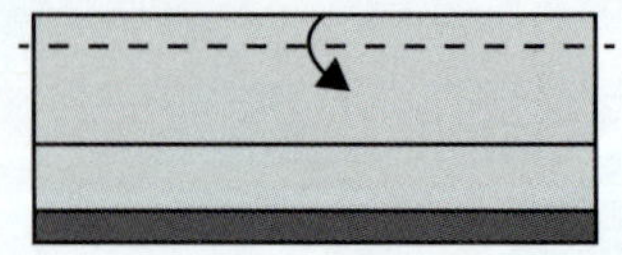

06 점선대로 접어 주세요

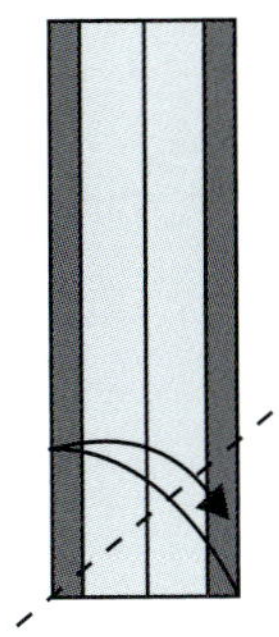

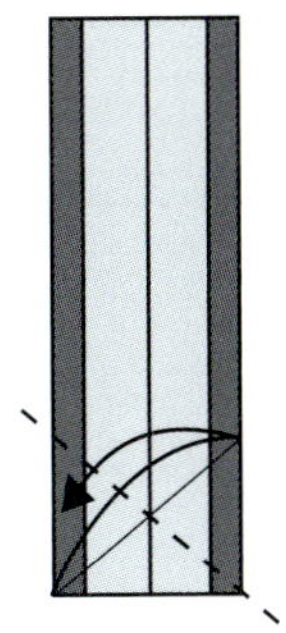

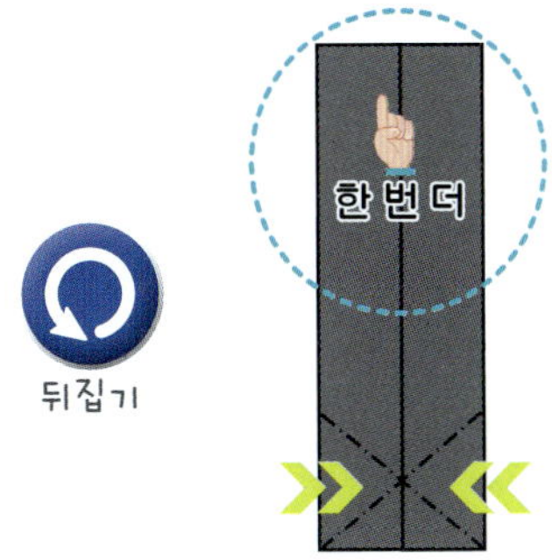

09 점선대로 접었다
펼쳐 주세요

10 점선대로 접었다
펼쳐 주세요

11 화살표 방향으로
종이를 넣어 주세요
윗 부분도 09 ~ 11
까지 같은 방법으로
접어 주세요

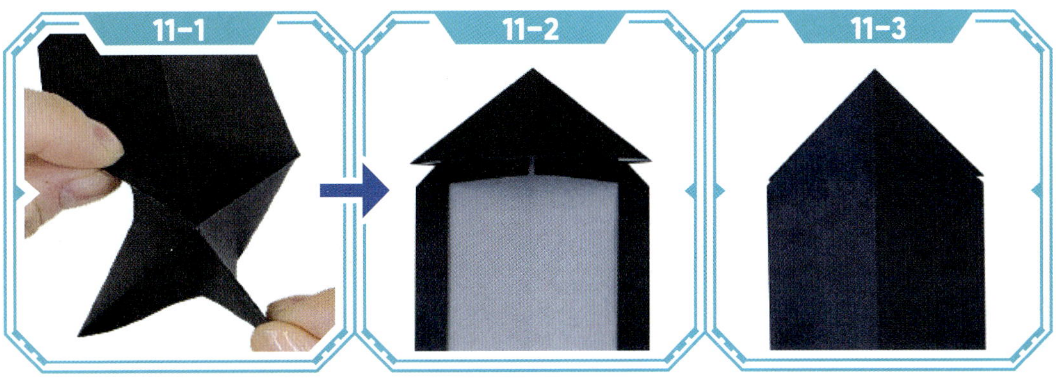

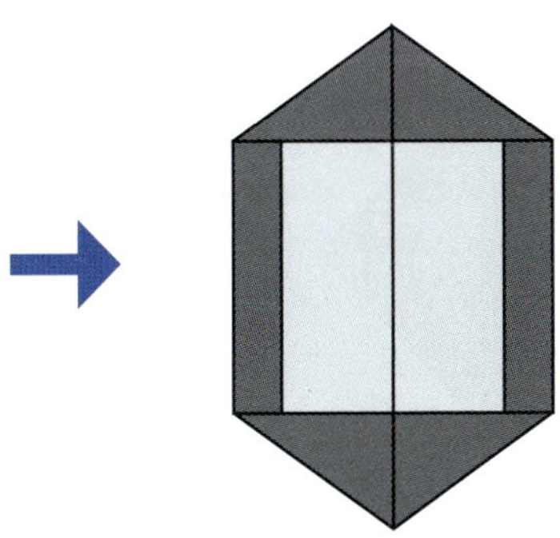

※ 11 이 완성된 모습

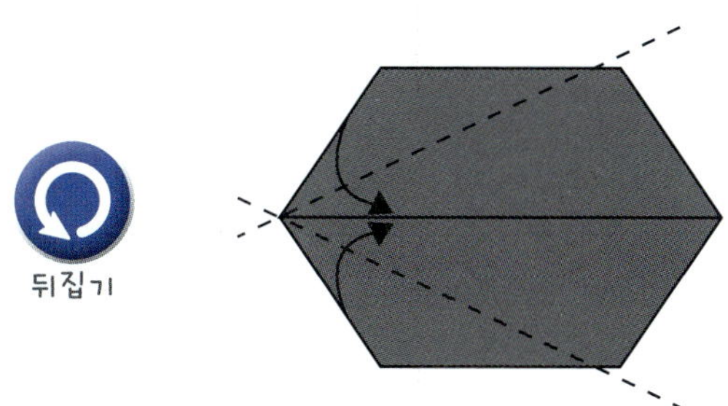

12 점선대로 접어 주세요

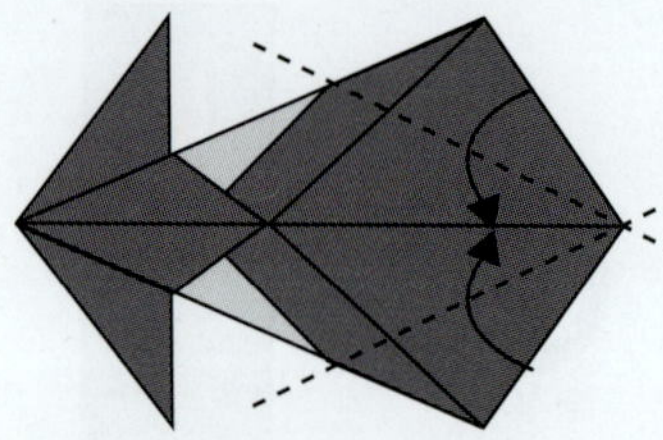

13 점선대로 접어 주세요

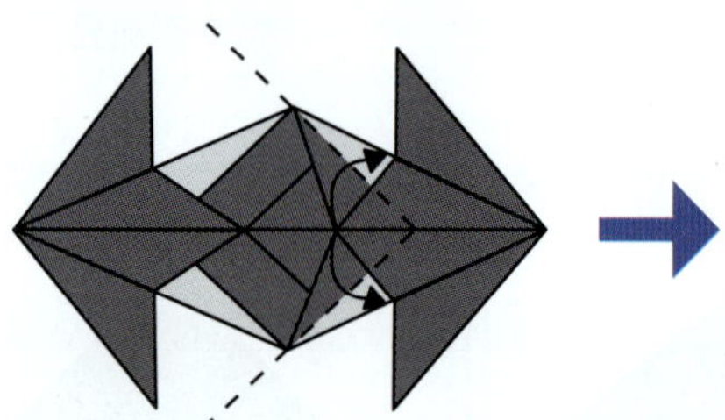

14-1(완성)

14 점선대로 접어 주세요

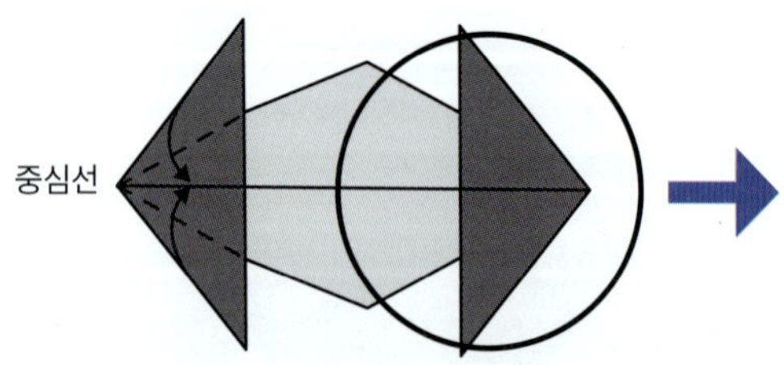

15-1(뒷면)

15 점선대로 접어 주세요

※ 14 에서 접은 부분을 오른쪽에 놓고
접어 주세요

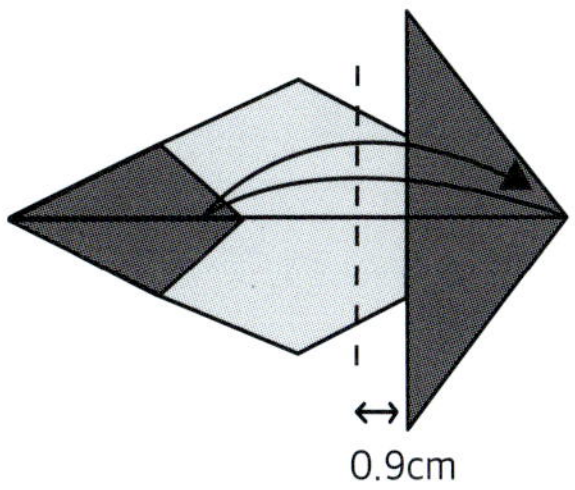

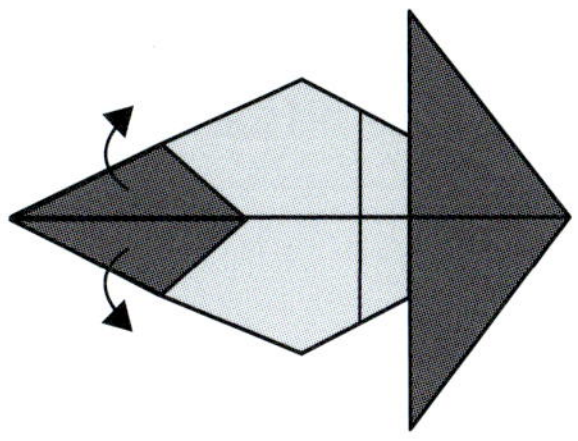

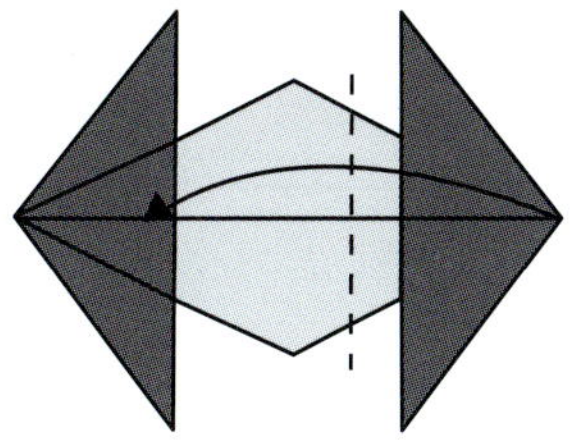

16 점선대로 접었다
펼쳐 주세요

17 화살표 방향으로
펼쳐 주세요

18 점선대로 접어 주세요

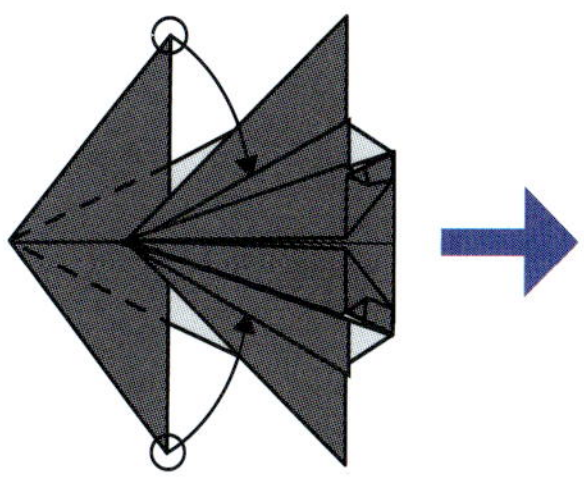

19 ○부분을 화살표 안쪽으로 넣어 접어 주세요

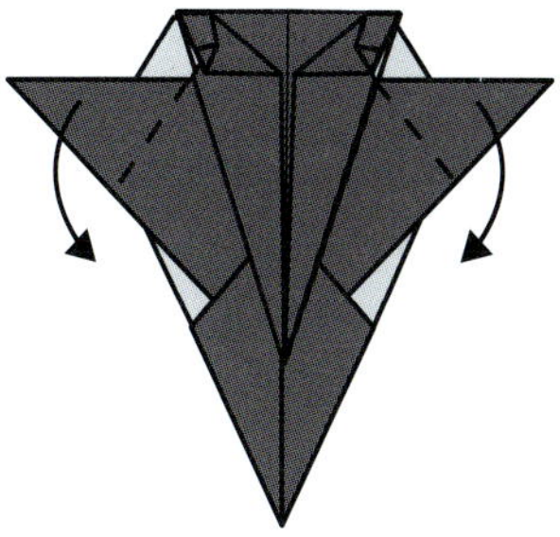

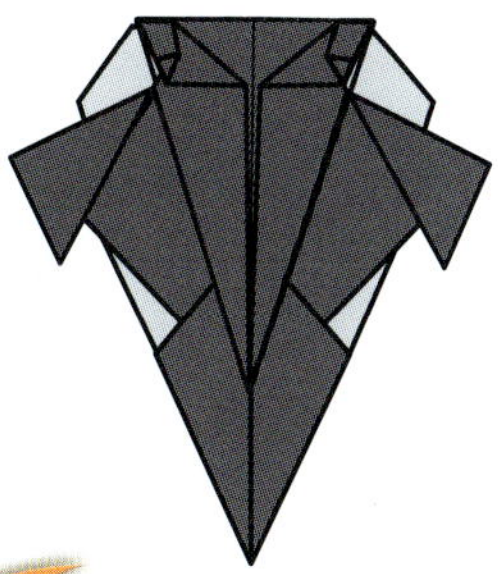

20 아래로 내려 접어 주세요

완성 아스테리아 완성!

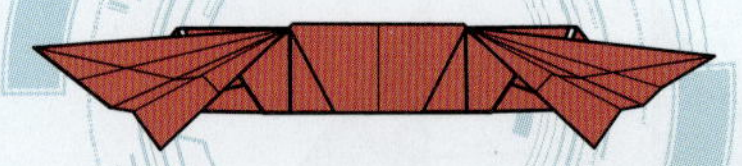

아스테리아 날개

접는 방법 영상

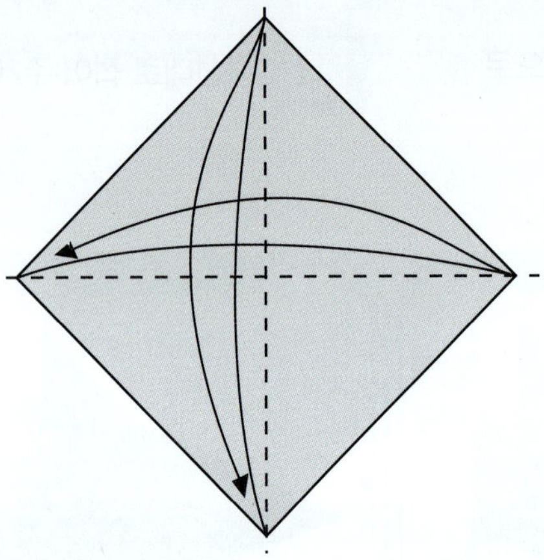

01 원하는 색을 뒷장에 놓고
점선대로 접었다 펼쳐 주세요

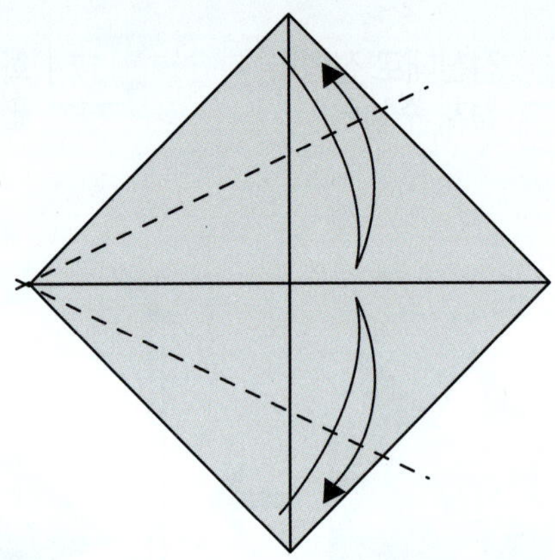

02 중심선에 맞춰 접었다 펼쳐 주세요

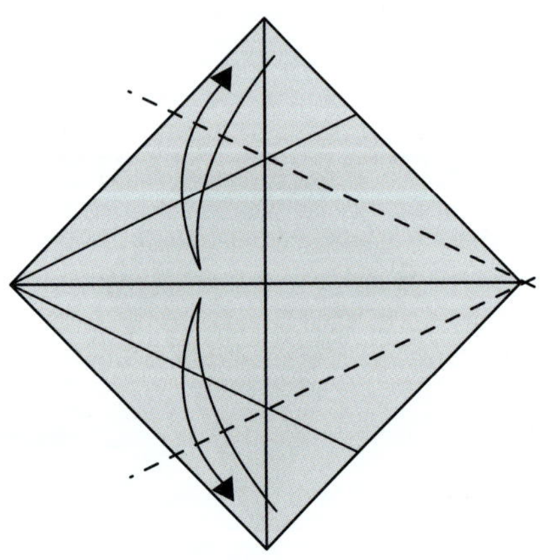

03 중심선에 맞춰 접었다 펼쳐 주세요

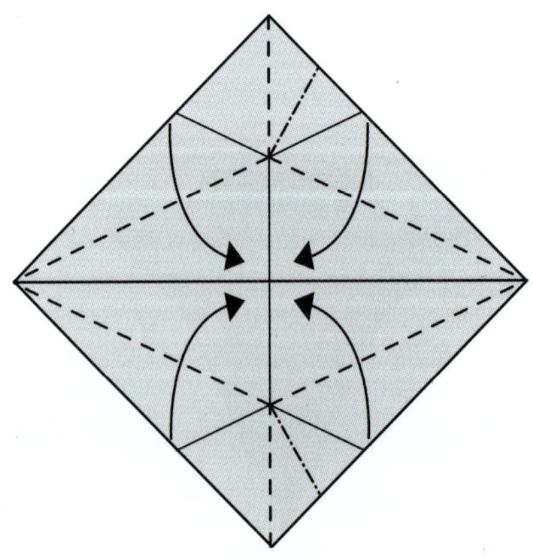

04 화살표 방향대로 모아 접어 주세요

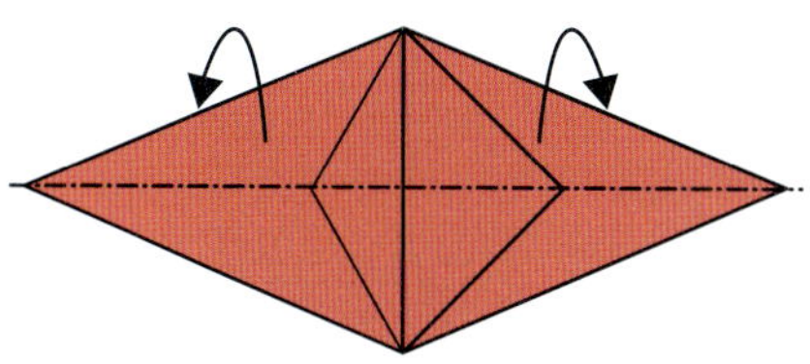

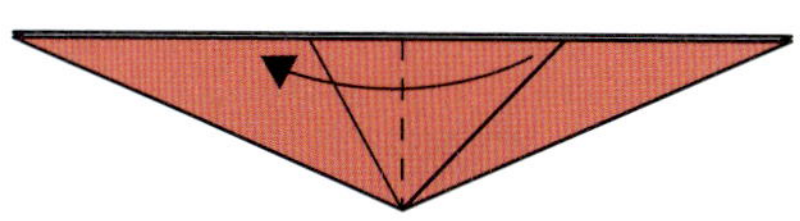

05 윗부분을 뒤로 넘겨 접어 주세요

06 위에 한 장을 점선대로 접어 주세요

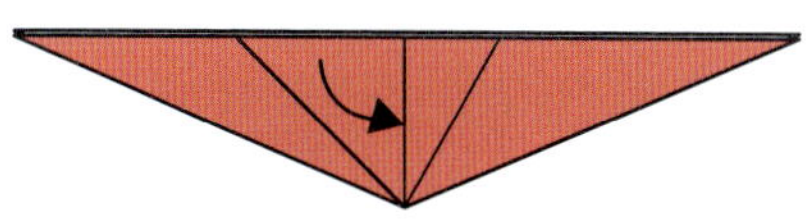

07 종이가 가운데 부분으로 올 수 있도록 당겨 주세요

08 화살표 부분에 손가락을 넣어서 종이를 부풀려 주세요

09 부풀린 부분을 손으로 눌러 접어 주세요
반대편도 똑같이 06 ~ 09 대로 접어 주세요

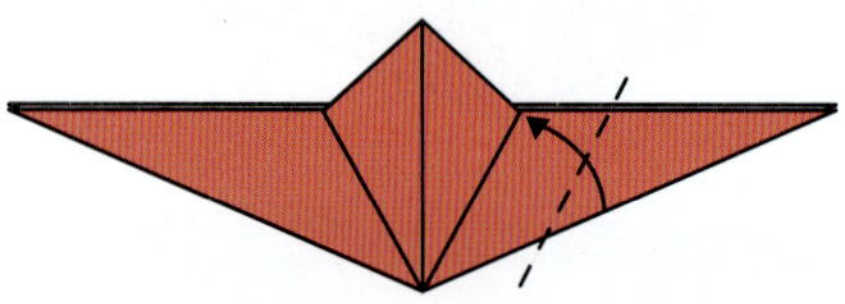

10 점선대로 접어 주세요

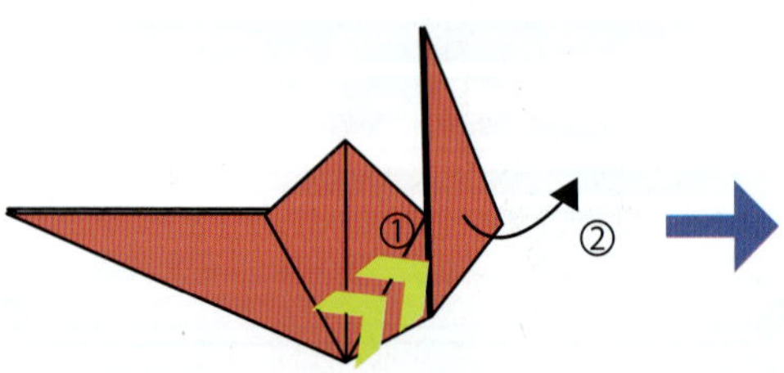

11 노란색 화살표 안쪽으로 손가락을 넣어 종이를 벌려 주세요

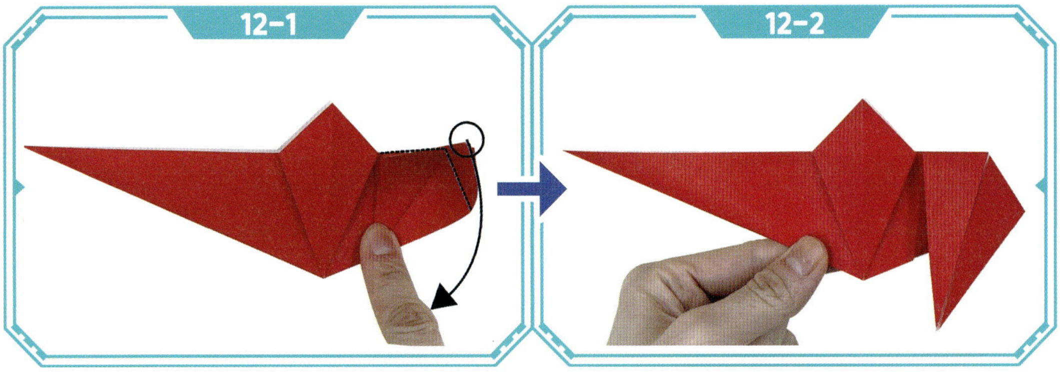

12 ○부분을 아래로 내려 접어 주세요

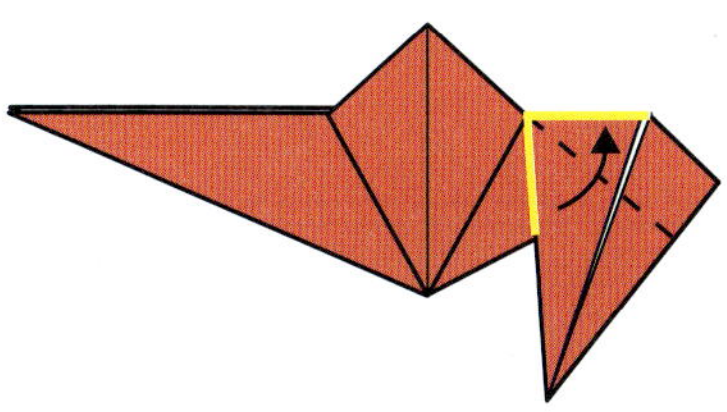

13 노란색 선이 서로 닿을 수 있도록 접어 주세요

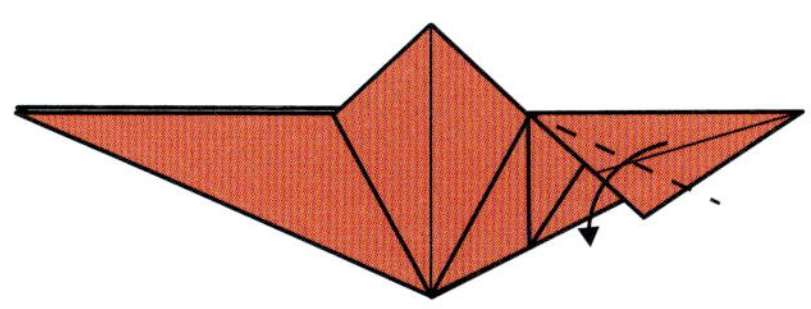

14 점선대로 접어 주세요

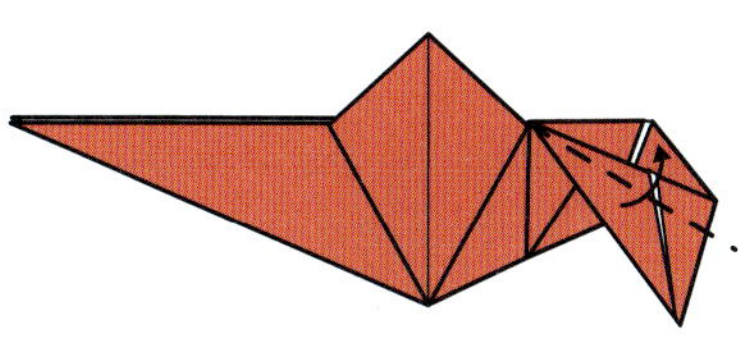

15 점선대로 접어 주세요

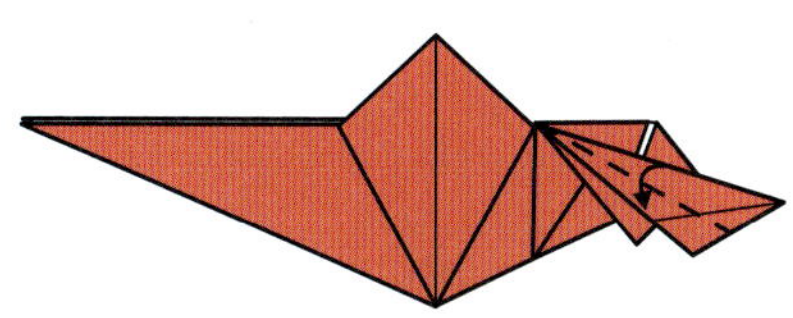

16 점선대로 접어 주세요

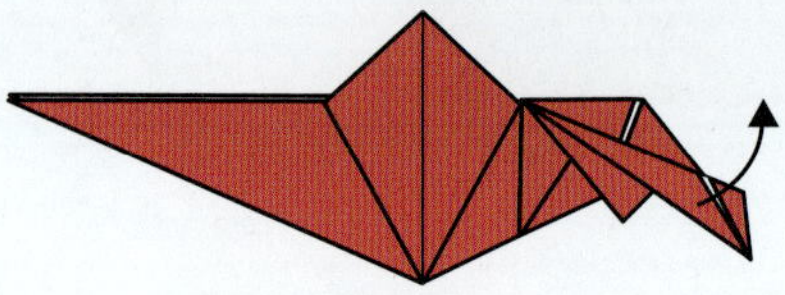

17-1

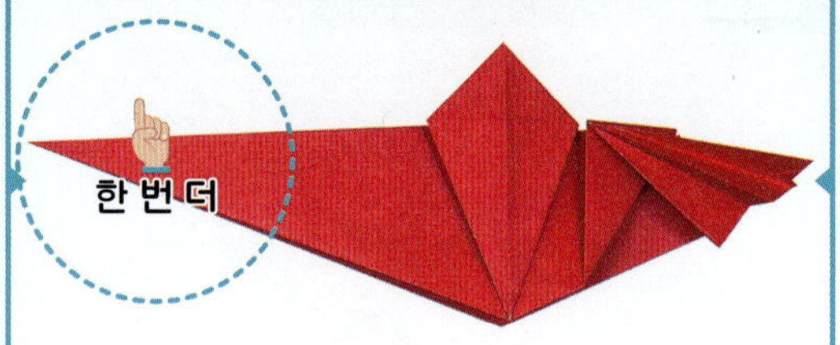

17-2

17 화살표 방향으로 종이를 당겨 주세요 ※반대편도 10 ~ 17 대로 똑같이 접어 주세요

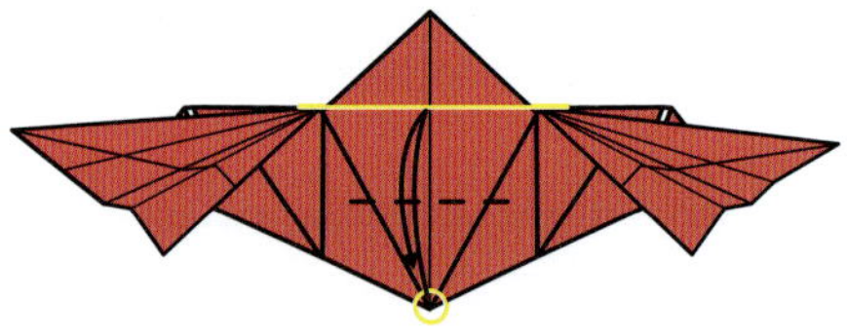

18 ○부분이 노란선에 닿을 수 있도록 접었다 펼쳐 주세요

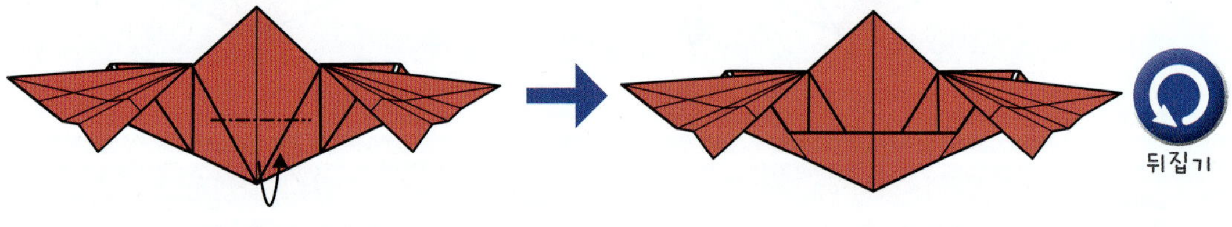

19 18 에서 만든 표시선에 맞춰 안으로 넣어 접어주세요

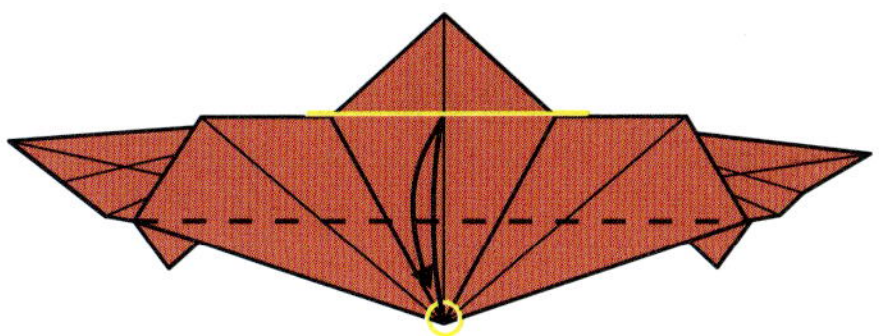

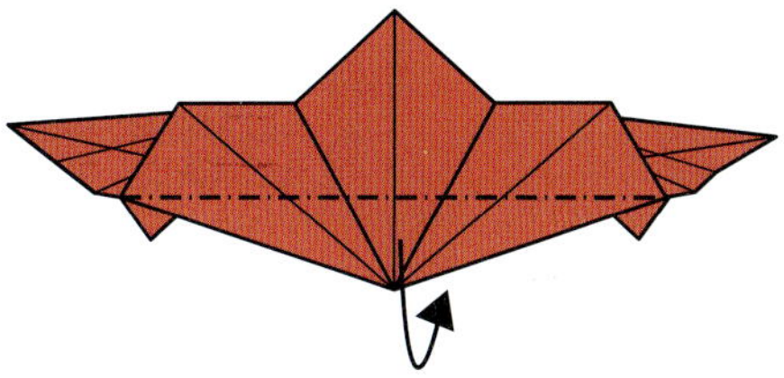

20 ○부분이 노란선에 닿을 수 있도록 접었다 펼쳐 주세요

21 종이를 화살표 방향으로 넣어 접어 주세요

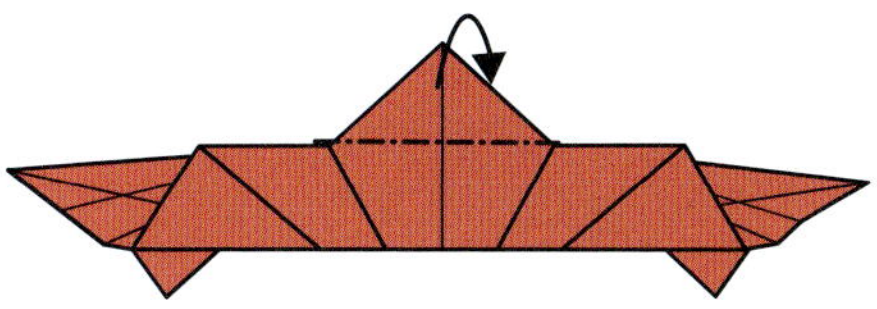

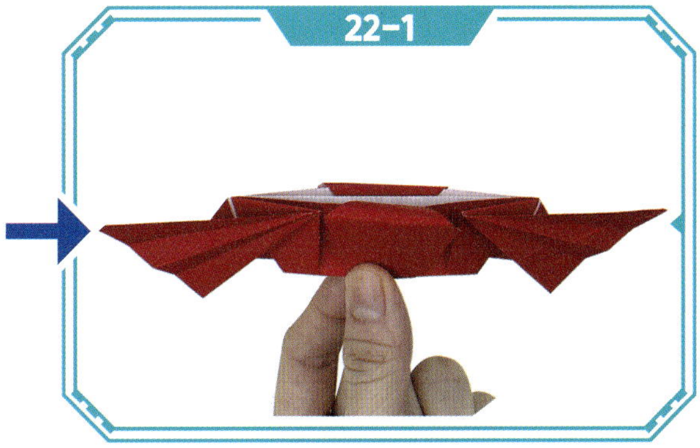

22 종이를 화살표 방향 안쪽으로 넣어 접어 주세요
뒤집어서 한 번 더 접어 주세요

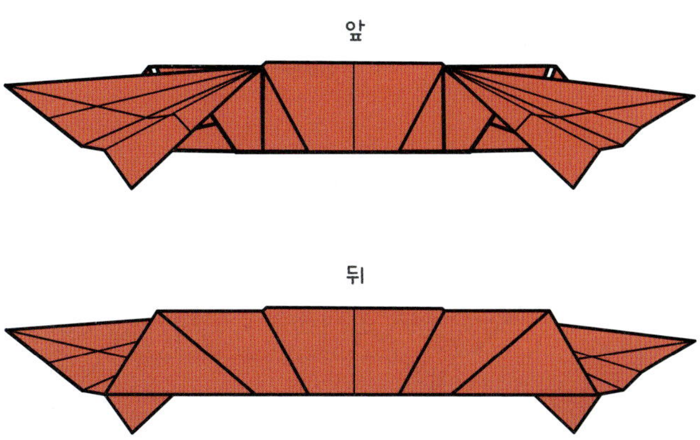

완성 아스테리아 날개 완성!

아스테리아 합체

접는 방법 영상

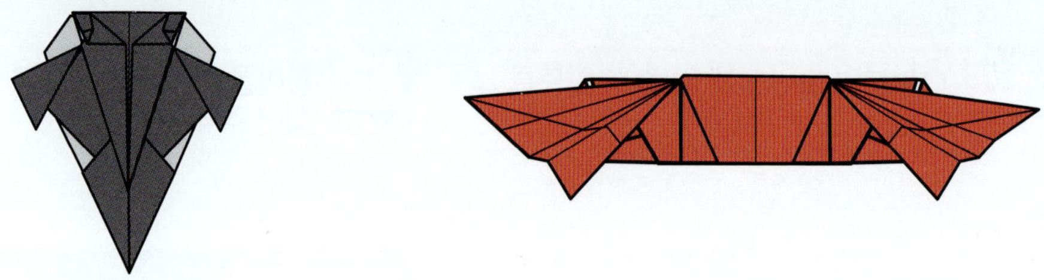

01 아스테리아 미니카와 날개를 준비해 주세요

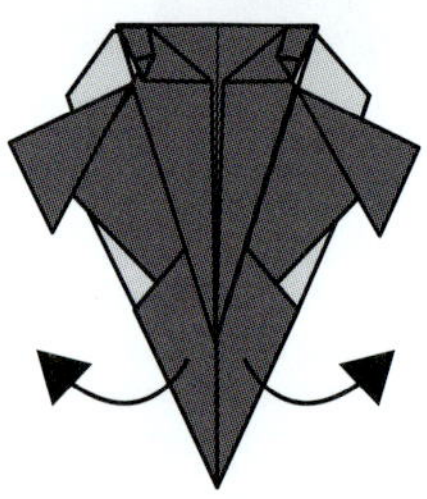

02 화살표 방향으로 당겨 주세요

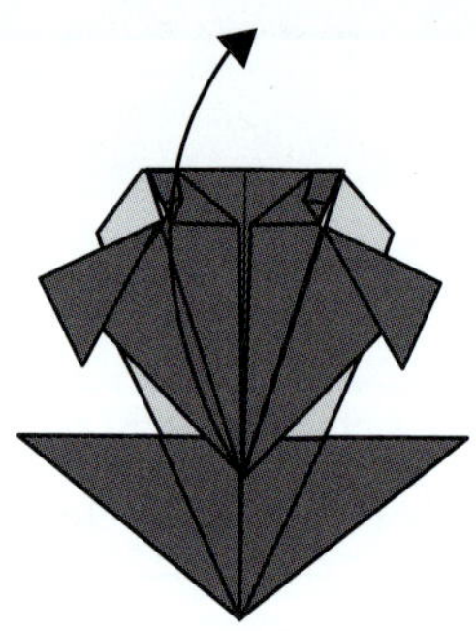

03 화살표 방향으로 펼쳐 주세요

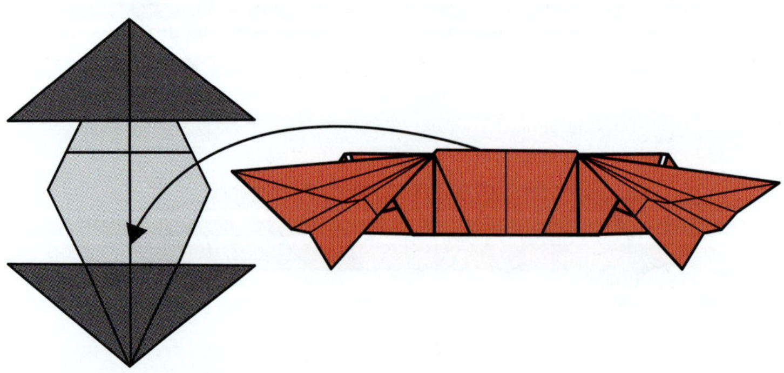

04 아스테리아의 날개를 미니카 안에 넣어 주세요

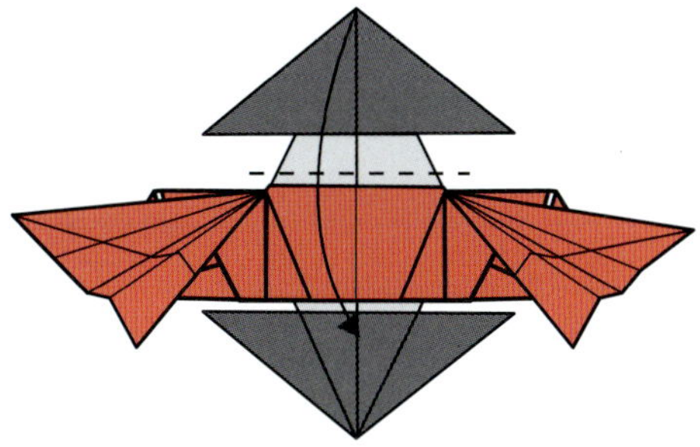

05 점선대로 접어 주세요

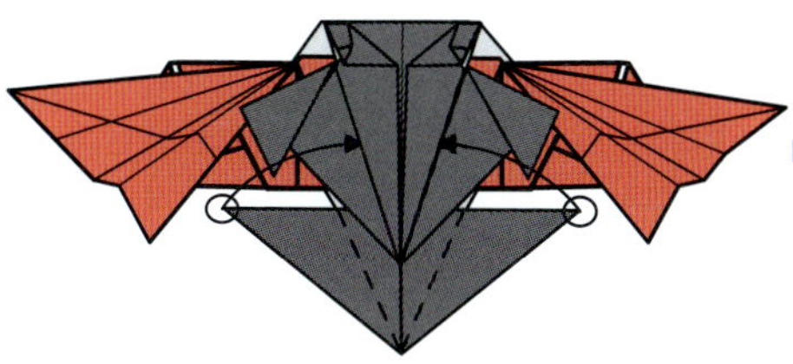

06 ○부분을 화살표 안쪽으로 넣어 접어 주세요

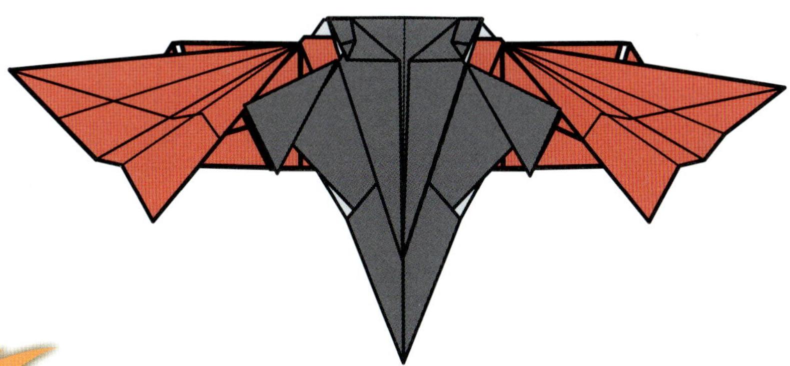

완성 아스테리아 합체 완성!

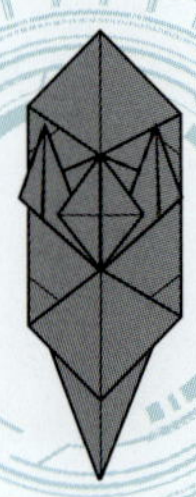

레토 미사일

접는 방법 영상

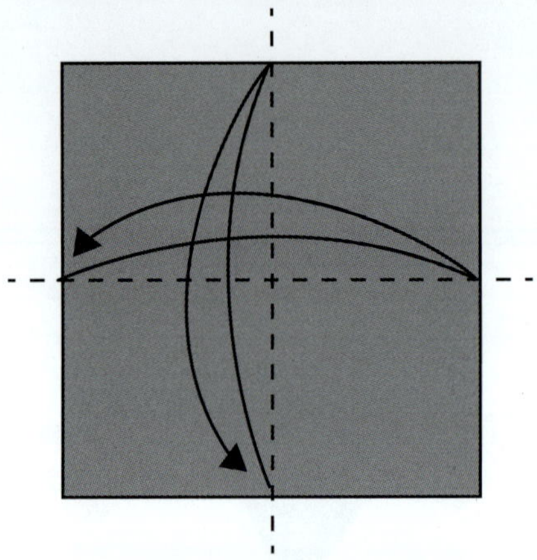

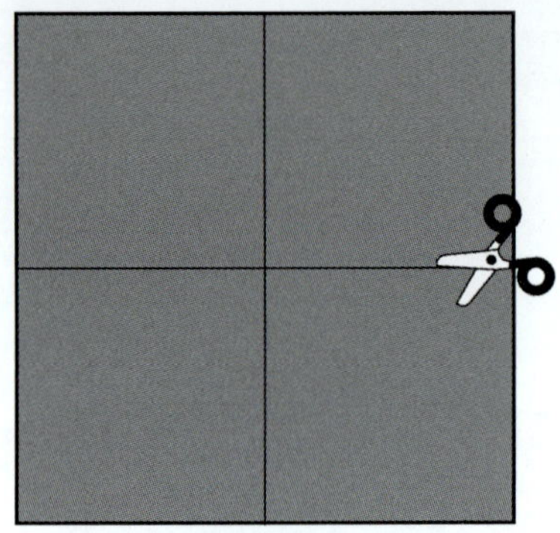

01 점선대로 접었다 펼쳐 주세요

02 가위로 오려 주세요

확대

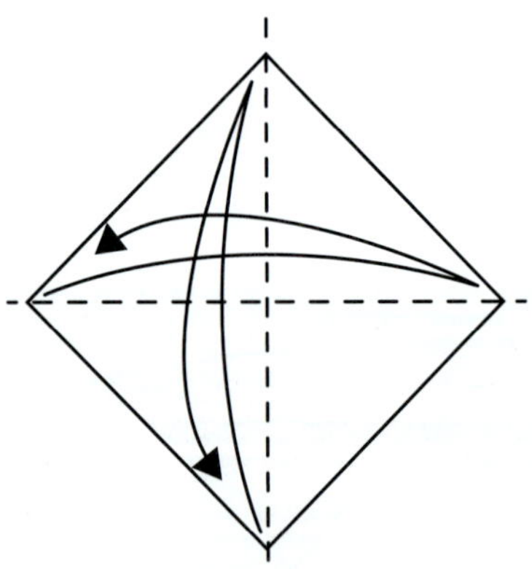

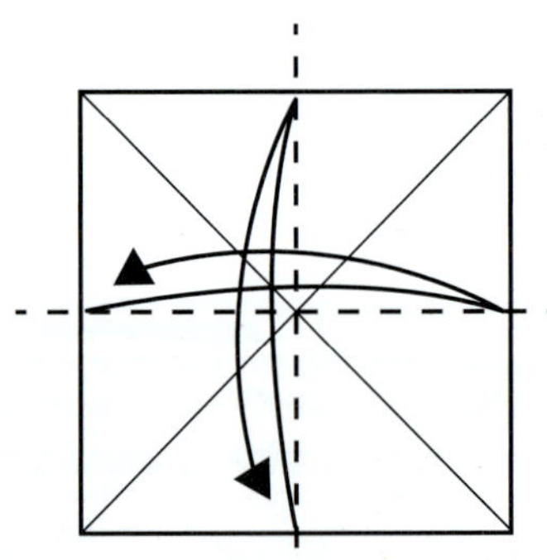

03 원하는 색을 뒷장에 놓고
점선대로 접었다 펼쳐 주세요

04 점선대로 접었다 펼쳐 주세요

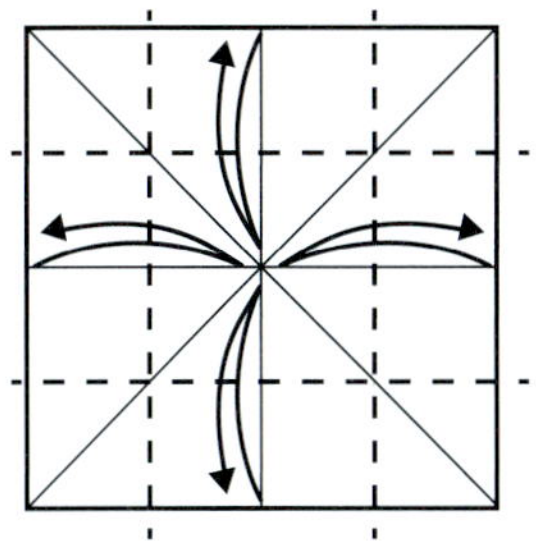

05 점선대로 접었다 펼쳐 주세요

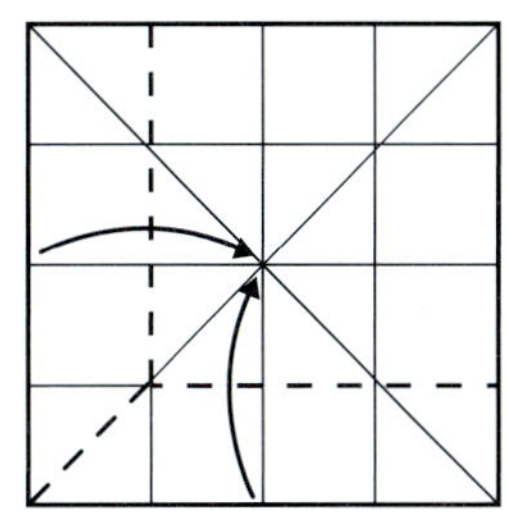

06 점선대로 접어 주세요

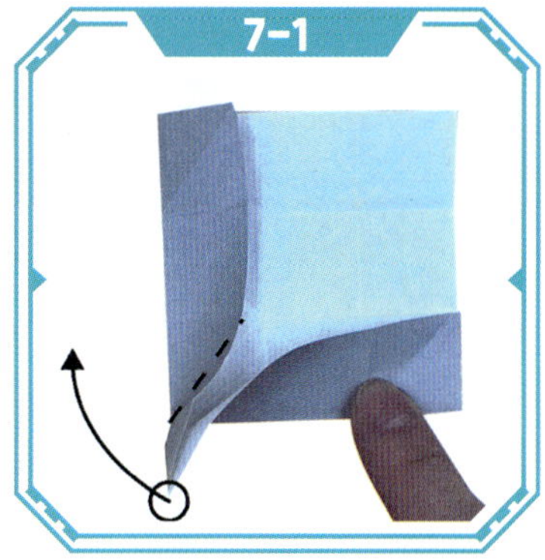

07 점선대로 접어 주세요

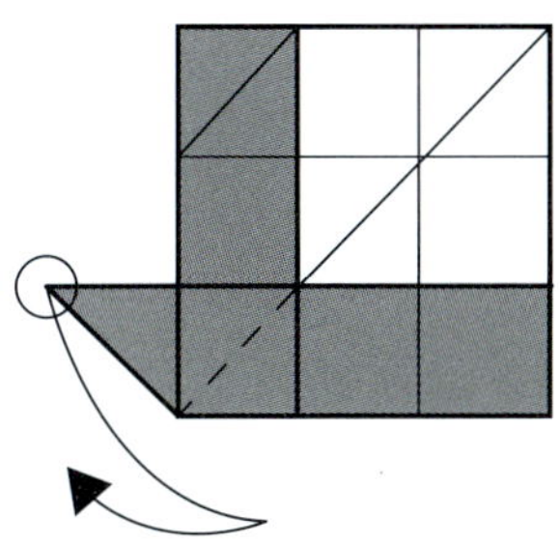

08 점선대로 접었다 펼쳐 주세요

09 튀어나온 부분을 손으로 눌러 접어 주세요

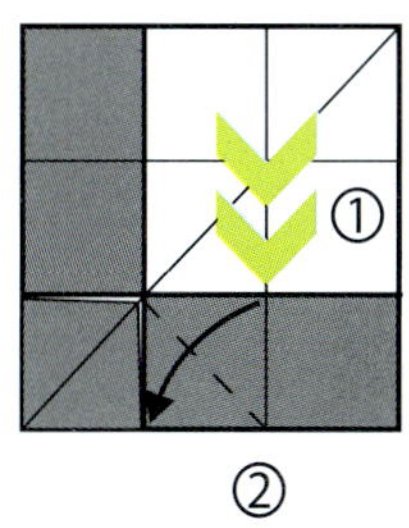

11 손가락을 넣어 화살표 방향대로 종이를 접어 주세요

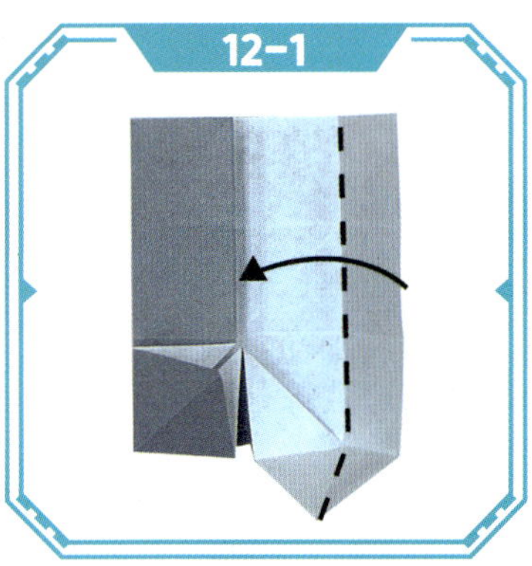

12 화살표 방향으로 접어 주세요

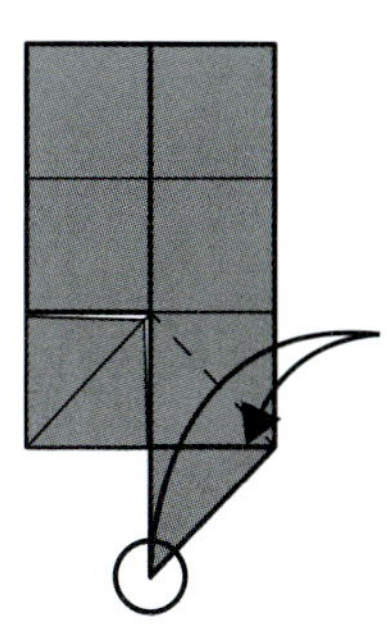

13 ○부분을 점선대로 접었다가 가운데로 살짝 당겨 주세요

14 튀어나온 부분을 손으로 눌러 접어 주세요

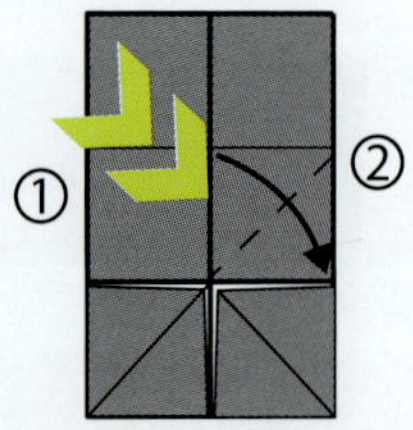

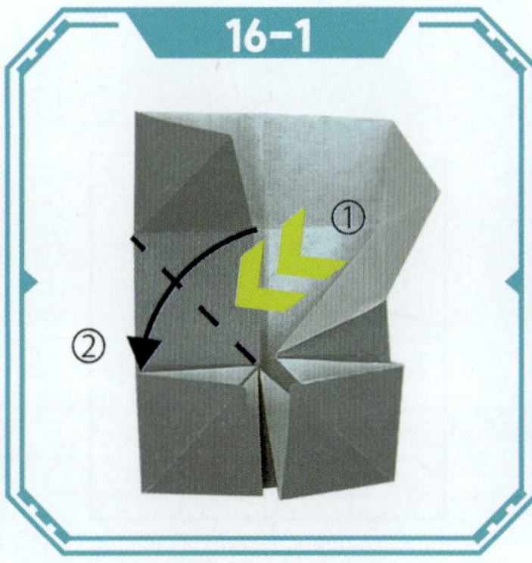

15 손가락을 넣어 화살표 방향대로 종이를 접어 주세요요

16 손가락을 넣어 화살표 방향대로 종이를 접어 주세요

17 점선대로 접어 주세요

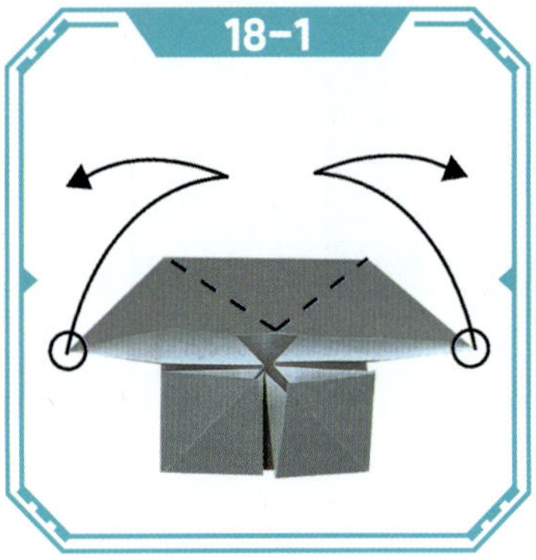

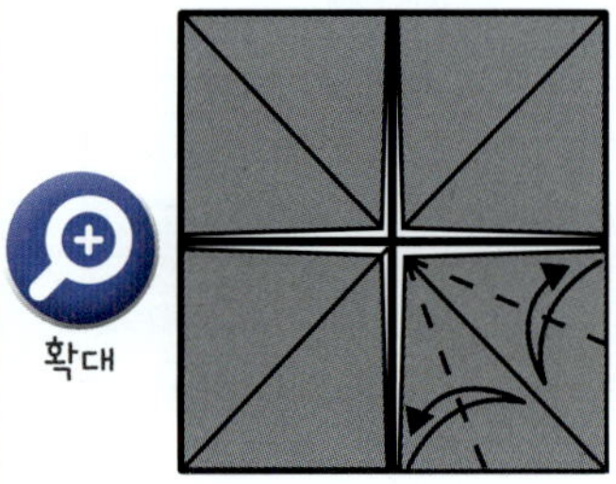

18 ○부분을 화살표 방향대로 접었다가 살짝 당겨 주세요

19 튀어나온 부분을 손으로 눌러 접어 주세요

20 중심선에 맞춰 접었다 펼쳐 주세요

21 화살표 방향으로 손가락을 넣어 벌려 주세요

22 점선대로 접어 주세요

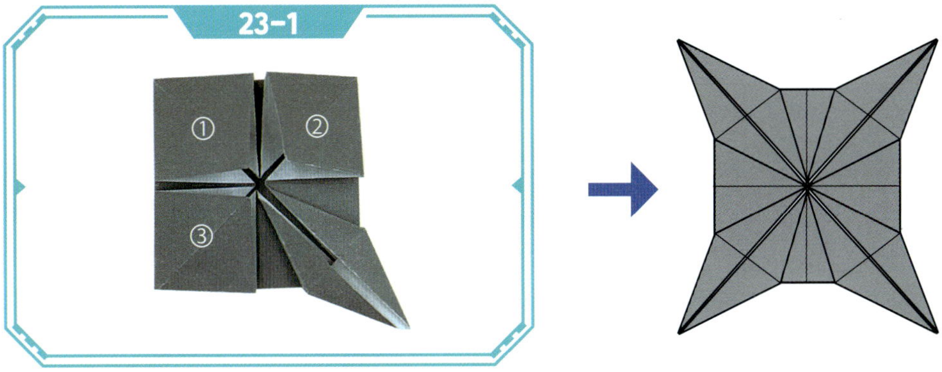

23 ①~③번도 20 ~ 22 처럼 똑같이 접어 주세요

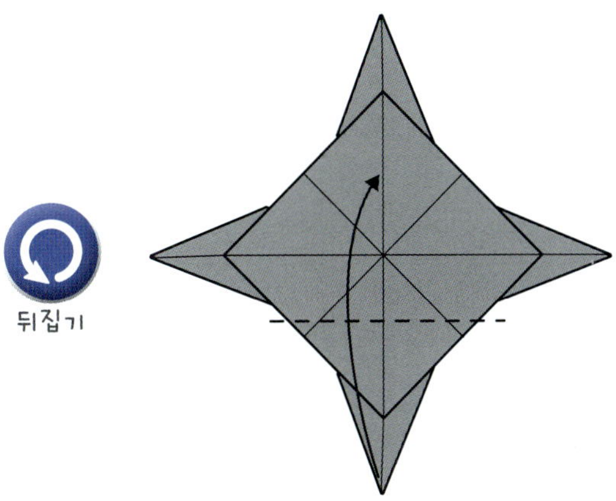

24 점선대로 접어 주세요

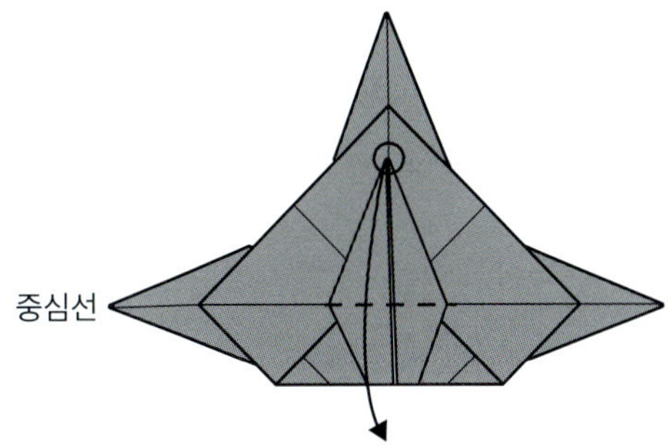

25 ○부분을 중심선에 맞춰 아래로 내려 접어 주세요

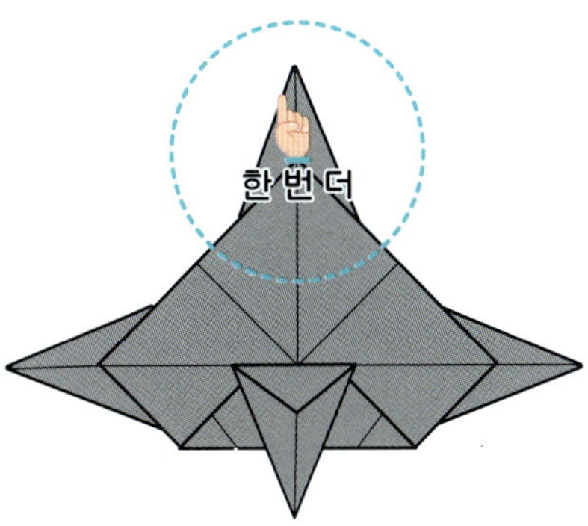

26 ○부분도 24 ~ 25 처럼 똑같이 접어 주세요

27 화살표 방향으로 넘겨 접어 주세요

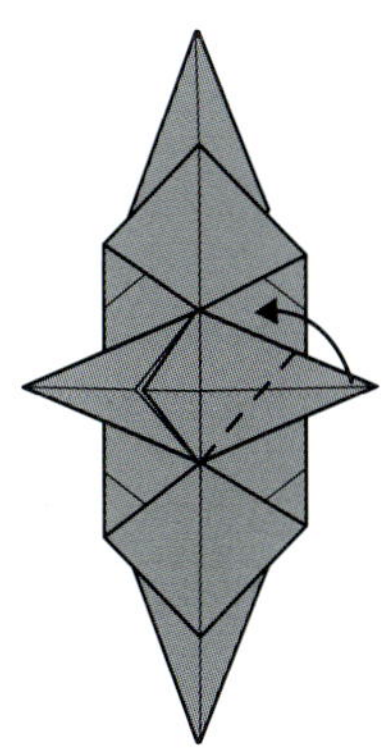

28 화살표 방향으로 접어 주세요

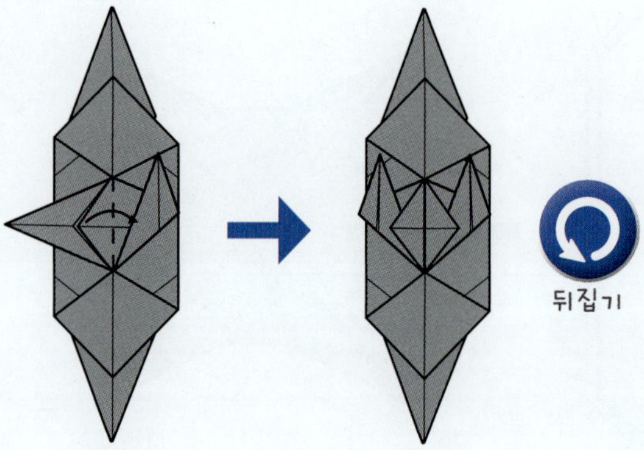

29 화살표 방향으로 넘겨 접어 주세요
반대편도 27 ~ 29 처럼 똑같이
접어 주세요

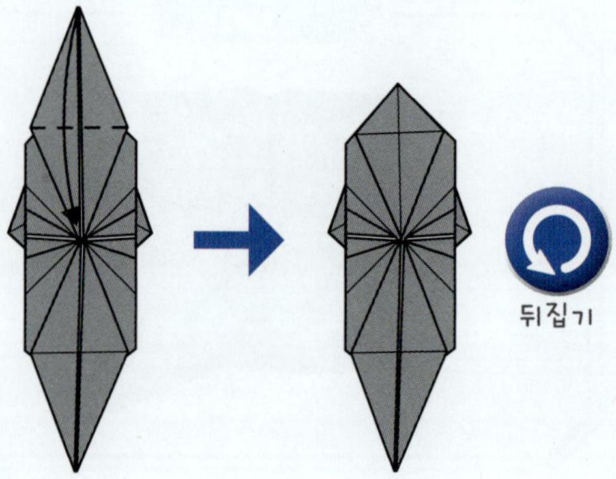

30 점선대로 접어 주세요

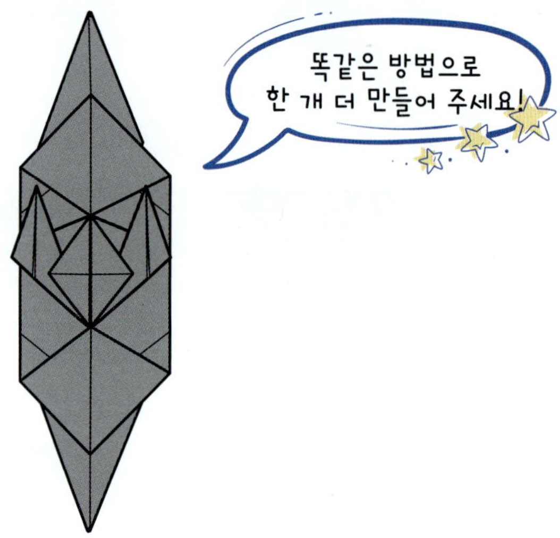

완성 레토 미사일 완성!

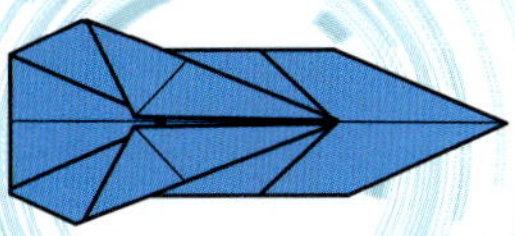

미사일

접는 방법 영상

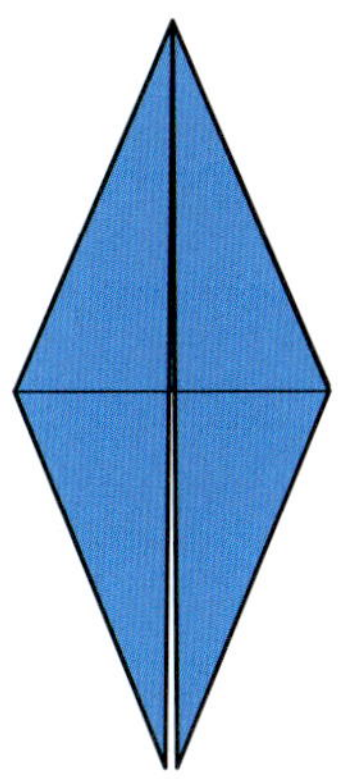

01 악당데몬 무기 70페이지 01 ~ 17 까지 접어 주세요

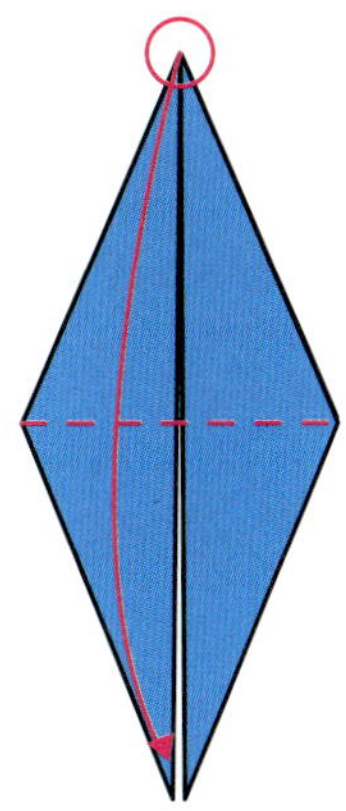

02 점선대로 접어 주세요

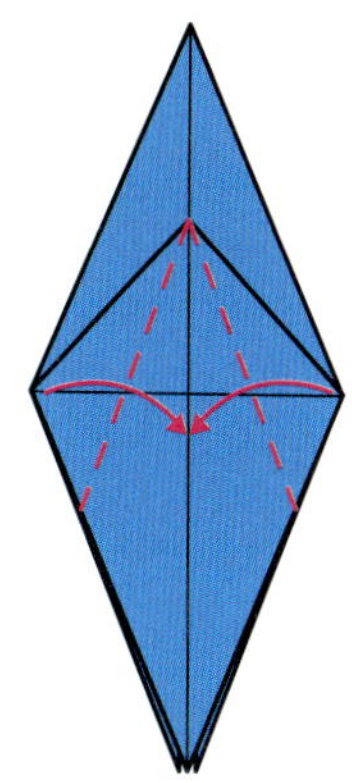

03 점선대로 접어 주세요

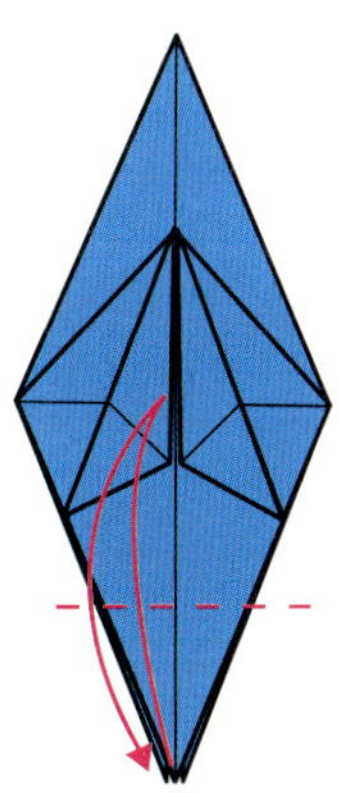

04 종이 한 장만 점선대로 접었다 펼쳐 주세요

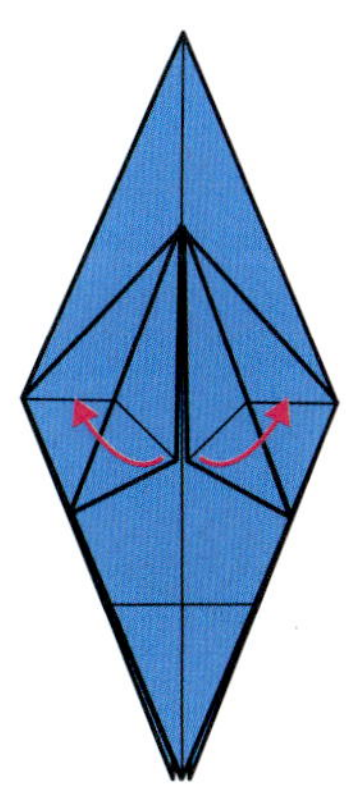

05 화살표 방향으로 펼쳐 주세요

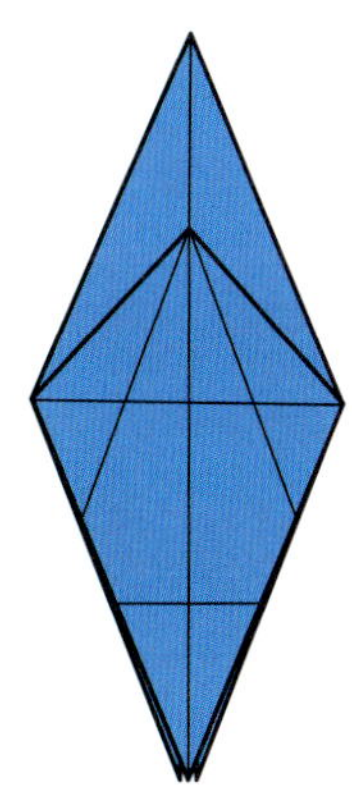

06 화살표 방향으로 펼쳐 주세요

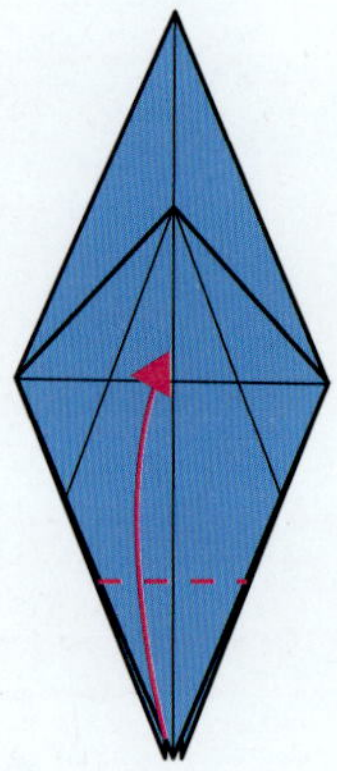

07 점선대로 접어 주세요

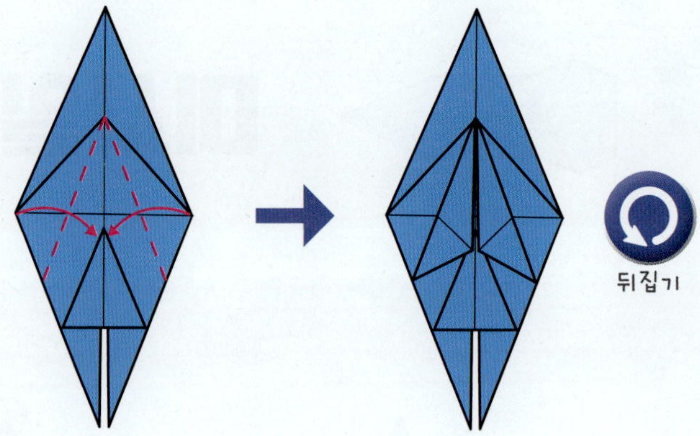

08 점선대로 접어 주세요

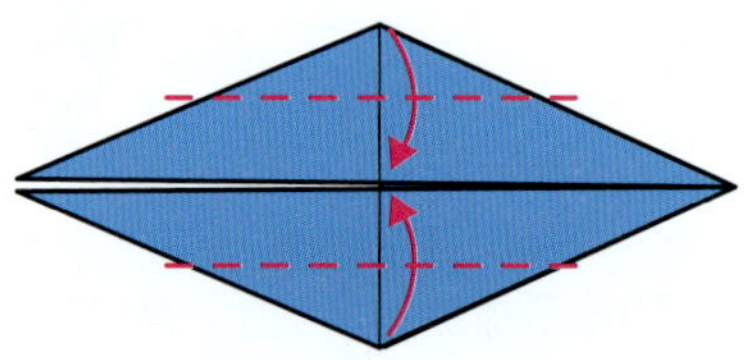

09 점선대로 접어 주세요

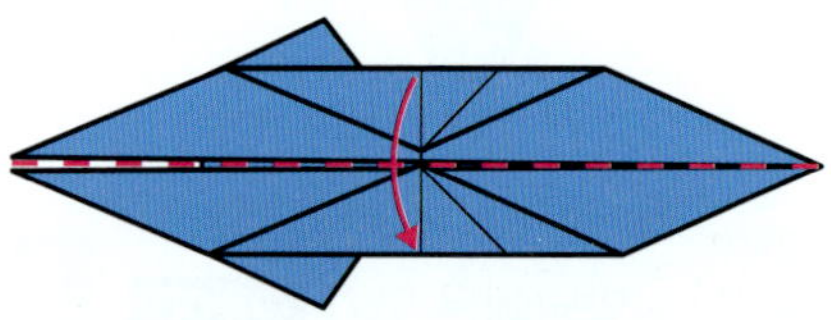

10 점선대로 접어 주세요

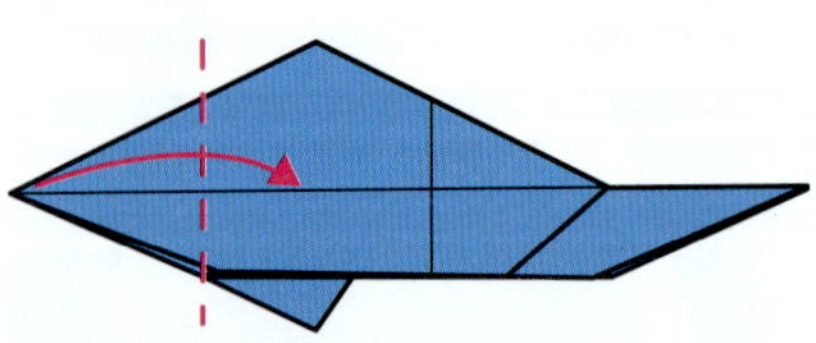

11 점선대로 접어 주세요

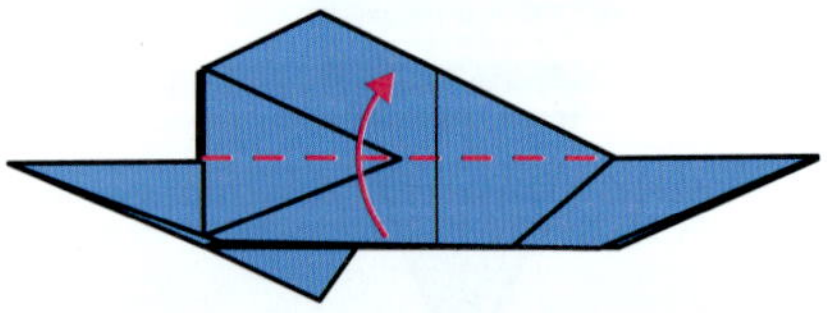

12 점선대로 접어 주세요

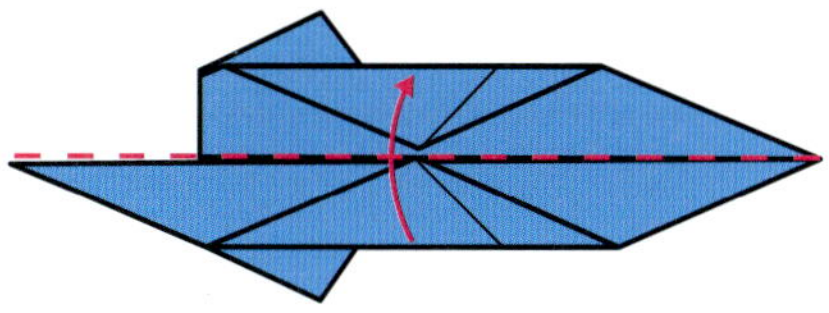

13 점선대로 접어 주세요

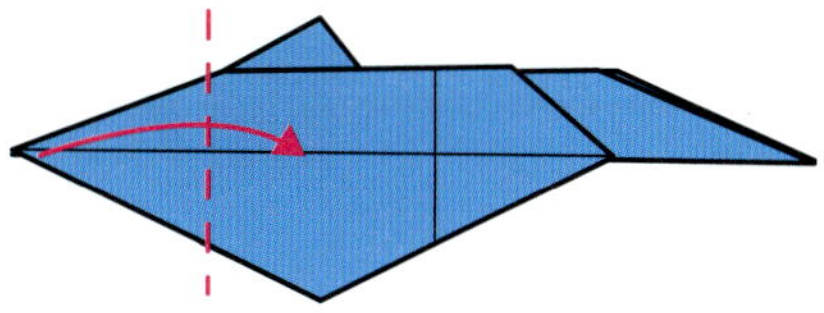

14 점선대로 접어 주세요

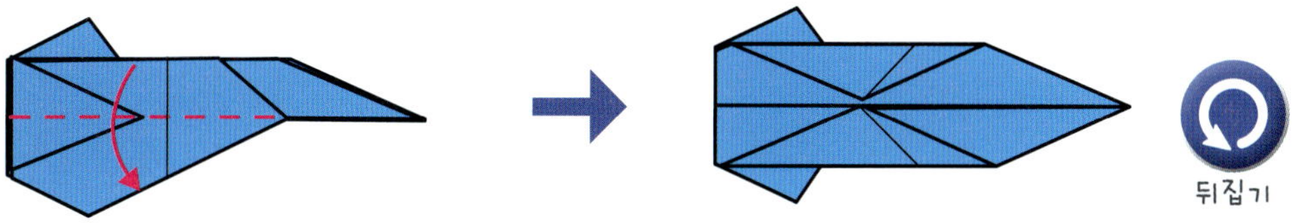

15 점선대로 접어 주세요

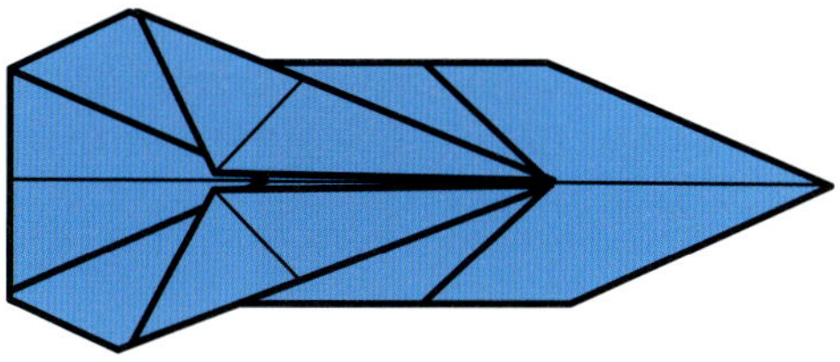

완성 미사일 완성!

STAGE 6 LETO&MISSILE COMBINATION

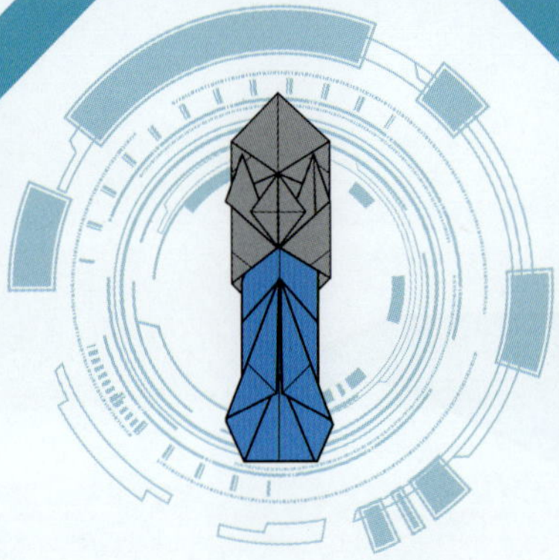

레토&미사일 합체

접는 방법 영상

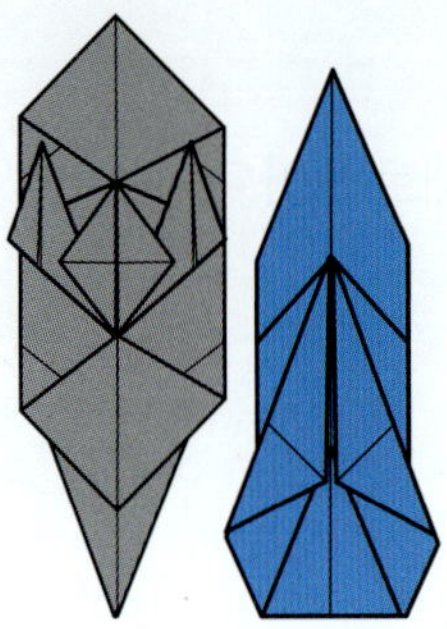

01 레토(1개)와 미사일을 준비해 주세요

02 미사일을 뒤집어서 풀칠해 주세요

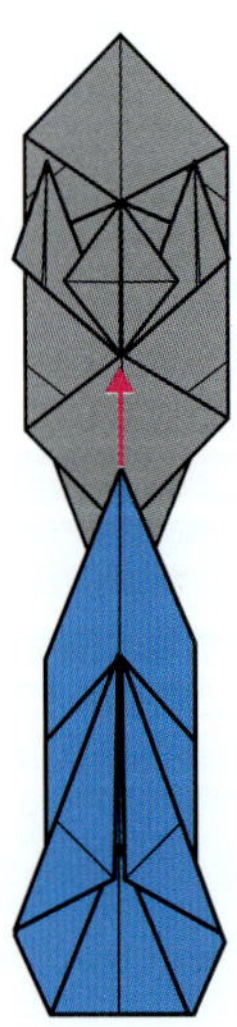

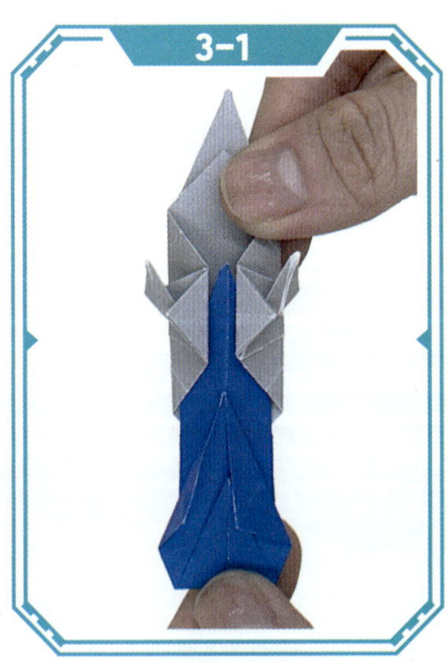

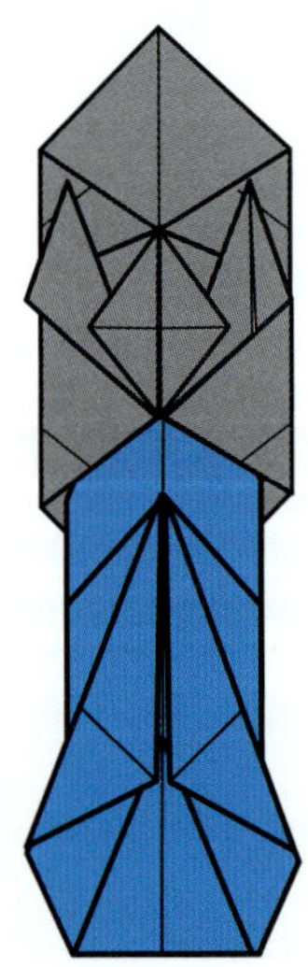

03 미사일을 레토 안쪽으로 넣어 붙여 주세요

완성 레토&미사일 합체 완성!

STAGE 7 GOLDLANCE

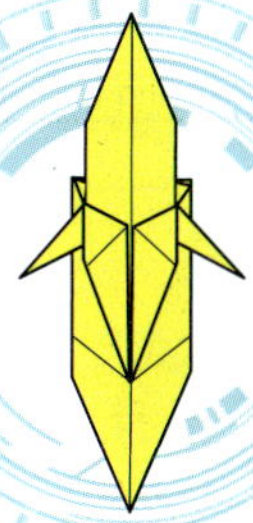

골드랜스 (스페셜 무기)

접는 방법 영상

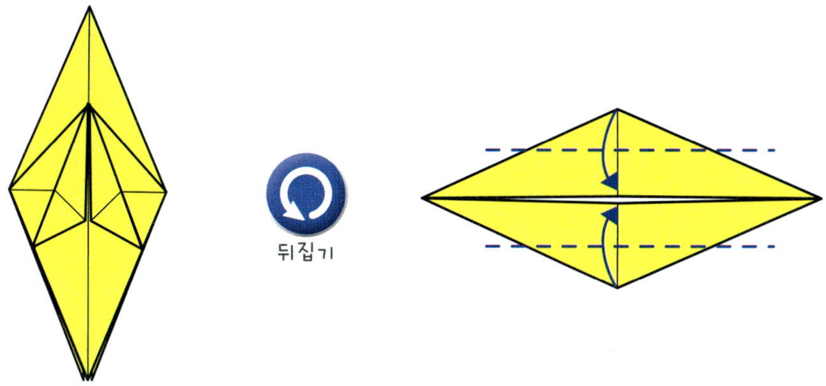

01 미사일 107페이지 01 ~ 03 까지 접어 주세요

02 점선에 맞춰 접어 주세요

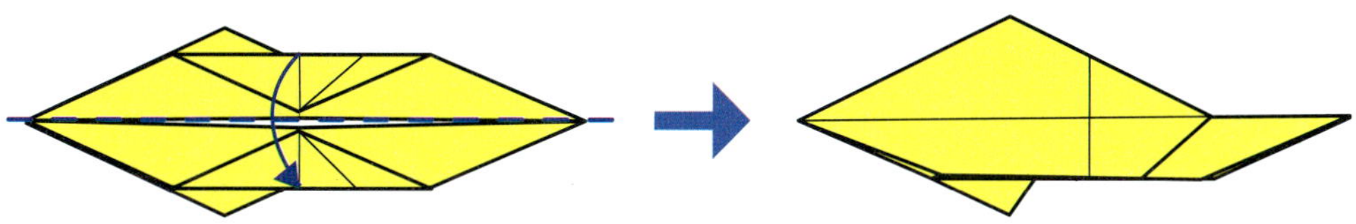

03 점선대로 접어 주세요

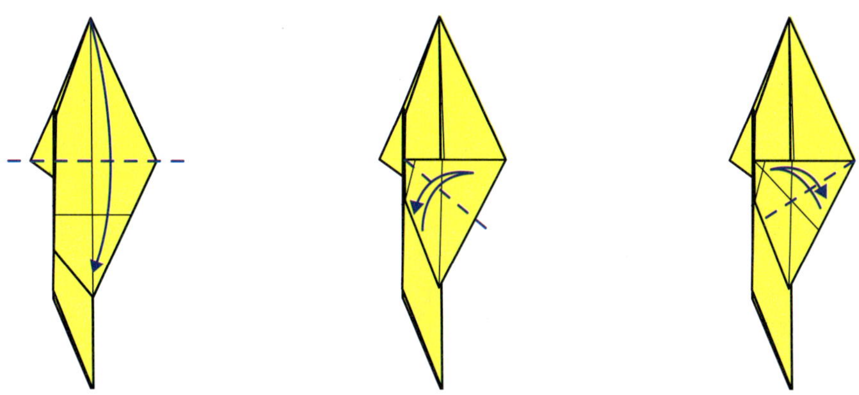

04 점선대로 접어 주세요

05 점선대로 접었다 펼쳐 주세요

06 점선대로 접었다 펼쳐 주세요

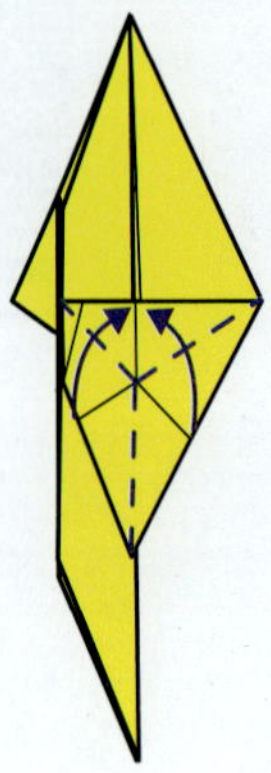

07 화살표 방향으로 종이를 모아 주세요

08 화살표 방향으로
종이 한 장을
넘겨 주세요

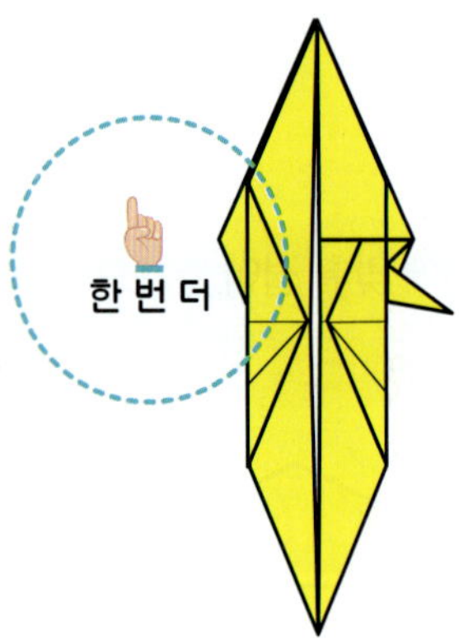

09 반대편도 04 ~ 08 까지 접어 주세요

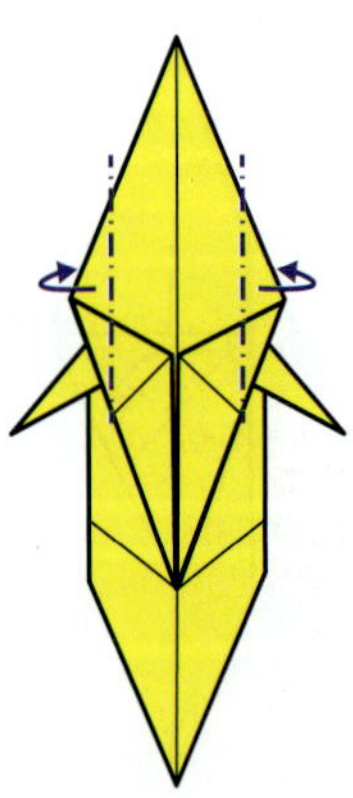

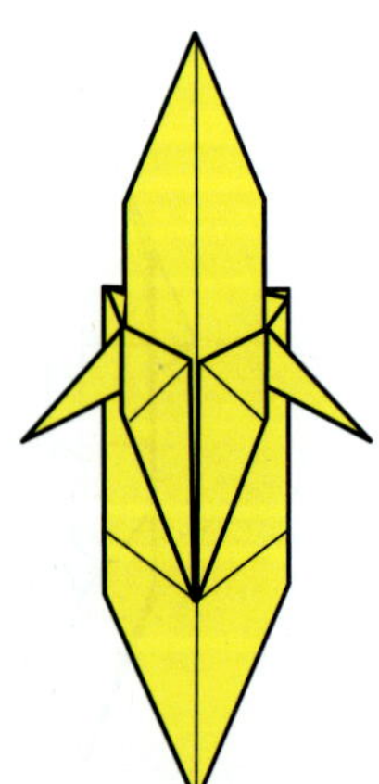

10 점선을 따라 안쪽으로 넣어 접어 주세요

완성 골드랜스 완성!

STAGE 8 LETO&GOLDLANCE COMBINATION

레토&골드랜스 합체

접는 방법 영상

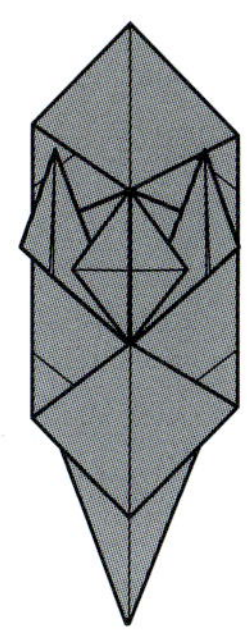

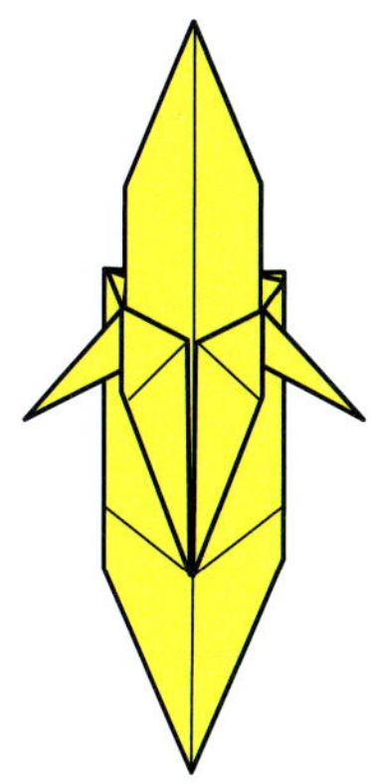

01 레토와 골드랜스를 준비해 주세요

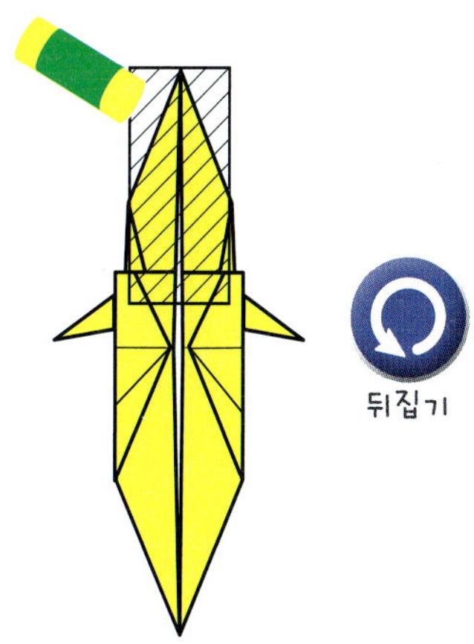

02 골드랜스를 뒤집어서 풀칠해 주세요

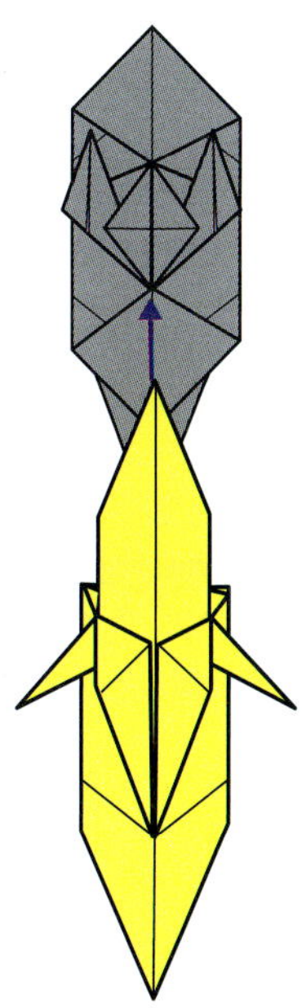

03 골드랜스를 레토 안쪽으로 넣어 붙여 주세요

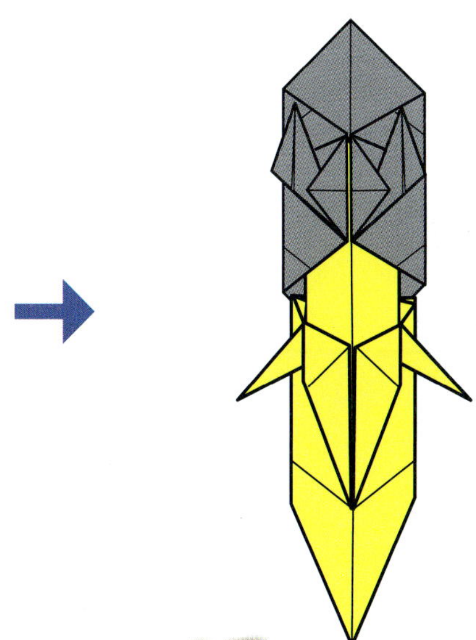

완성 레토&골드랜스 합체 완성!

페로EX 미니카

접는 방법 영상

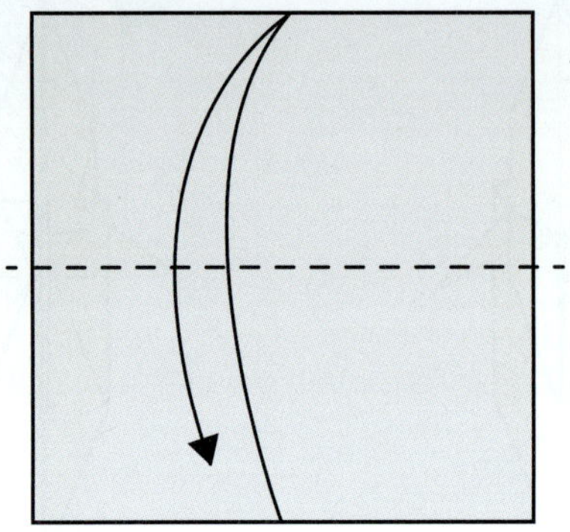

01 반으로 접었다가 펼쳐 주세요

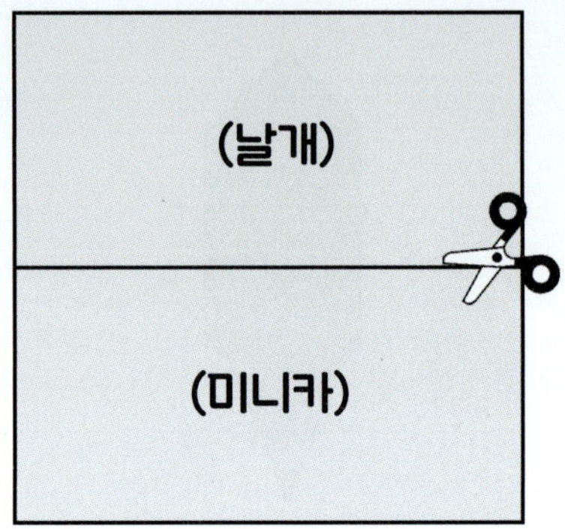

02 표시선을 따라 반으로 잘라 주세요

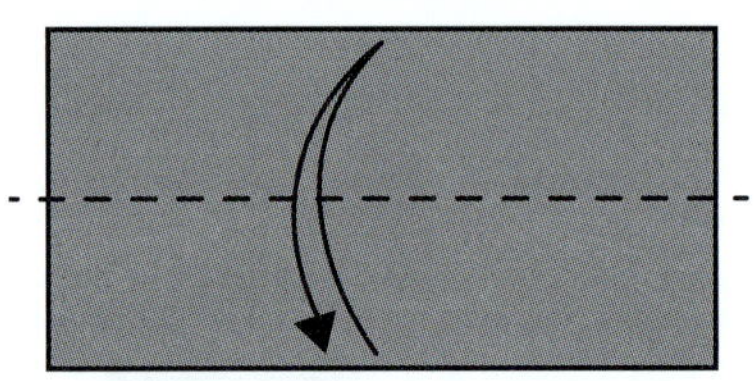

03 밝은 색을 뒷장에 놓고 반으로 접었다 펼쳐 주세요

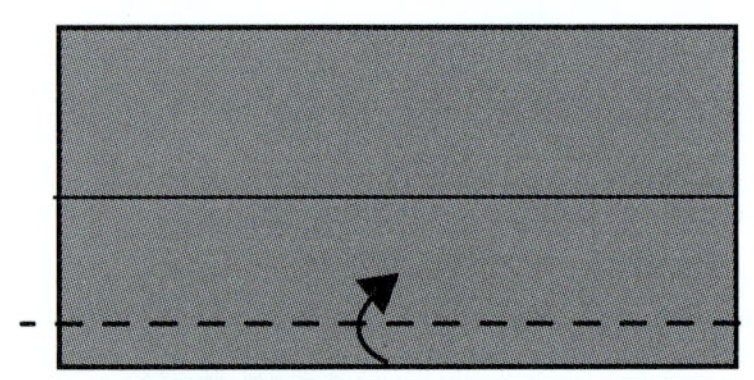

04 0.8cm 정도 위로 올려 접어 주세요

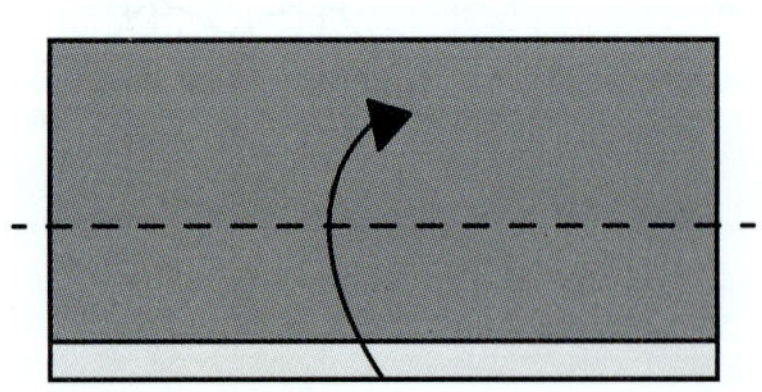

05 03에서 만든 표시선을 따라 접어 주세요

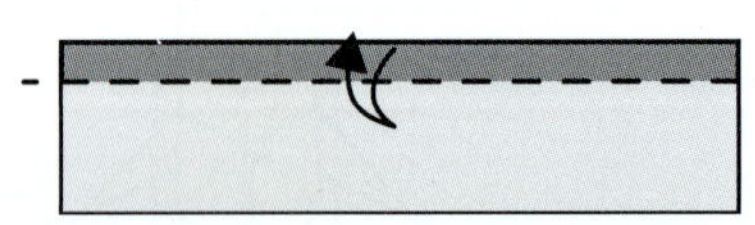

06 점선대로 접었다 펼쳐 주세요

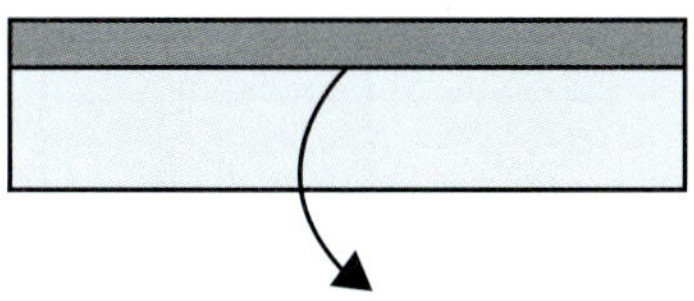

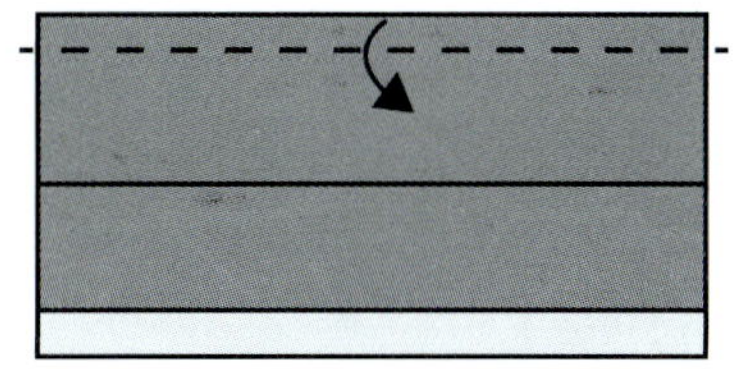

07 한 번 더 펼쳐 주세요

08 점선대로 접어 주세요

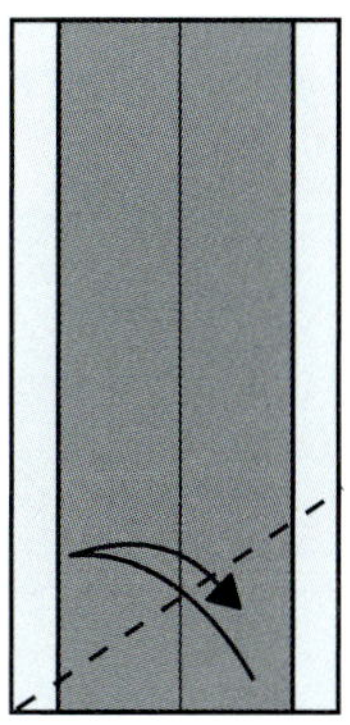

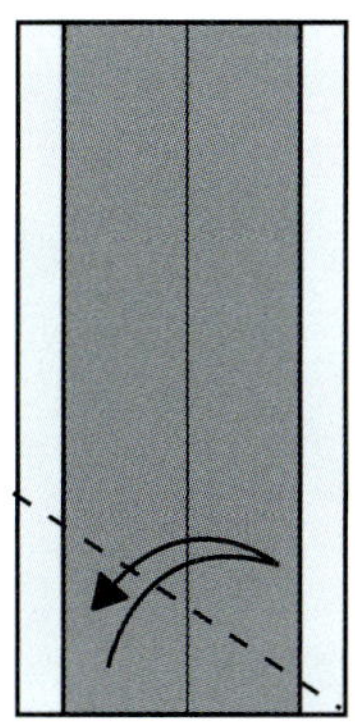

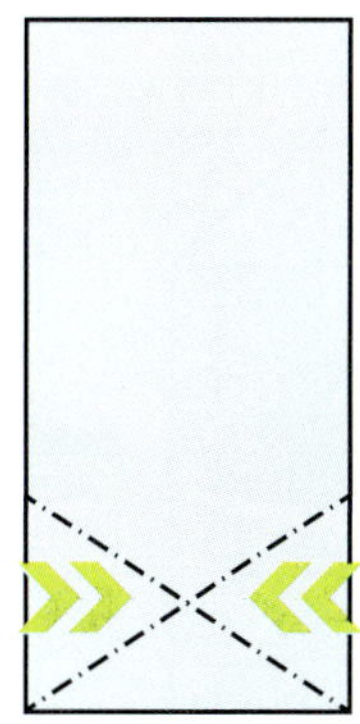

09 점선대로 접었다 펼쳐 주세요

10 점선대로 접었다 펼쳐 주세요

11 화살표 방향으로 종이를 넣어 접어 주세요

11-1

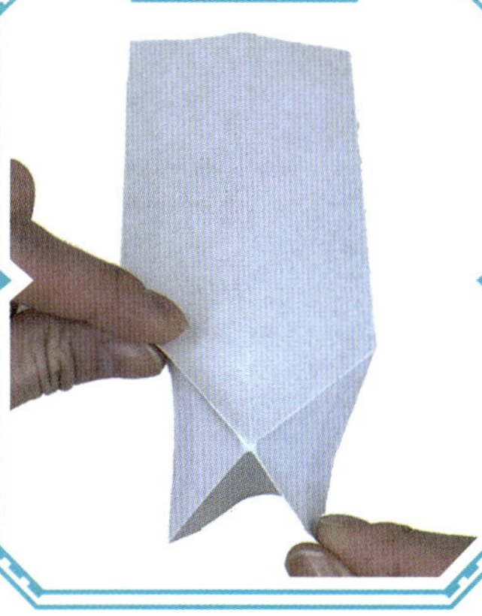

11-2

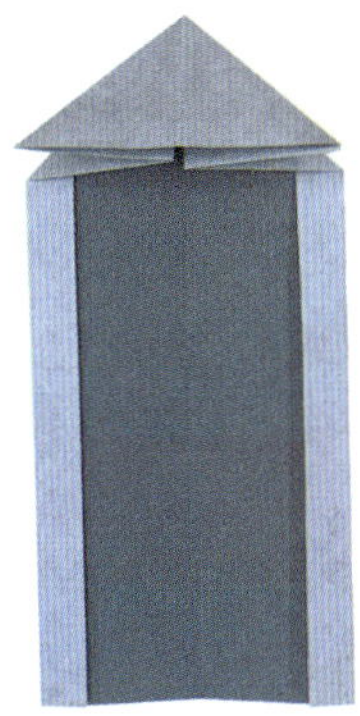

11-3

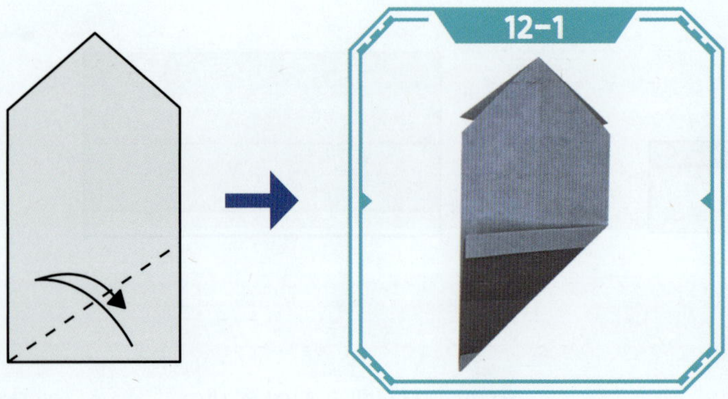

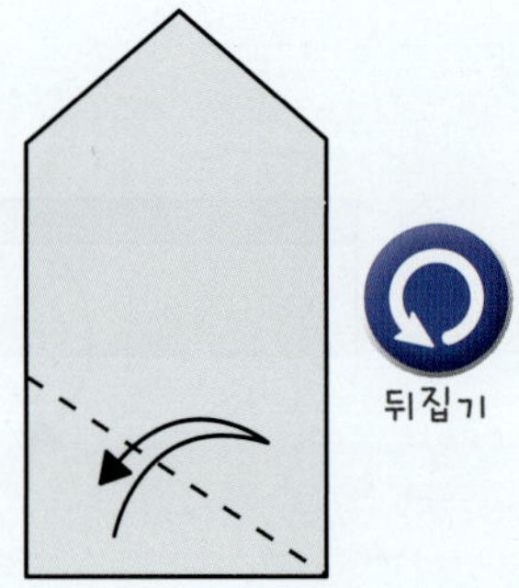

12 점선대로 접었다 펼쳐 주세요

13 점선대로 접었다 펼쳐 주세요

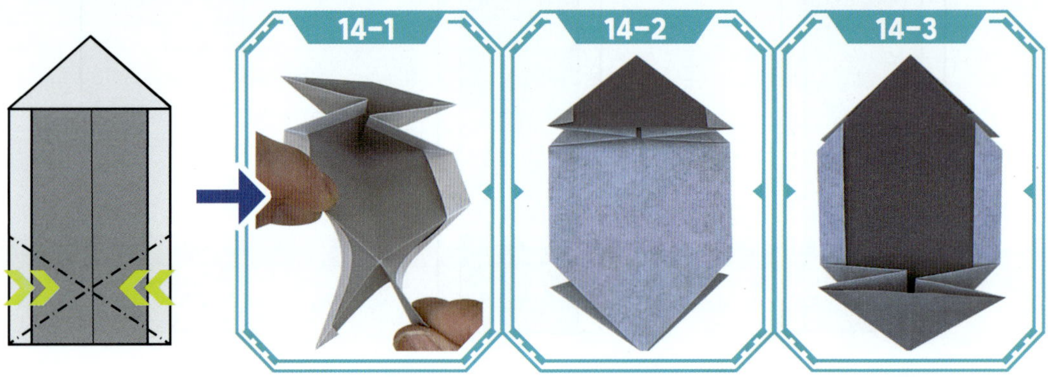

14 화살표 방향으로 종이를 넣어 접어 주세요

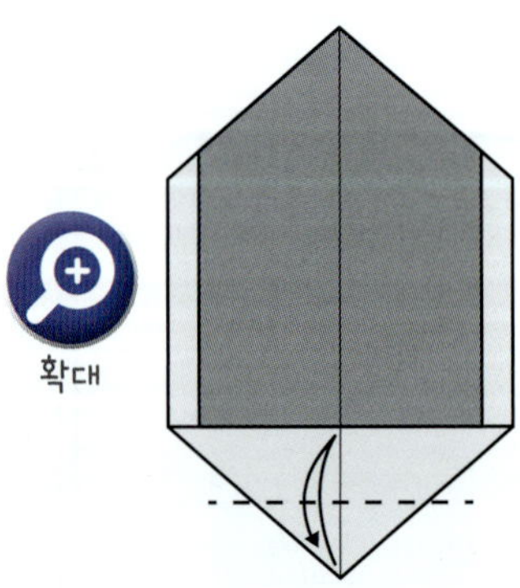

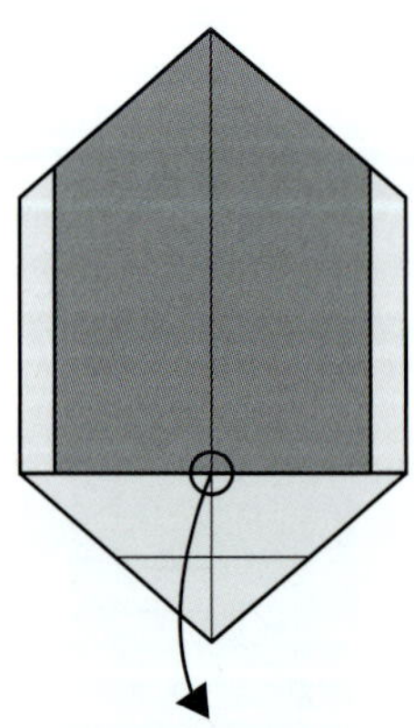

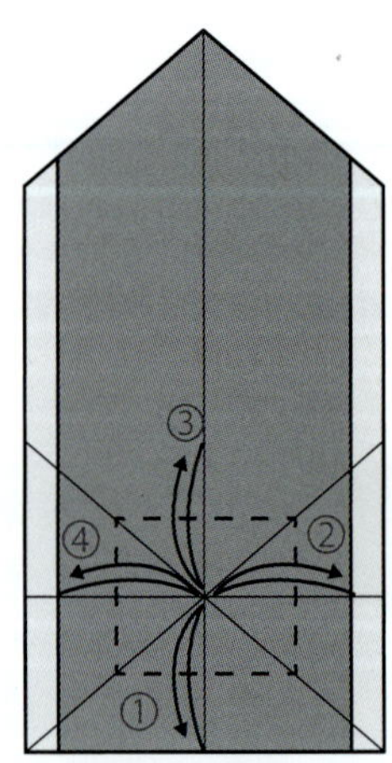

15 점선대로 접었다 펼쳐 주세요

16 ○부분을 모두 펼쳐 주세요

17 ⬚ 모양을 진하게 만들기 위해 점선을 따라 접었다 펼쳐 주세요

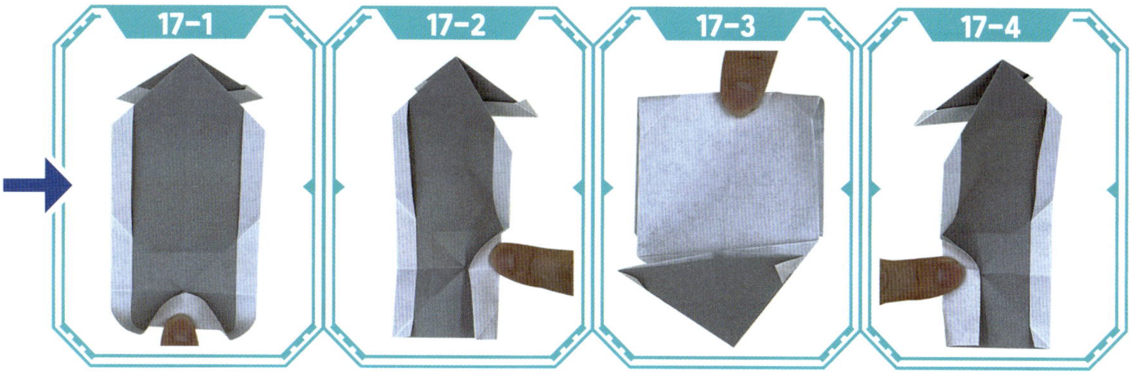

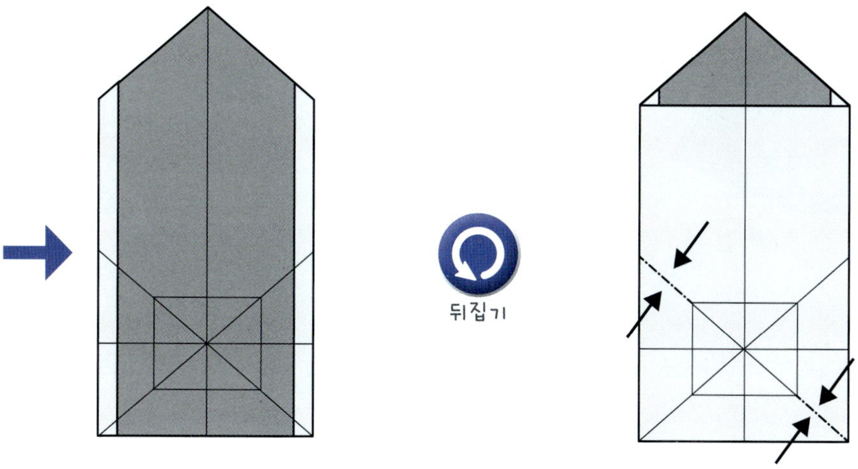

18 화살표 방향으로 종이를 모아
접어 주세요

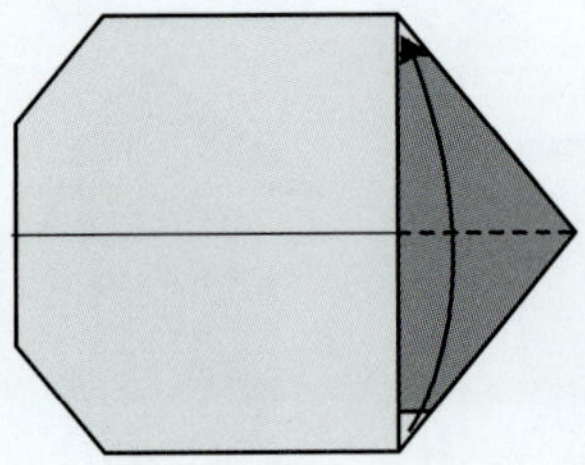

19 종이 한 장만 화살표 방향으로 넘겨 접어 주세요

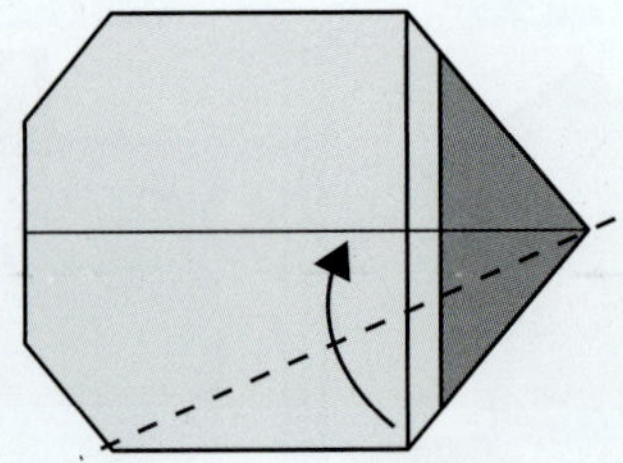

20 점선대로 접어 주세요

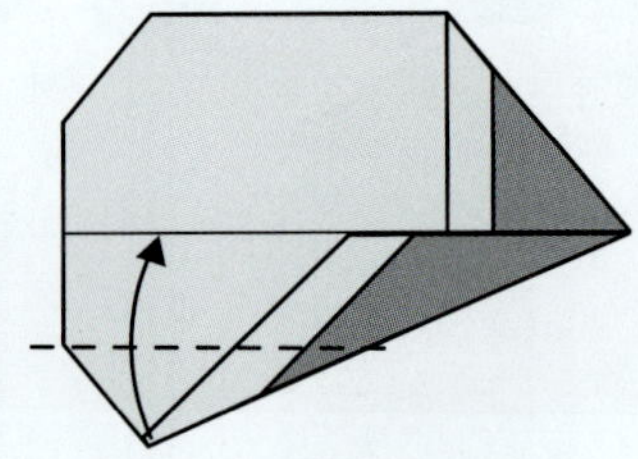

21 점선대로 접어 주세요

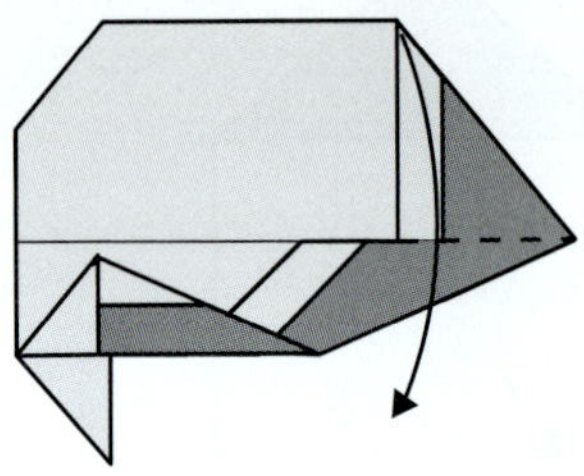

22 점선대로 접어 주세요

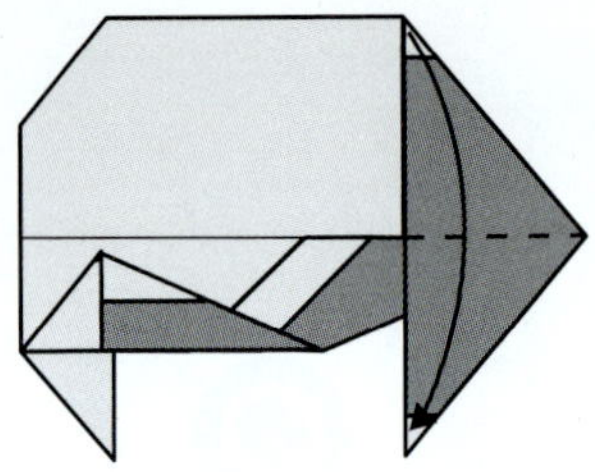

23 점선대로 접어 주세요

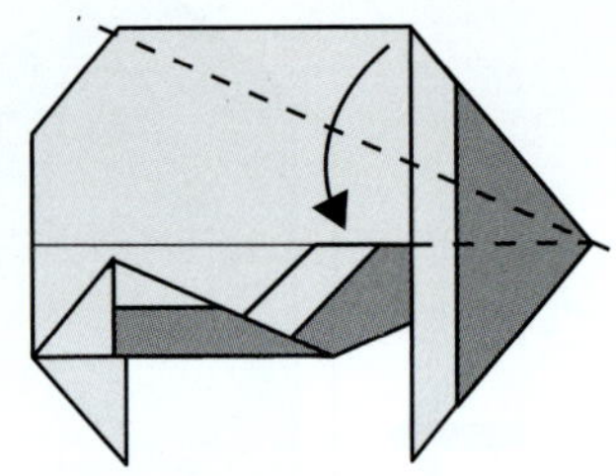

24 점선대로 접어 주세요

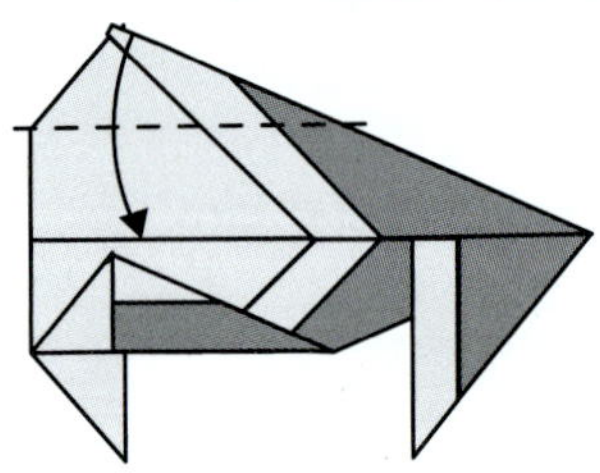

25 점선대로 접어 주세요

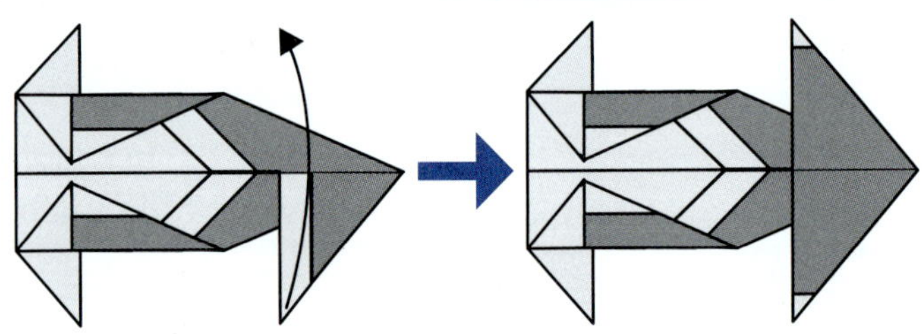

26 화살표 방향으로 넘겨 접어 주세요

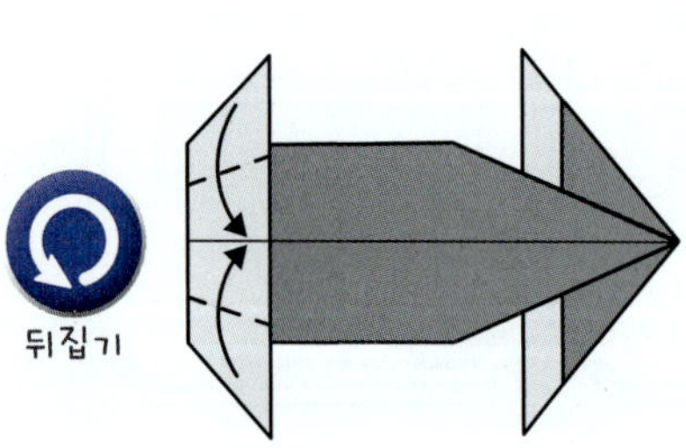

28 점선대로 접어 주세요

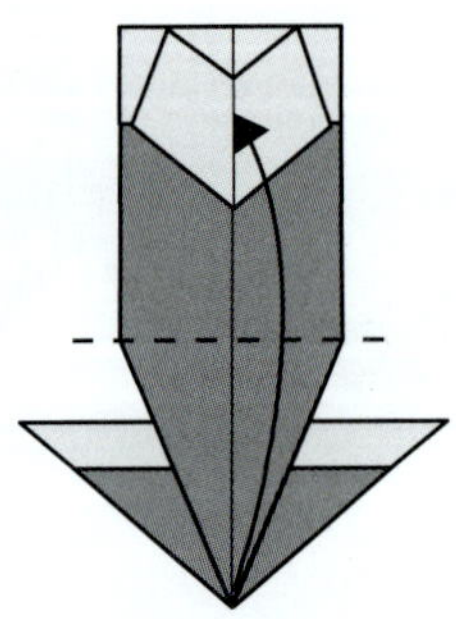

29 점선대로 접어 주세요

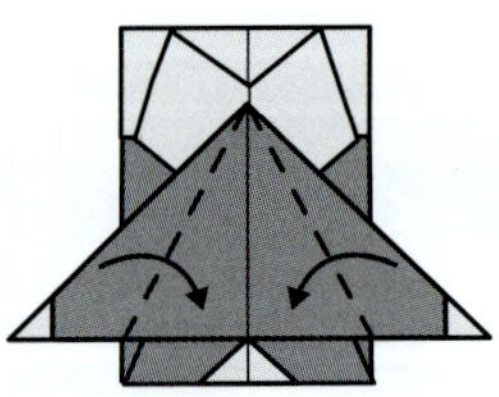

30 점선대로 접어 주세요

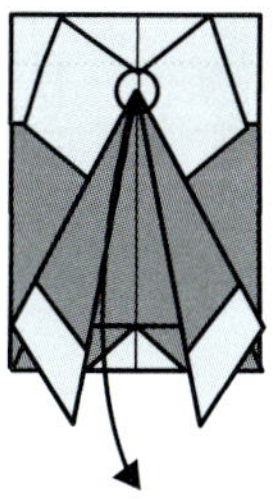

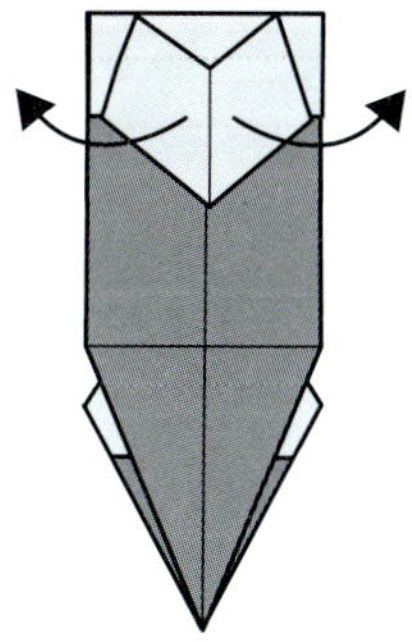

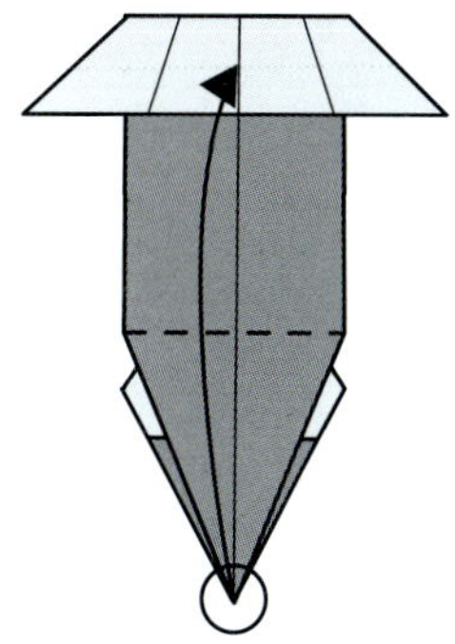

31 ○부분을 화살표 방향대로 펼쳐 주세요

32 화살표 방향대로 펼쳐 주세요

33 점선대로 접어 주세요

34 ○부분을 화살표 안쪽으로 끼어 넣어 주세요

완성 페로EX 미니카 완성!

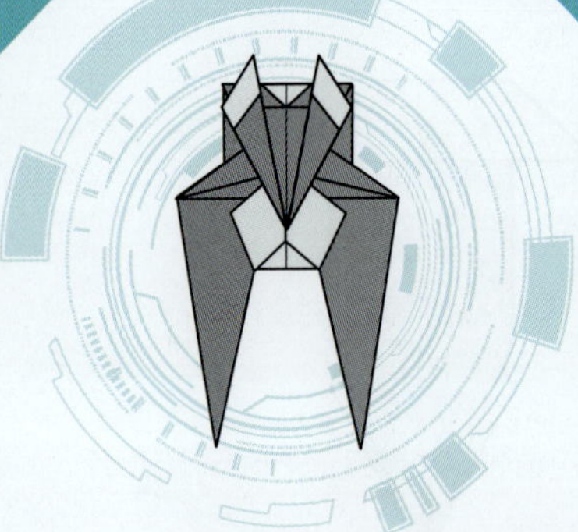

페로EX 미니카 날개&합체

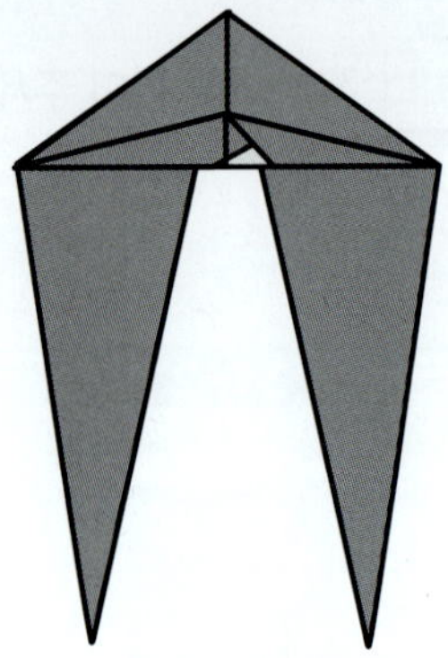

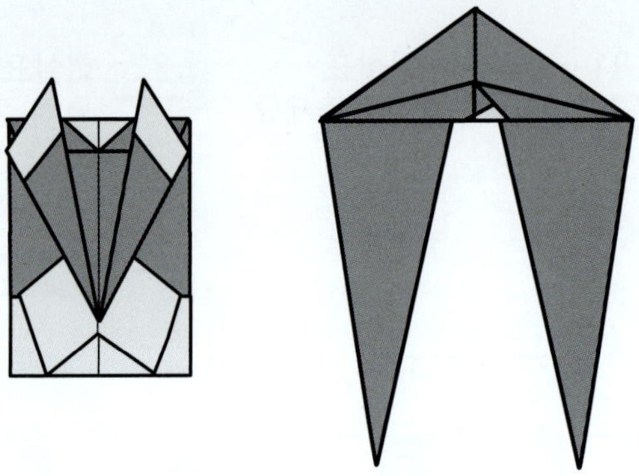

01 악당데몬 아크라 미니카 날개 36페이지 01 ~ 12 까지 접어 주세요

★아크라 날개 1~12 까지 접으면 페로EX 미니카 날개 완성!★

02 페로EX 미니카와 날개를 준비해 주세요

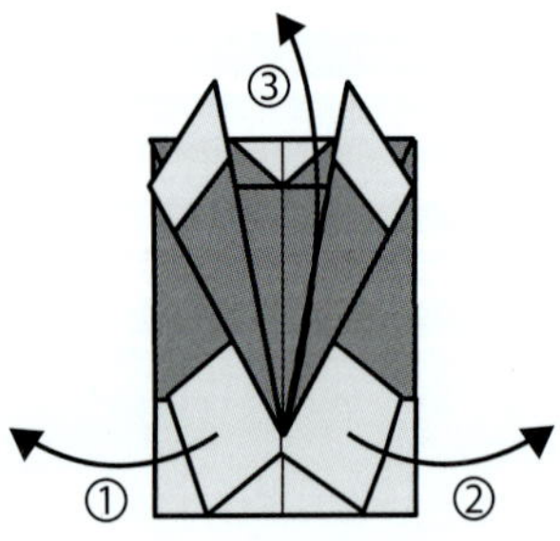

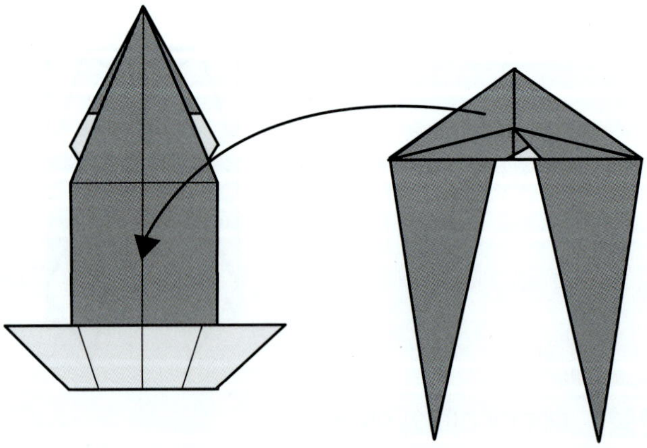

03 순서에 맞춰 화살표 방향대로 펼쳐 주세요

04 날개를 페로EX 미니카 안에 넣어 주세요

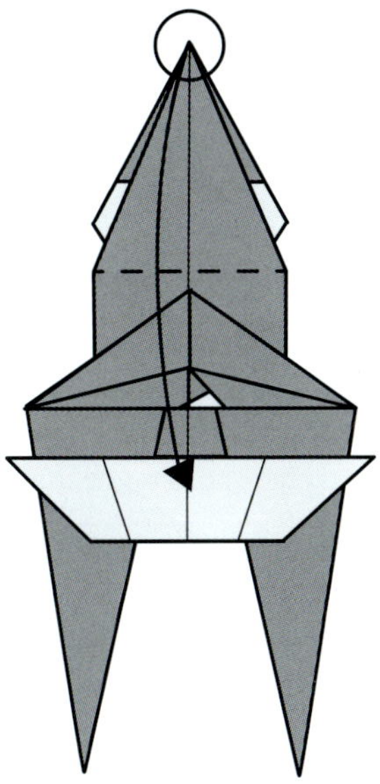

05 화살표 방향대로 접어 주세요

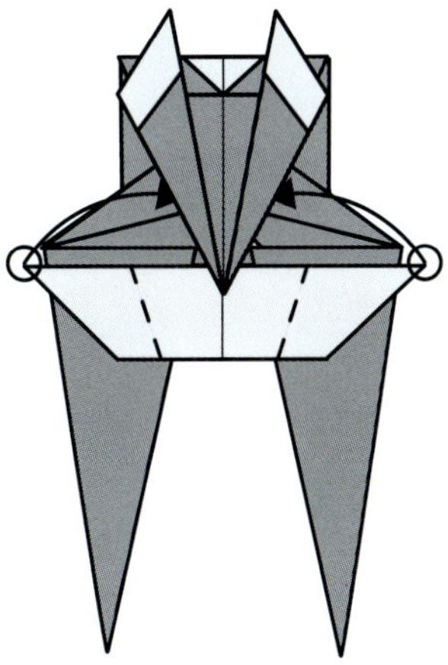

06 ○부분을 화살표 안쪽으로 끼어 넣어 주세요

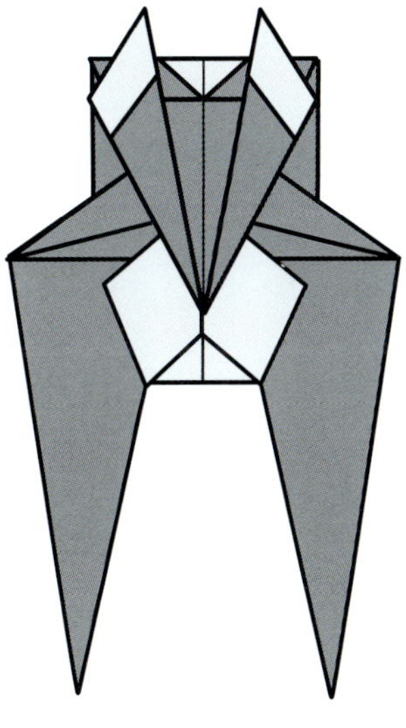

완성 페로EX 미니카&날개 합체 완성!

페로EX 머리 미니카

접는 방법 영상

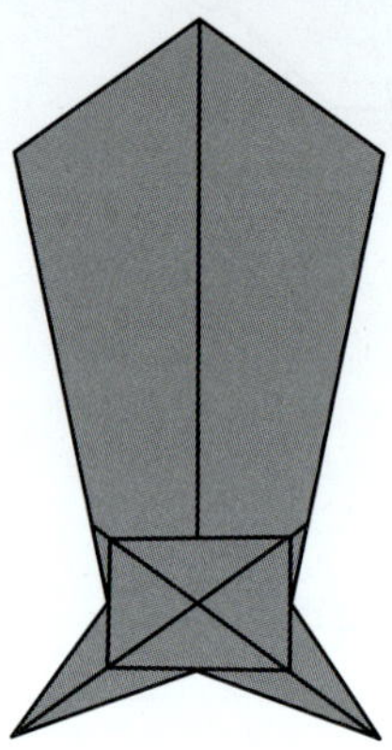

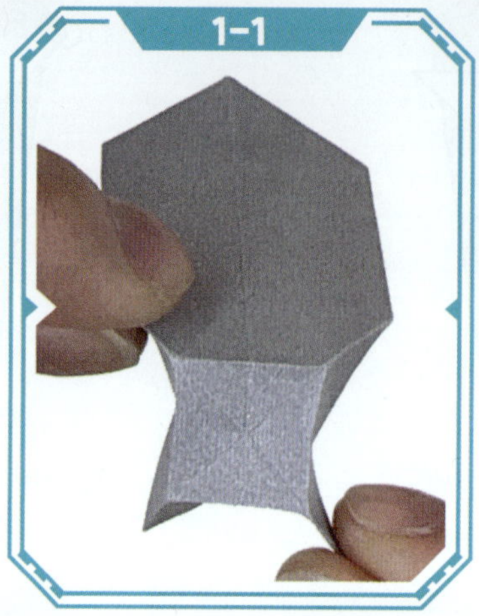

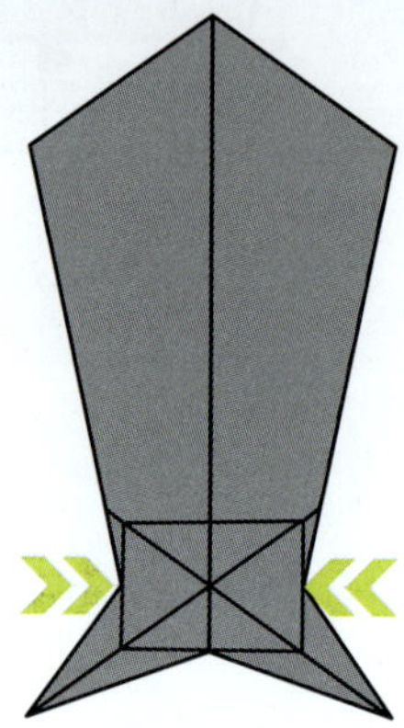

01 아크라 머리 미니카 41페이지 01 ~ 17 까지 접어 주세요

02 화살표 부분을 안쪽으로 눌러 접어 주세요

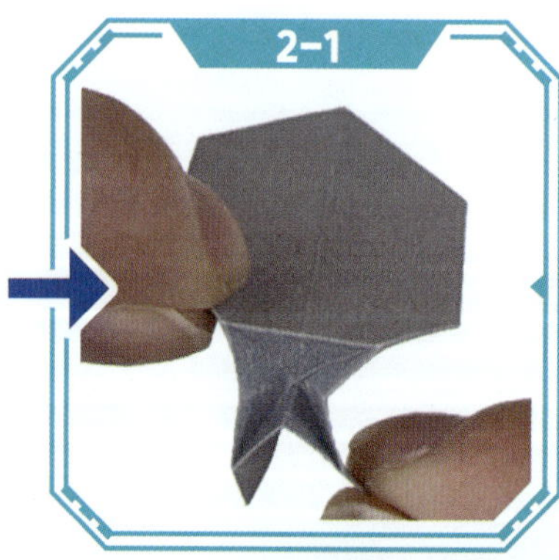

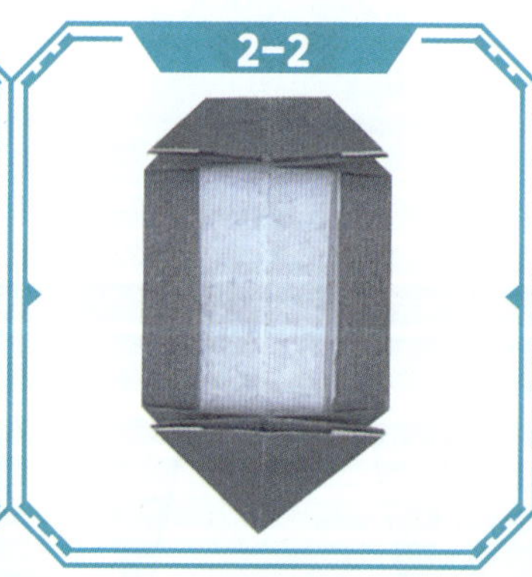

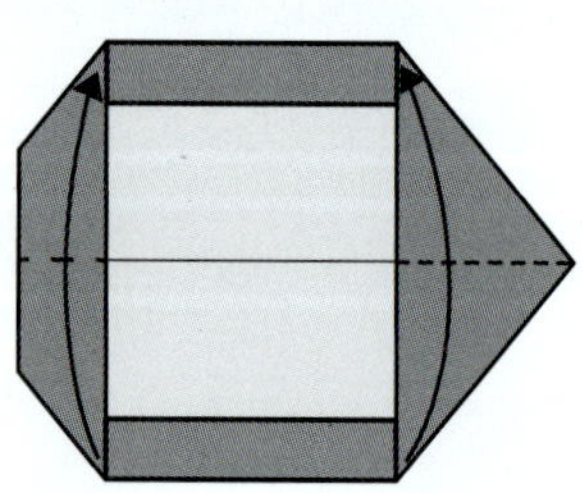

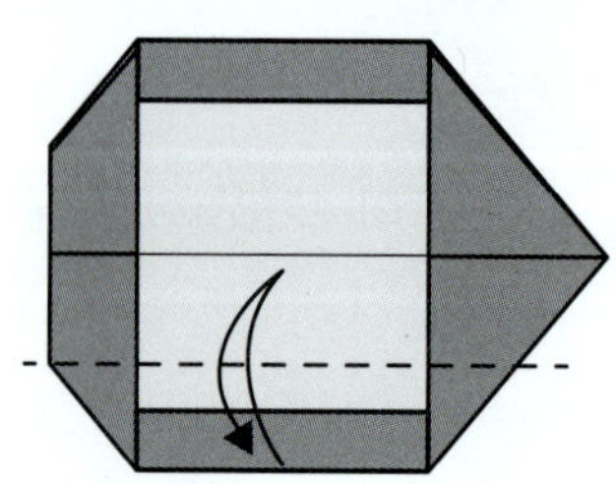

03 점선대로 접어 주세요

04 점선대로 접었다 펼쳐 주세요

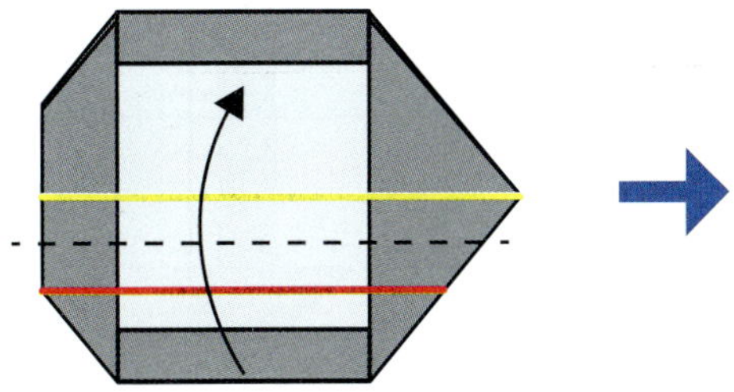

05 노란색 선과 빨간색 선이 서로 닿을 수 있도록 접어 주세요

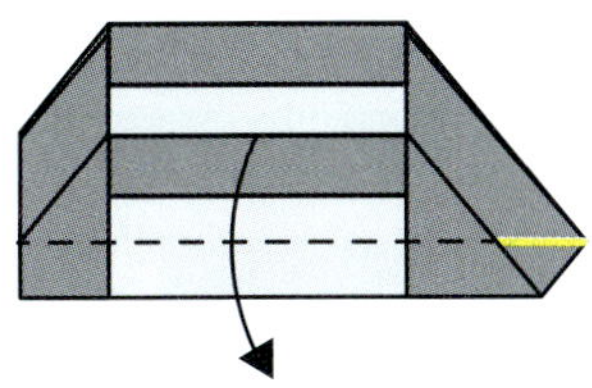

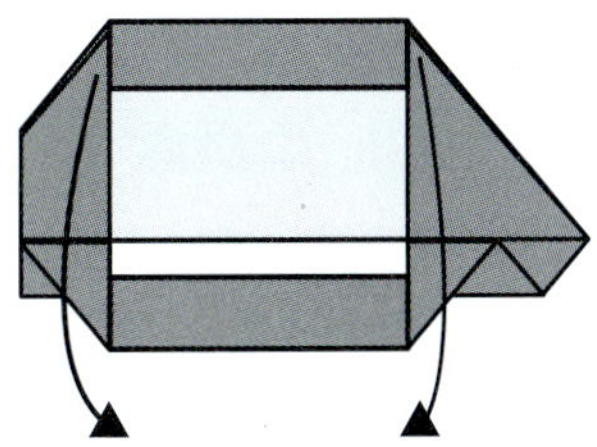

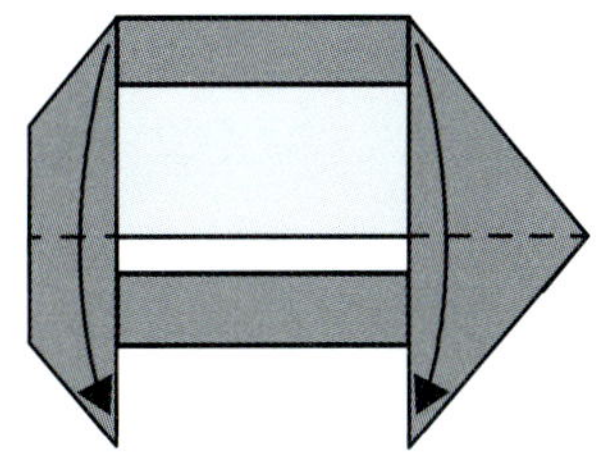

06 점선대로 접어 주세요

07 종이 한 장을 화살표 방향대로 펼쳐 주세요

08 화살표 방향대로 접어 주세요

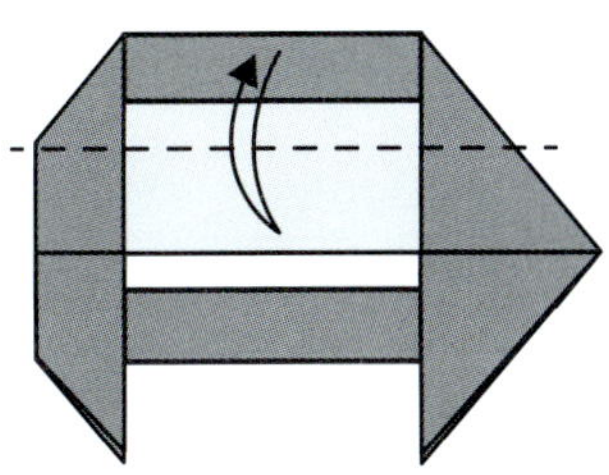

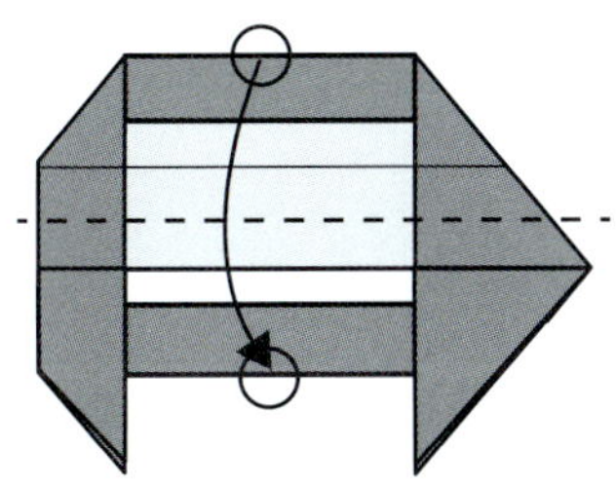

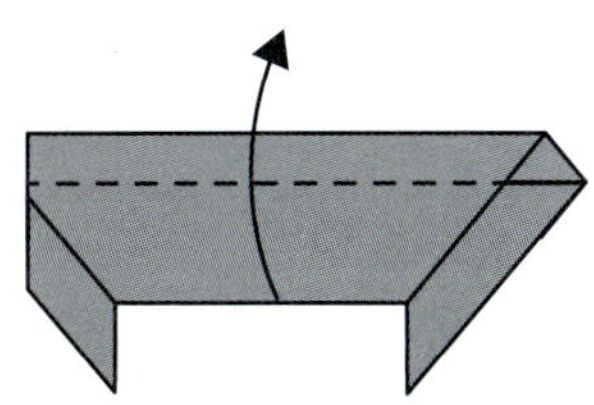

09 중심선에 맞춰 접었다 펼쳐 주세요

10 ○부분이 서로 닿을 수 있도록 접어 주세요

11 점선대로 접어 주세요

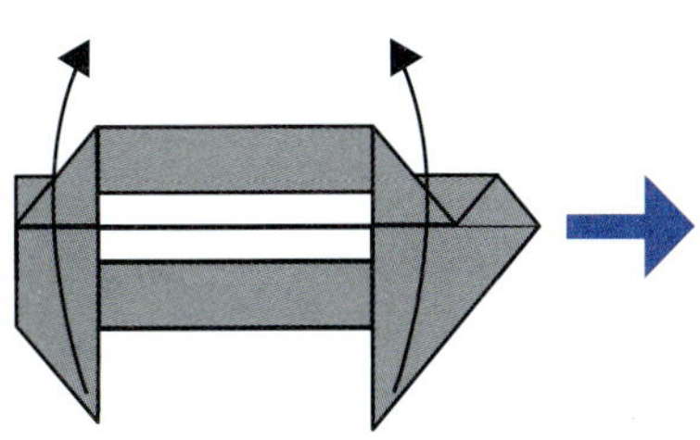

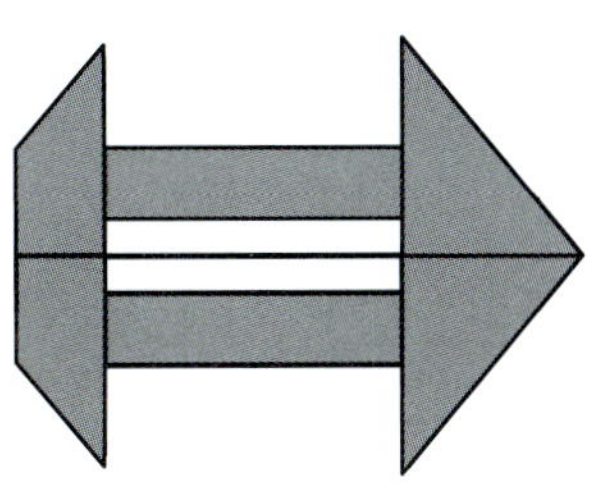

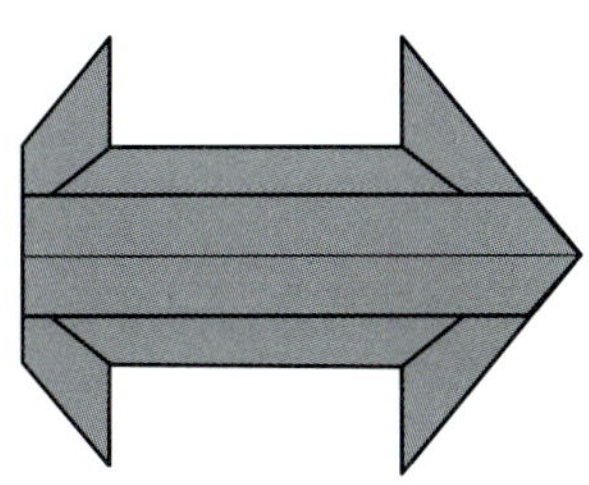

12 종이 한 장을 화살표 방향대로 펼쳐 주세요

(앞)

(뒤)

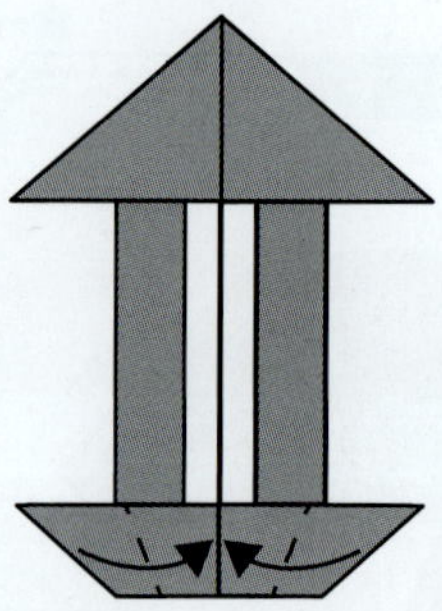

13 중심선에 맞춰 점선대로 접어 주세요

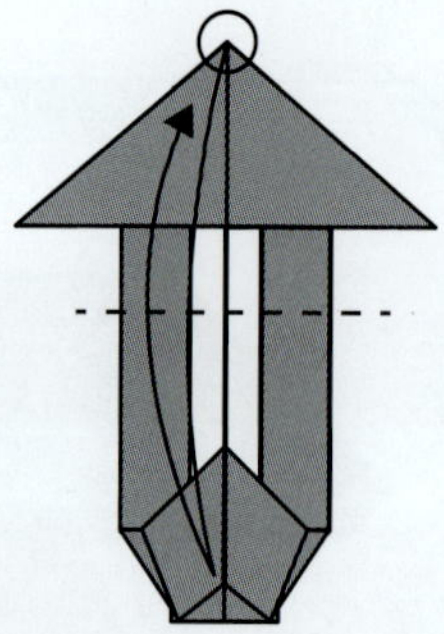

14 점선에 맞춰 접었다 펼쳐 주세요

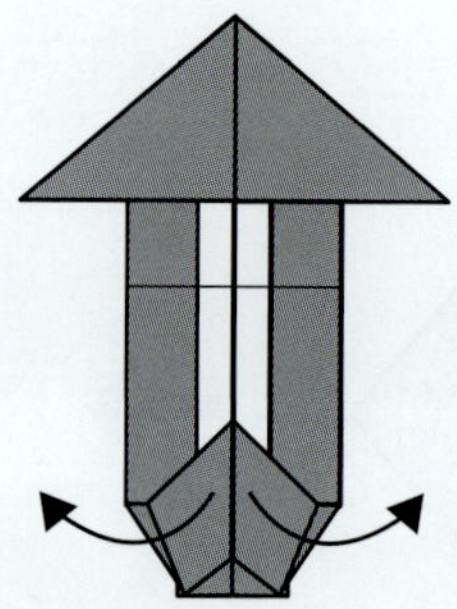

15 화살표 방향으로 펼쳐 주세요

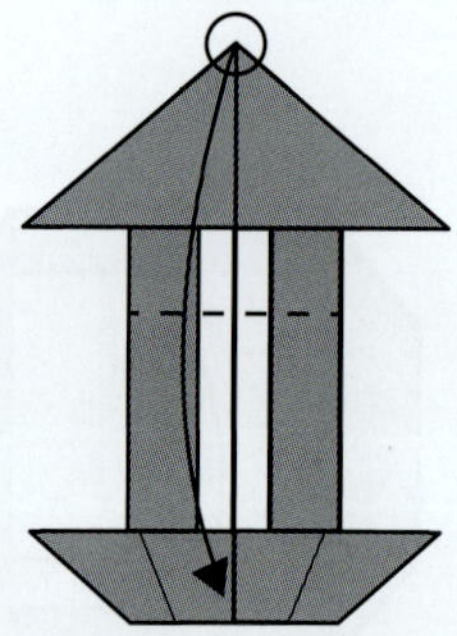

16 점선대로 접어 주세요

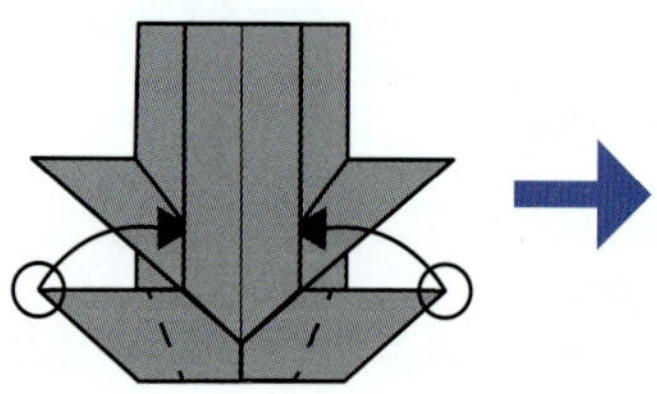

17 ○부분을 화살표 안쪽으로 넣어 주세요

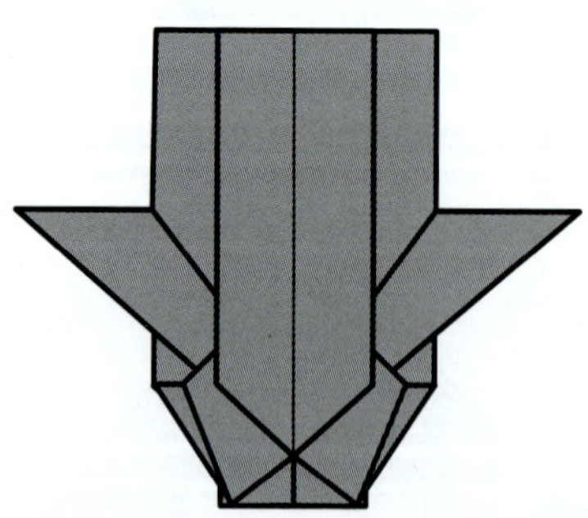

완성 페로EX 머리 미니카 완성!

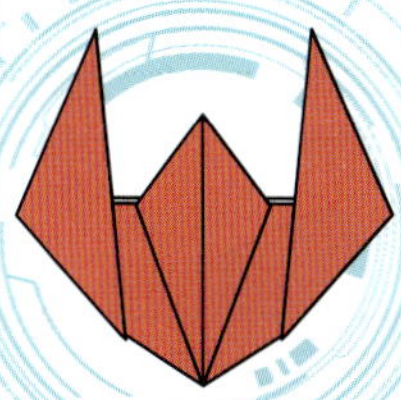

페로EX 머리 미니카 날개

접는 방법 영상

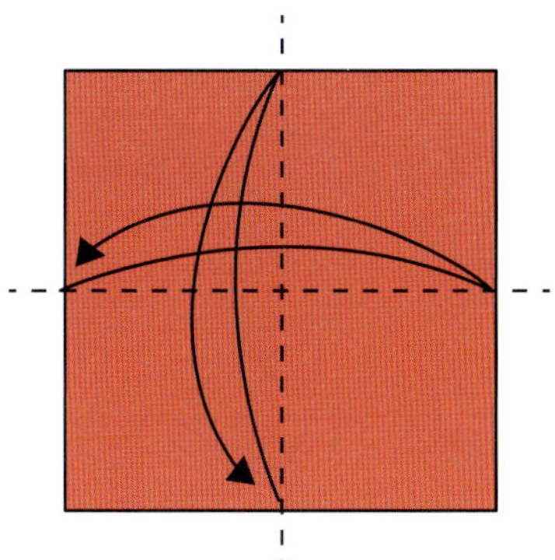

01 점선대로 접었다 펼쳐 주세요

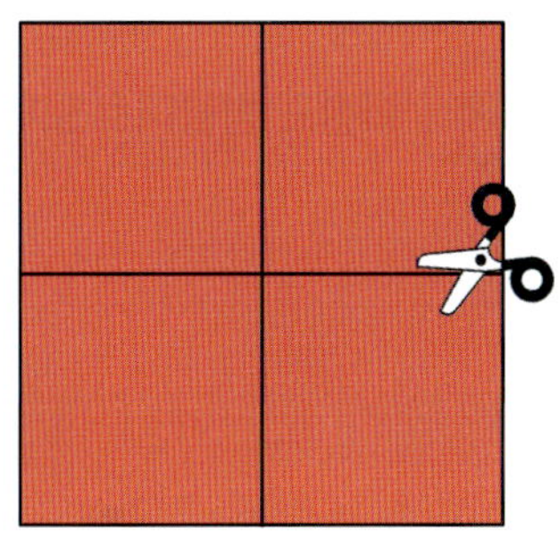

02 1/4로 오려 주세요

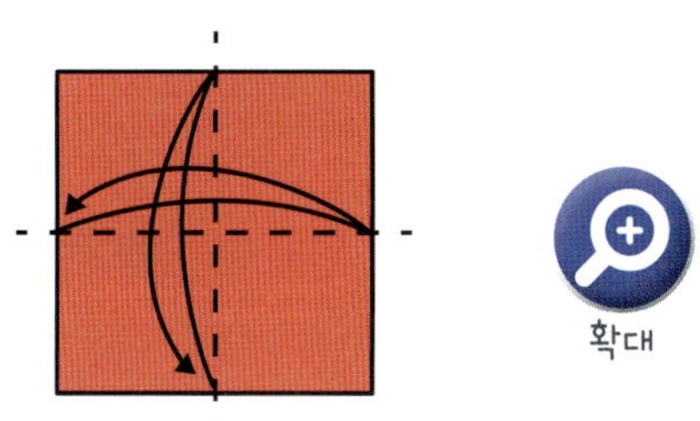

03 점선대로 접었다 펼쳐 주세요

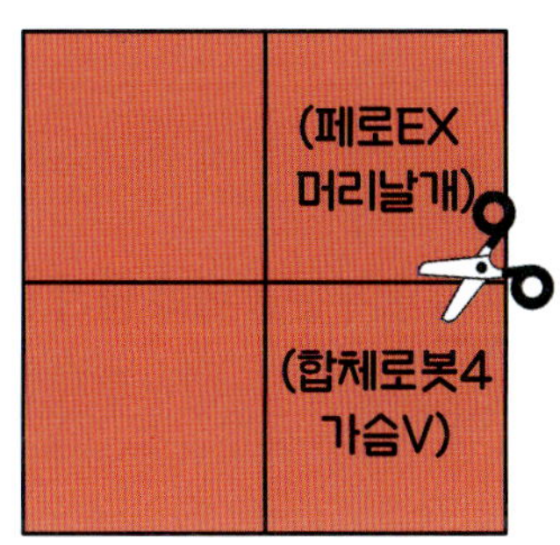

04 가위로 오려 주세요

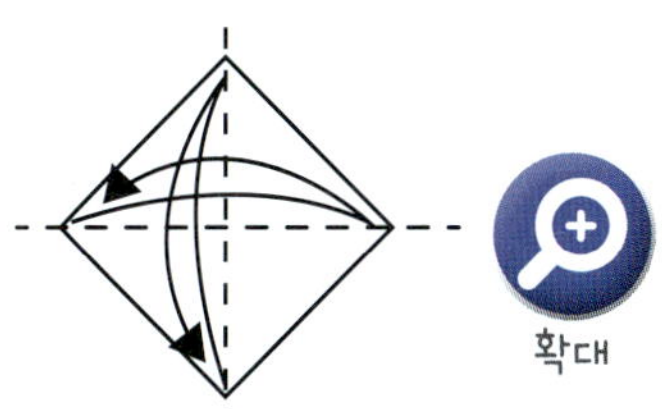

05 원하는 색을 뒷장에 놓고 점선대로 접었다 펼쳐 주세요

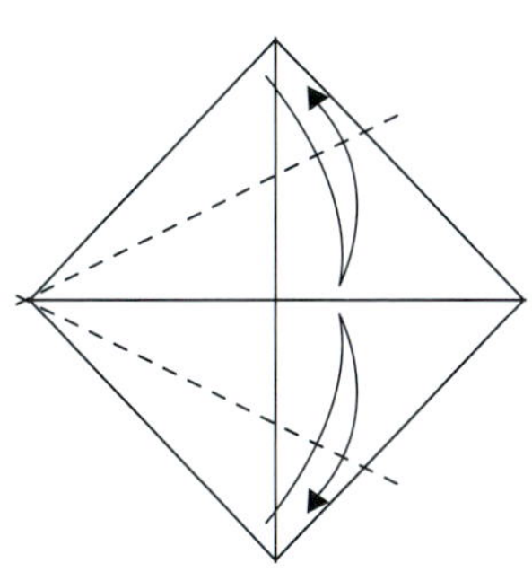

06 중심선에 맞춰 접었다 펼쳐 주세요

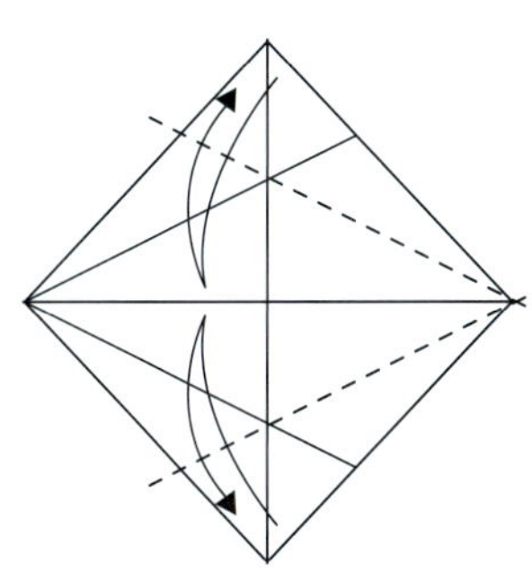

07 중심선에 맞춰 접었다 펼쳐 주세요

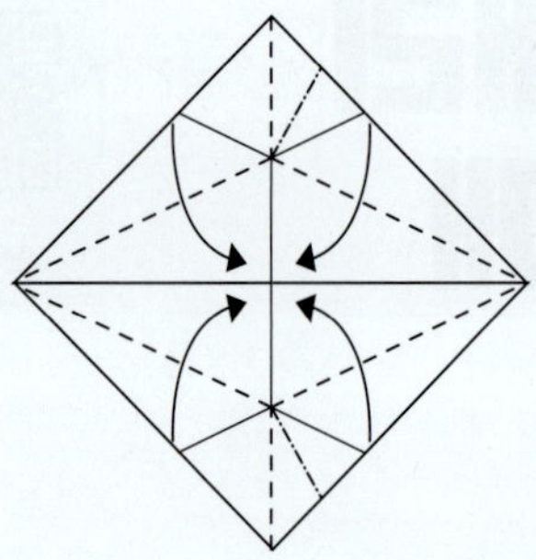

08 화살표 방향대로 모아 접어 주세요

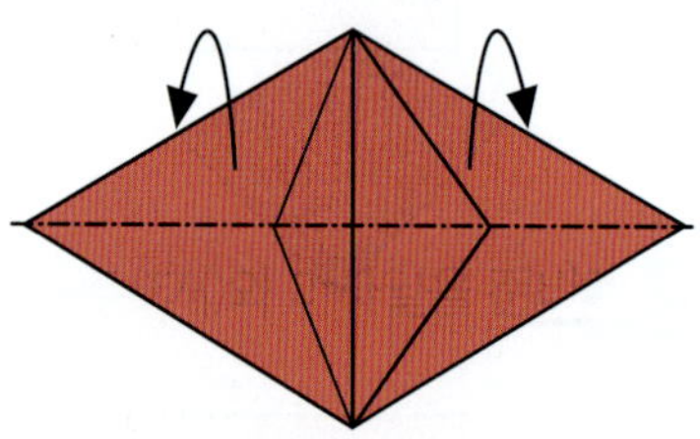

09 윗부분을 뒤로 넘겨 접어 주세요

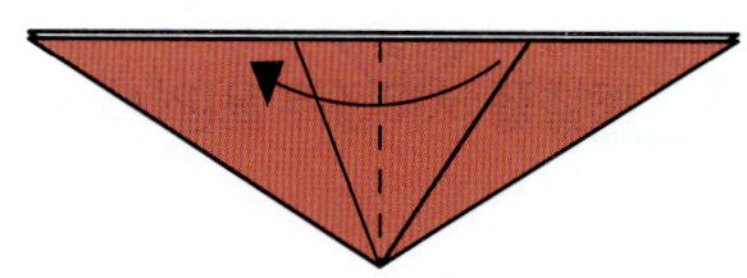

10 위에 한 장을 점선대로 접어 주세요

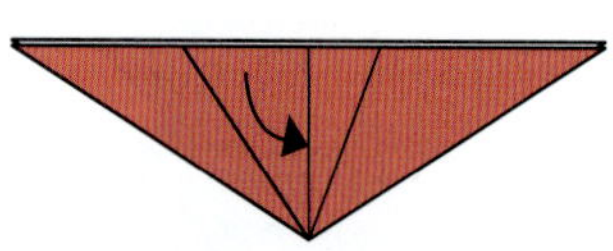

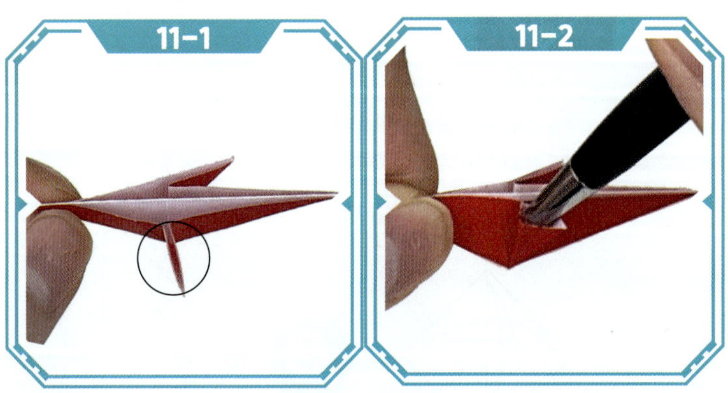

11 종이가 가운데
부분으로 올 수
있도록 당겨 주세요

※○부분에 손가락이나 연필을 넣어서 종이를 부풀려 주세요

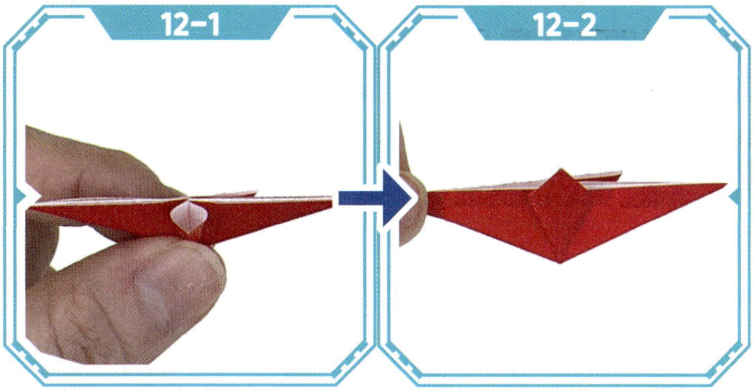

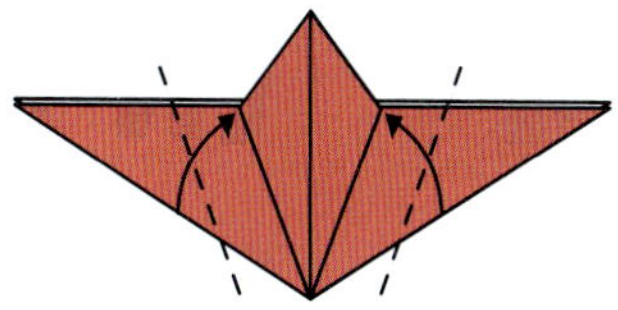

12 부풀린 부분을 손으로 눌러 접어 주세요

※반대편도 똑같이 10 ~ 12 대로 접어 주세요

13 점선대로 접어 주세요

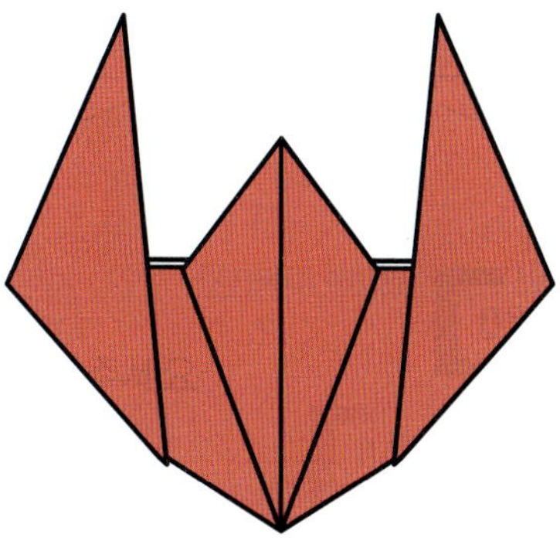

완성 페로EX 머리 미니카 날개 완성!

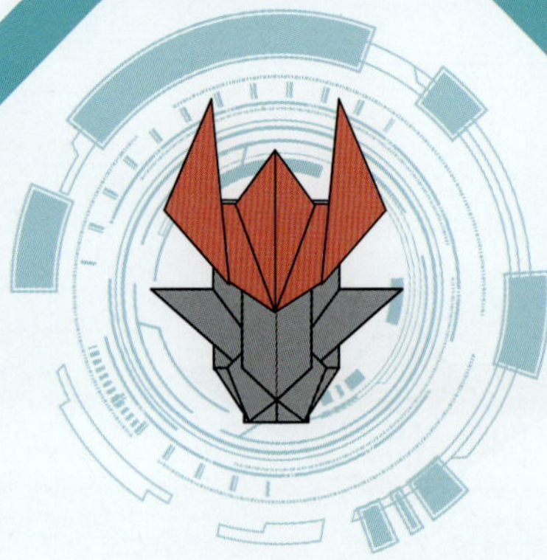

페로EX 머리 미니카 합체

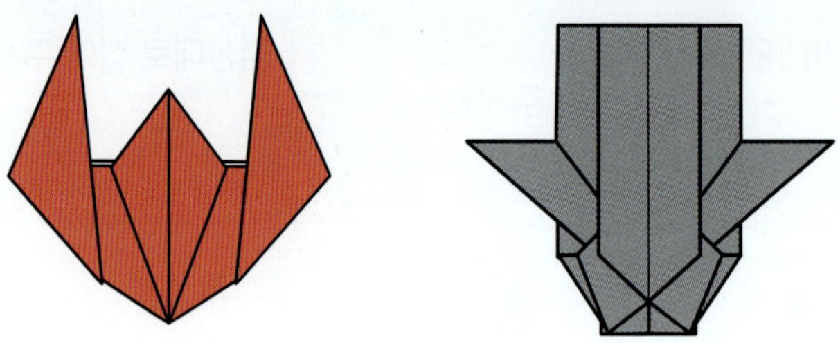

01 페로EX 머리 날개와 미니카를 준비해 주세요

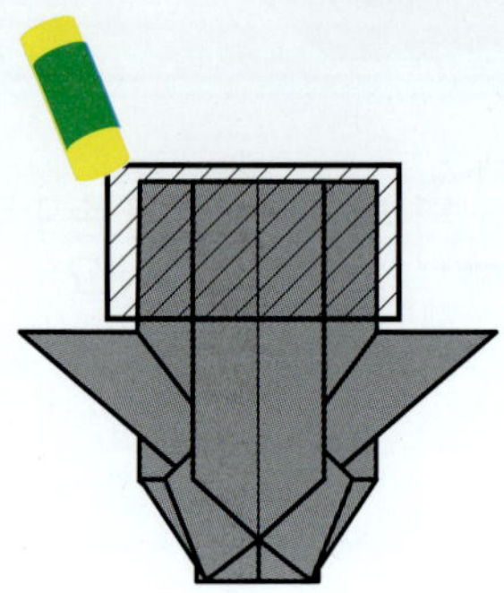

02 미니카 윗부분에 풀칠해 주세요

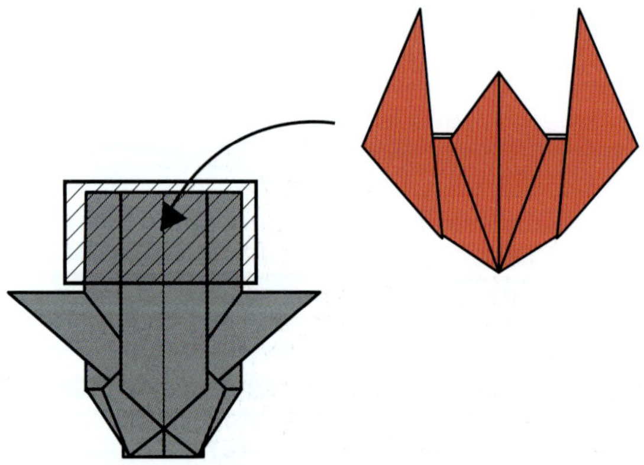

03 풀칠한 부분에 머리 날개를 붙여주세요

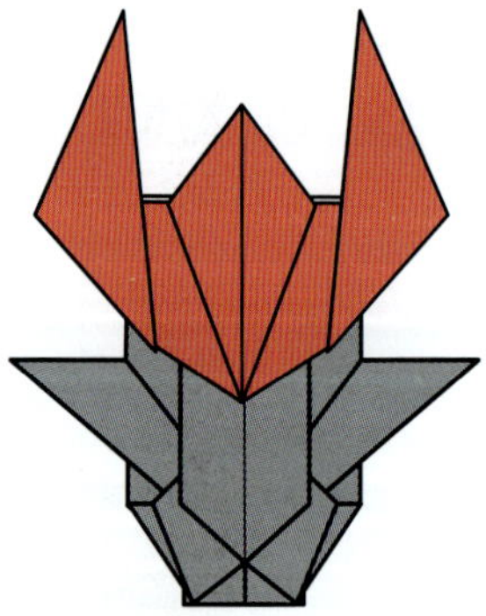

완성 페로EX 머리 미니카 합체 완성

페로EX 가슴V

접는 방법 영상

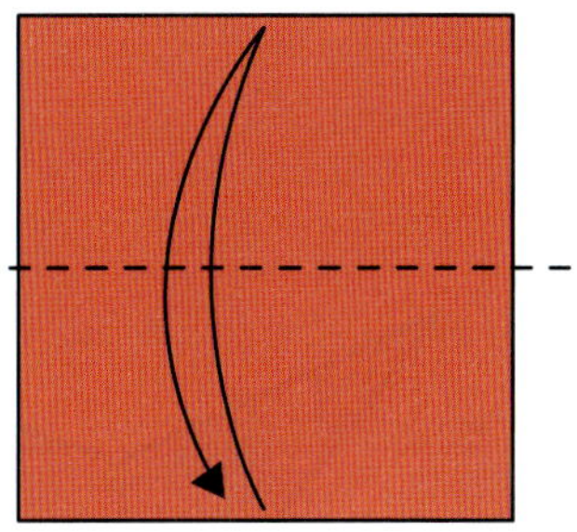

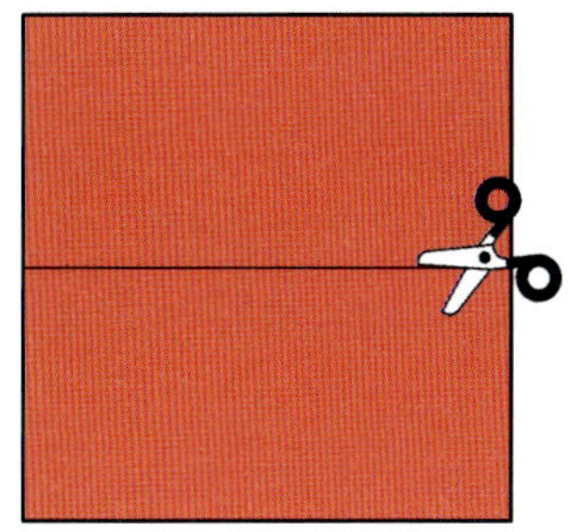

01 페로EX 머리 미니카 날개 125페이지 01 ~ 04 까지 만들어 주세요

02 반으로 접었다 펼쳐 주세요

03 가위로 오려 주세요

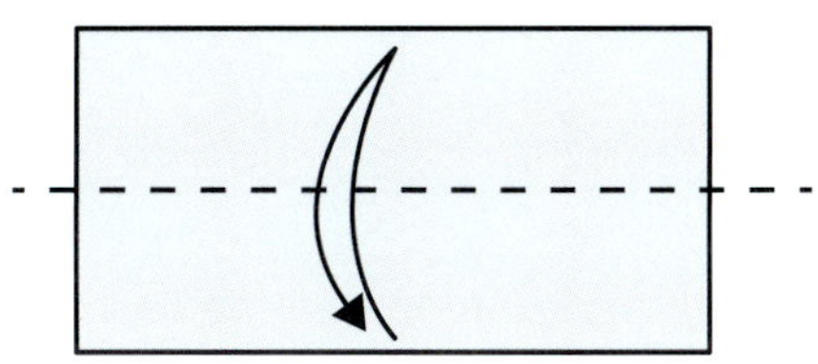

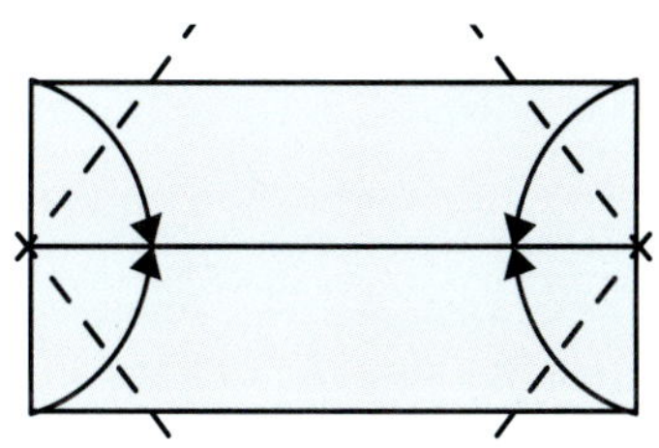

04 원하는 색을 뒷장에 놓고 반으로 접었다 펼쳐 주세요

05 중심선에 맞춰 접어 주세요

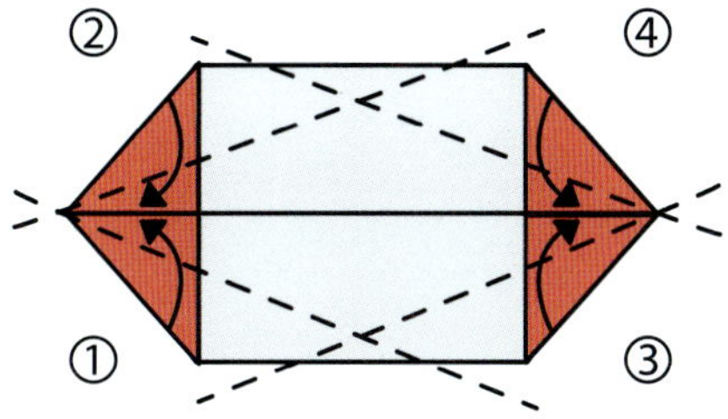

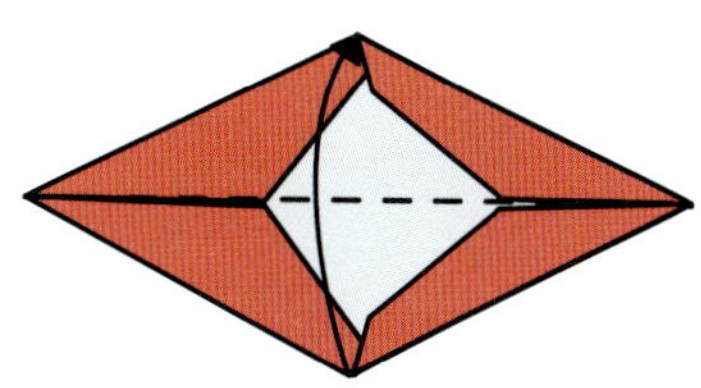

06 순서대로 접어 주세요

07 점선대로 접어 주세요

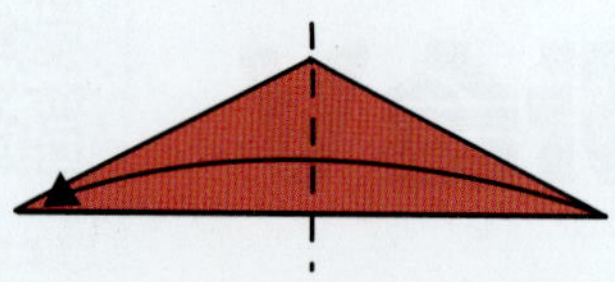

08 반으로 접어 주세요

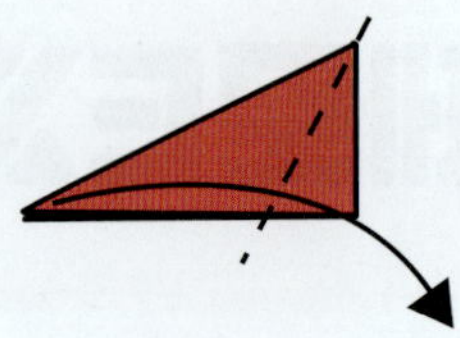

09 비스듬하게 접어 주세요

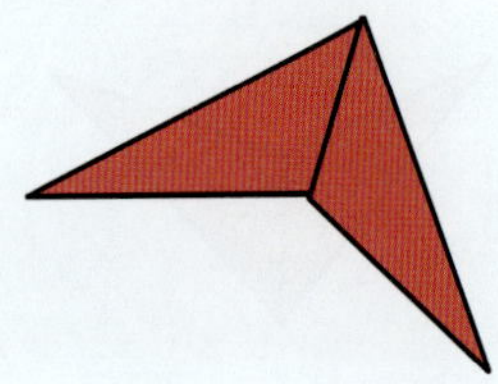

180° 돌리기

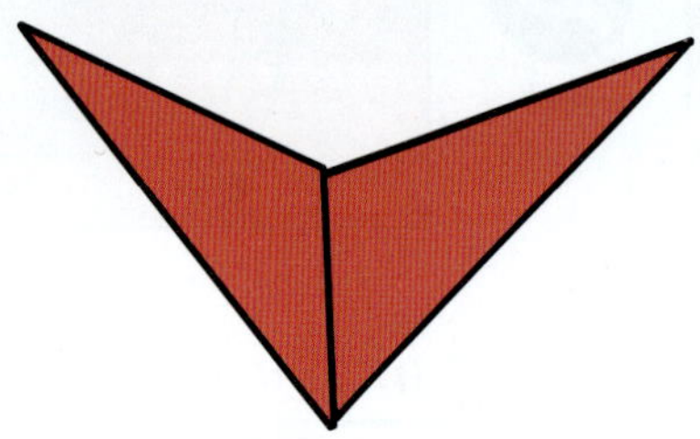

완성 페로EX 가슴V 완성!

STAGE 15 PELO EX&HEAD COMBINATION

페로EX&머리 합체

접는 방법 영상

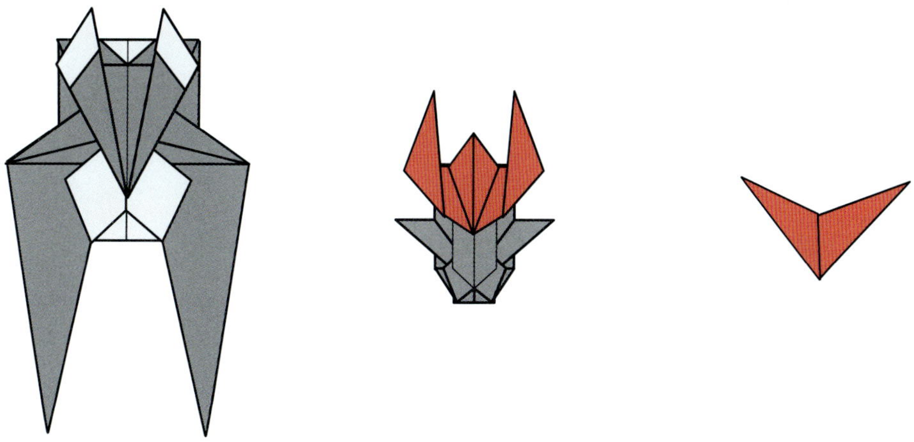

01 페로EX와 머리EX, 가슴V를 준비해 주세요

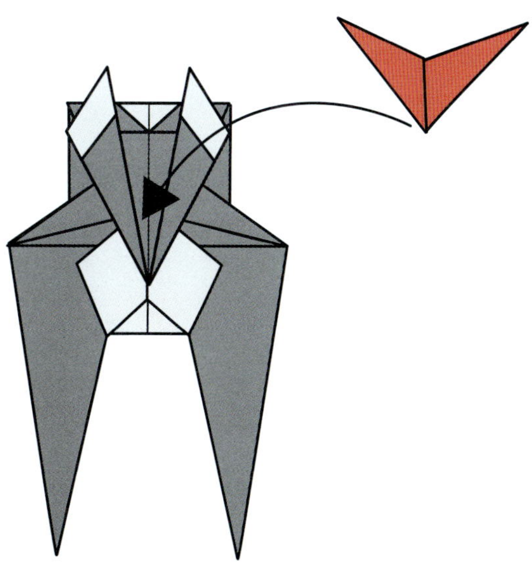

02 페로EX에 가슴V를 화살표 방향대로 끼어 넣어 주세요

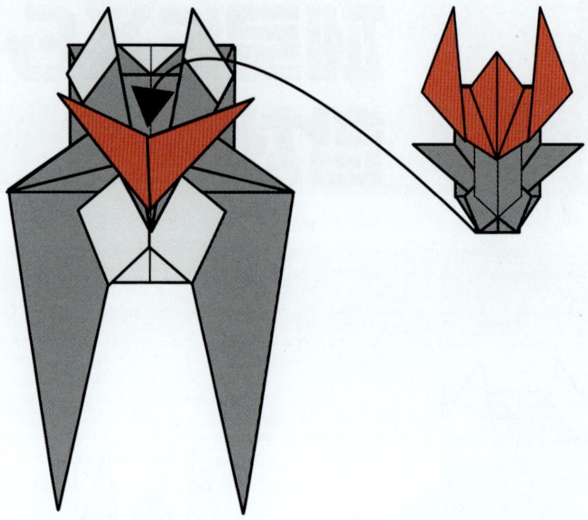

03 페로EX 머리를 화살표 방향으로 끼어 주세요

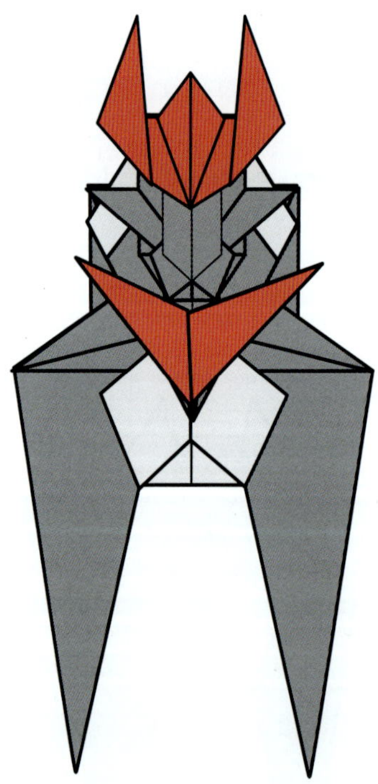

완성 페로EX&머리 합체 완성!

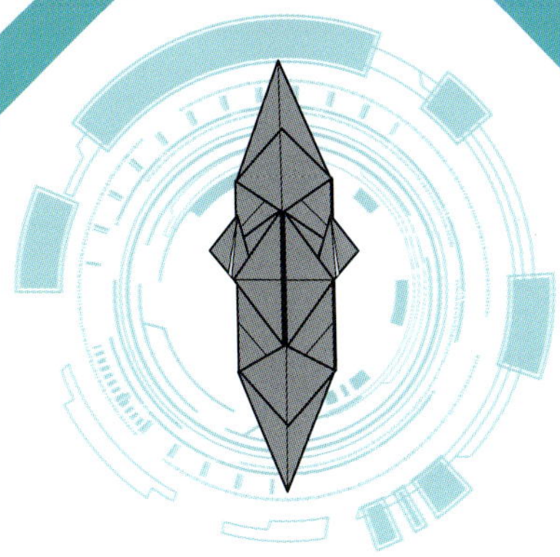

더블 하데스 미사일

접는 방법 영상

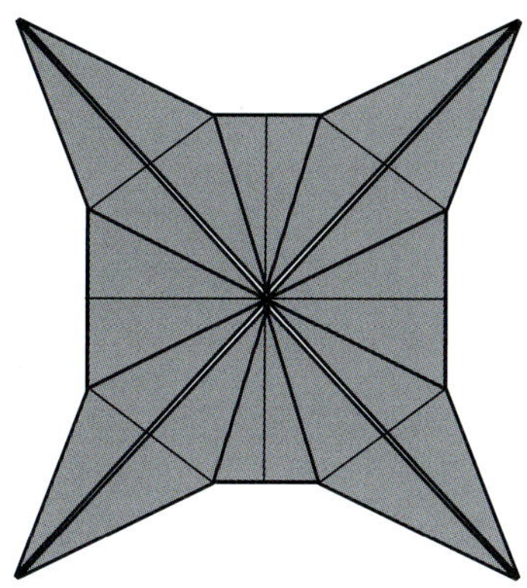

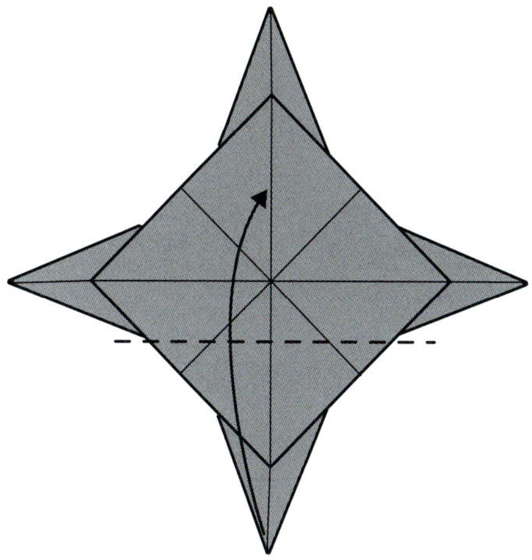

01 레토 미사일 102페이지 01 ~ 23 까지 접어 주세요

02 점선대로 접어 주세요

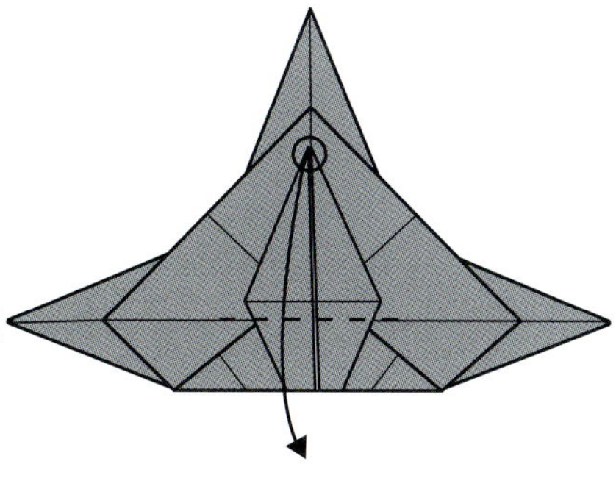

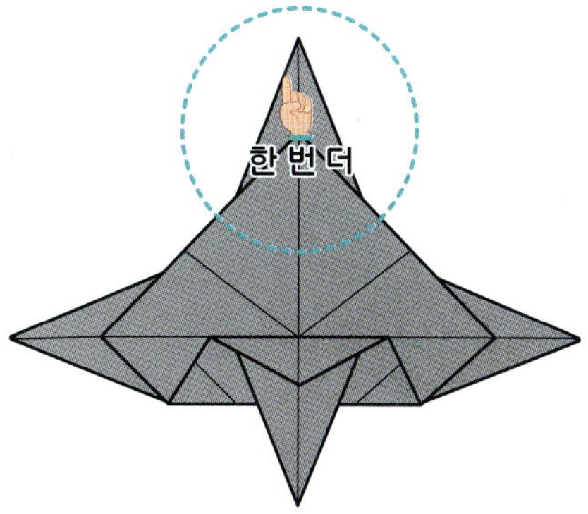

03 ○부분을 중심선에 맞춰 아래로 내려 접어 주세요

04 ○부분도 02 ~ 03 까지 똑같이 접어 주세요

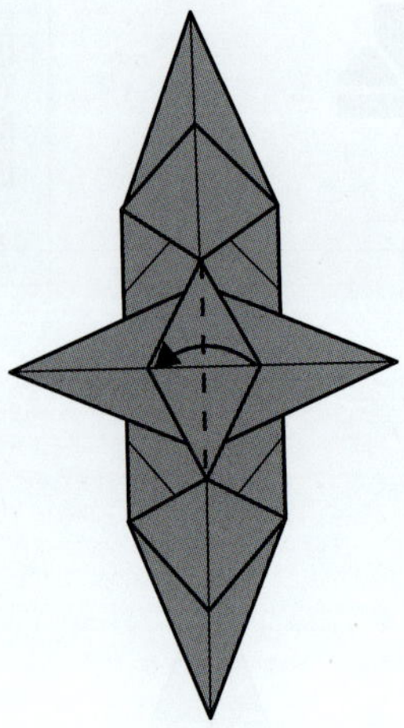

05 화살표 방향으로 넘겨 접어 주세요

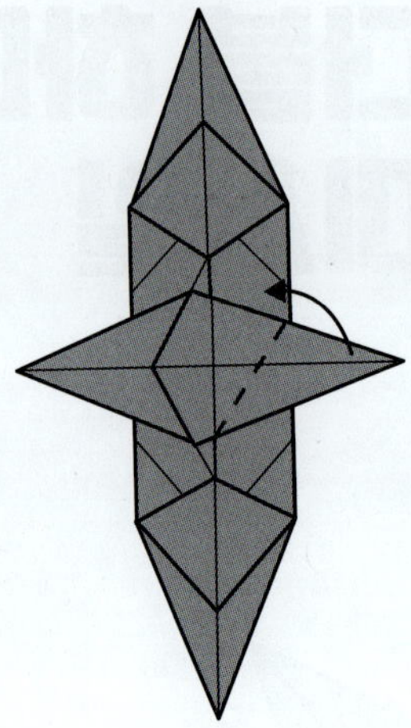

06 점선을 따라 위로 올려 접어 주세요

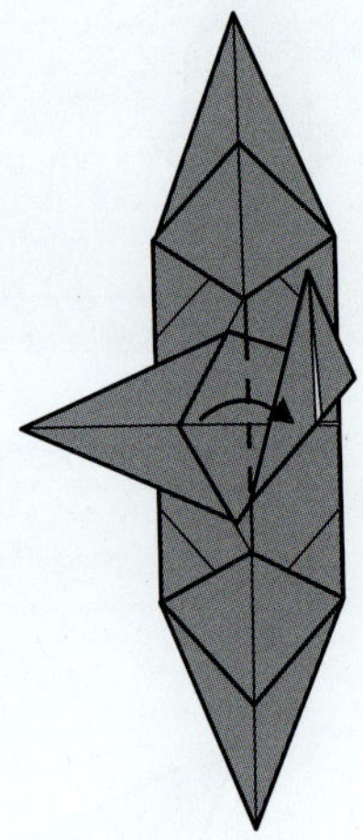

07 화살표 방향으로 넘겨 접어 주세요 반대편도 05 ~ 07 대로 똑같이 접어 주세요

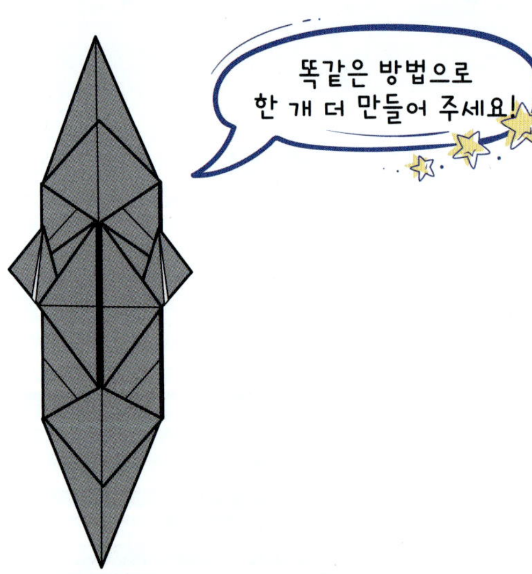

완성 더블 하데스 미사일 완성!

STAGE 17 DOUBLE HADES MINICAR

더블 하데스 미니카

접는 방법 영상

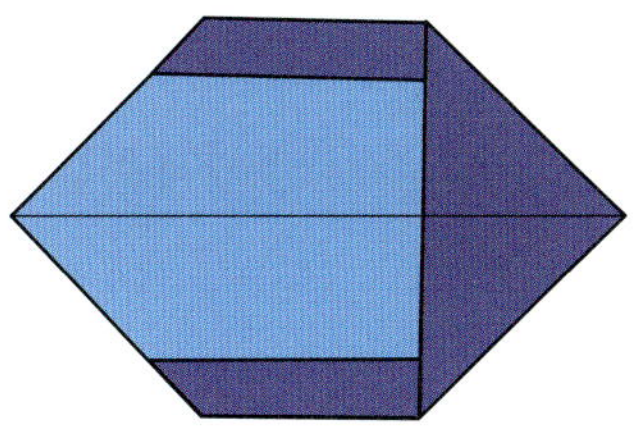

01 제블린 미니카2 61페이지 01 ~ 13 까지 접어 주세요

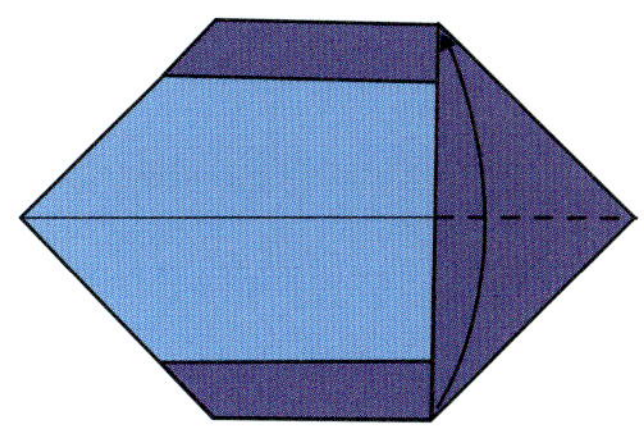

02 점선대로 접어 주세요

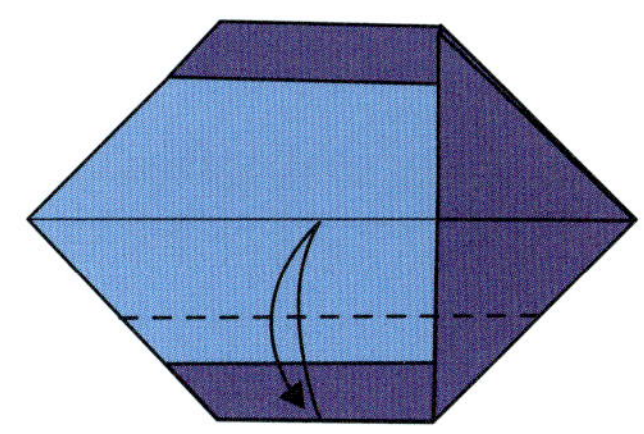

03 종이 한 장만 점선대로 접었다 펼쳐 주세요

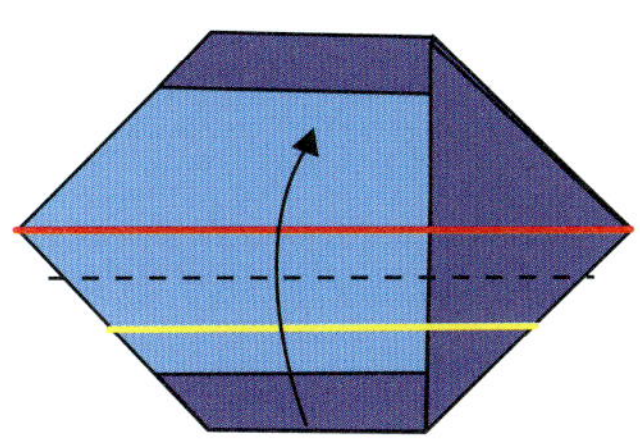

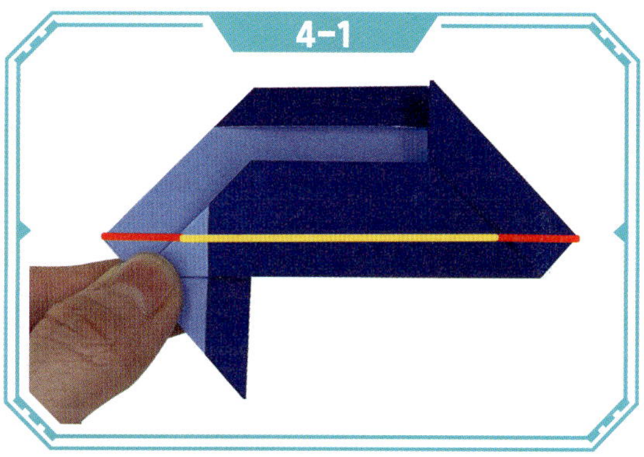

04 노란색 선과 빨간색 선이 맞닿을 수 있도록 접어 주세요

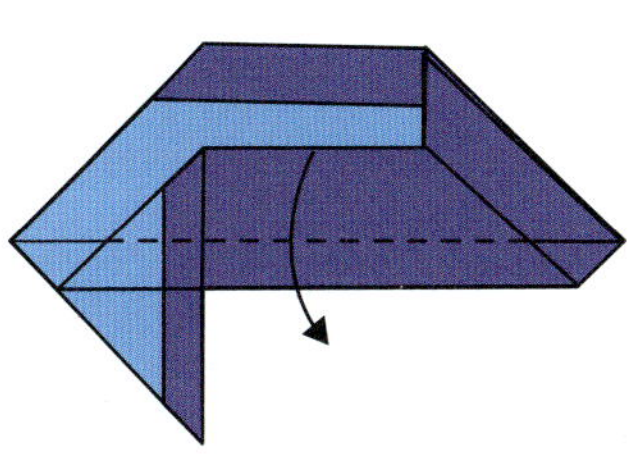

05 점선대로 접어 주세요

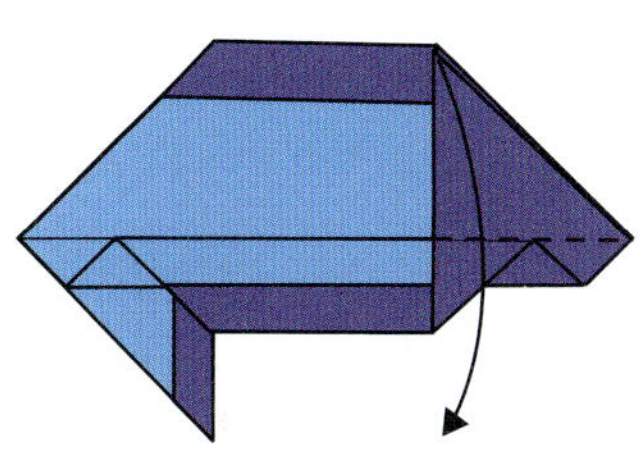

06 점선대로 접어 주세요

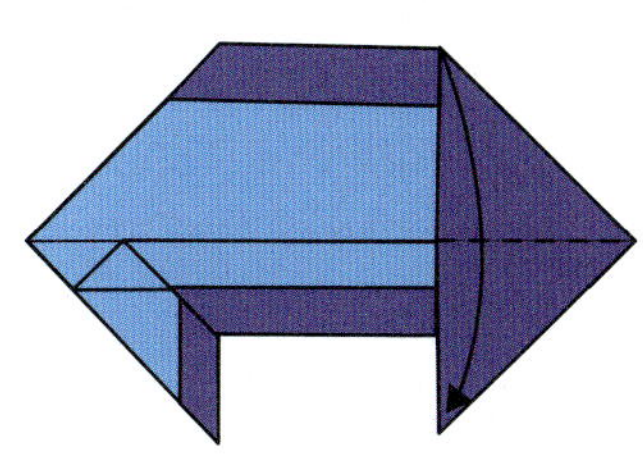

07 점선대로 접어 주세요

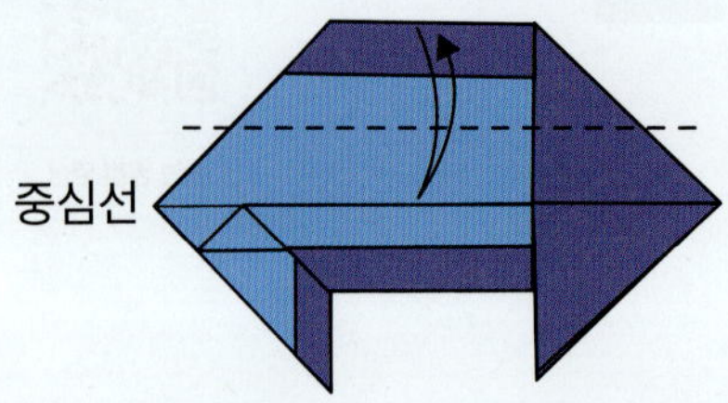

08 중심선에 맞춰 접었다
펼쳐 주세요

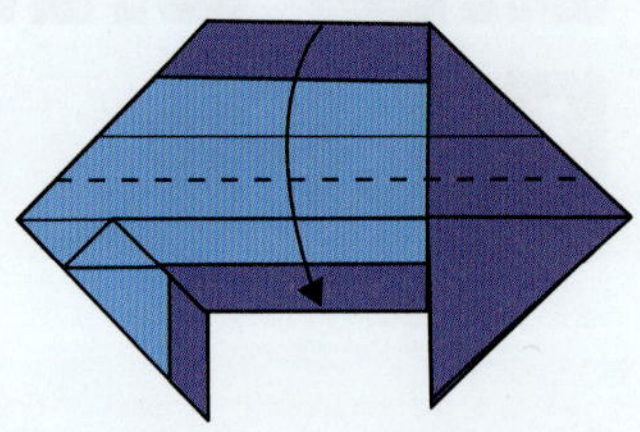

09 점선대로 접어 주세요

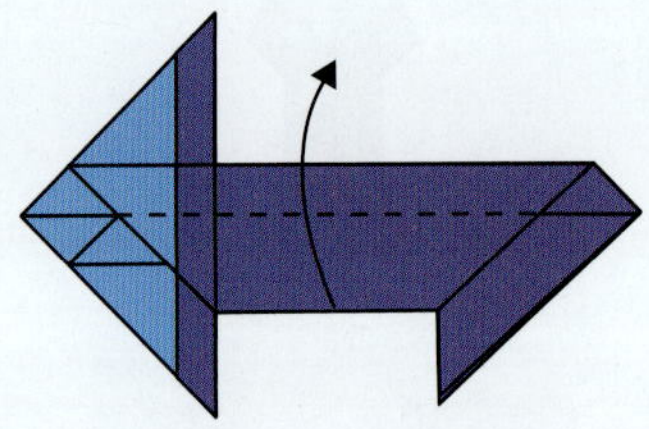

10 점선대로 접어 주세요

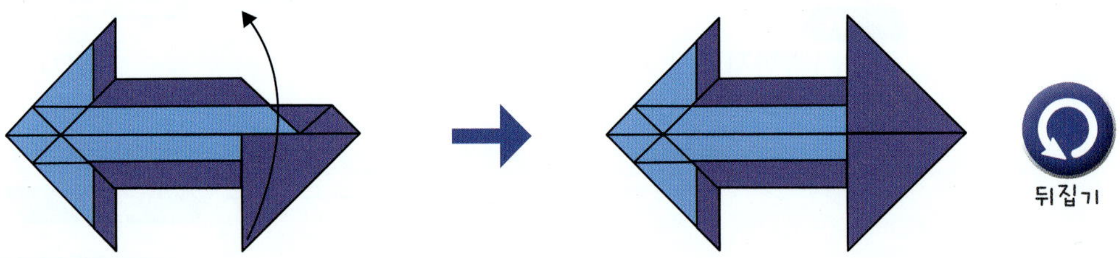

11 화살표 방향으로 넘겨 주세요

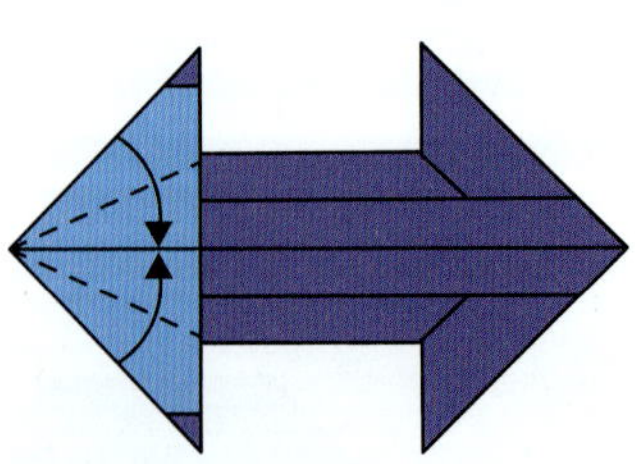

12 점선대로 접어 주세요

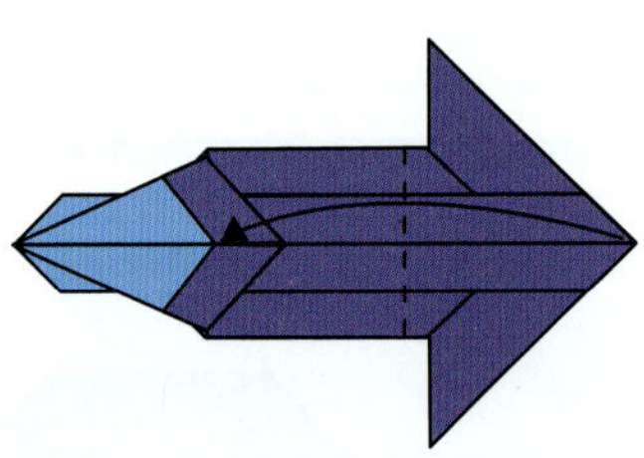

13 점선대로 접어 주세요

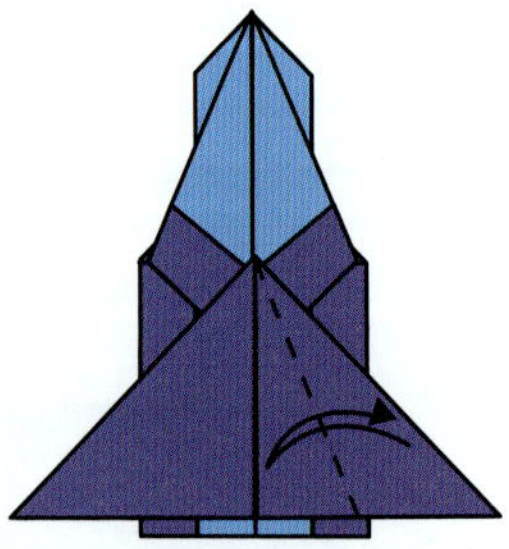

14 점선대로 접었다
펼쳐 주세요

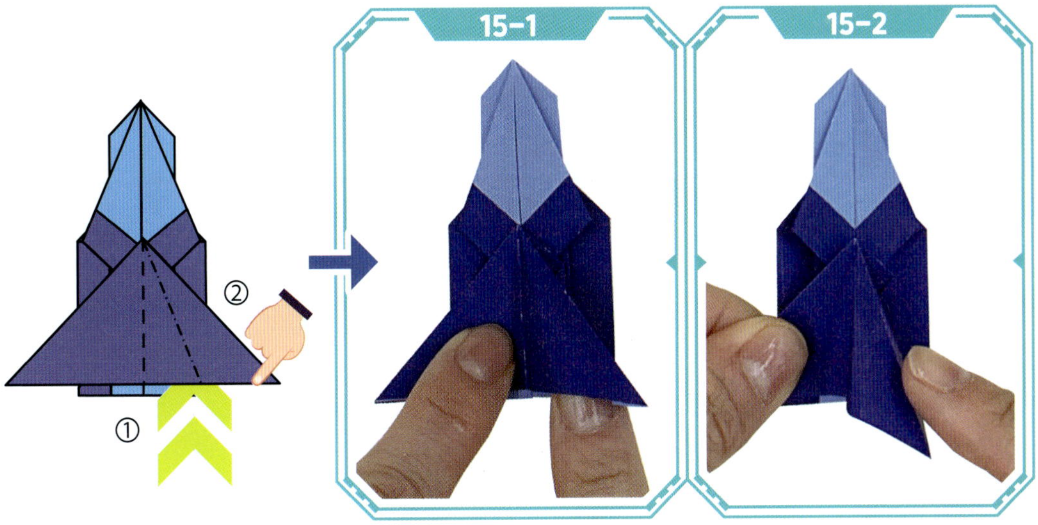

15 화살표 방향으로 손가락을 넣어 종이를 부풀려 눌러 접어 주세요

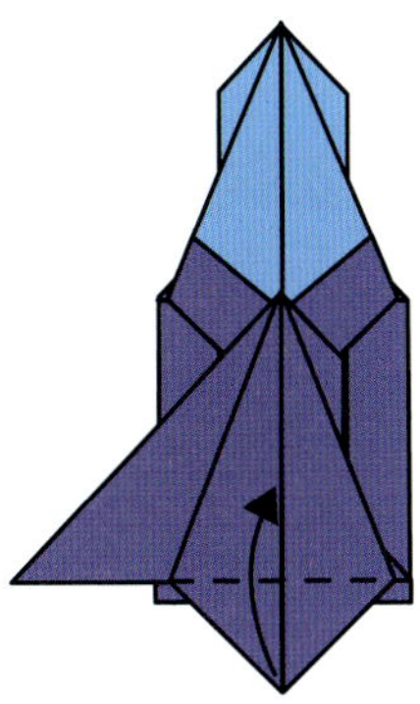

16 점선대로 접어 주세요

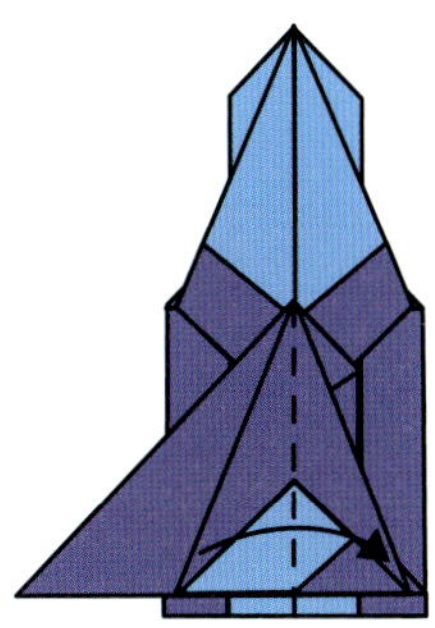

17 점선대로 접어 주세요
옆 부분도 14 ~ 17
처럼 똑같이
접어 주세요

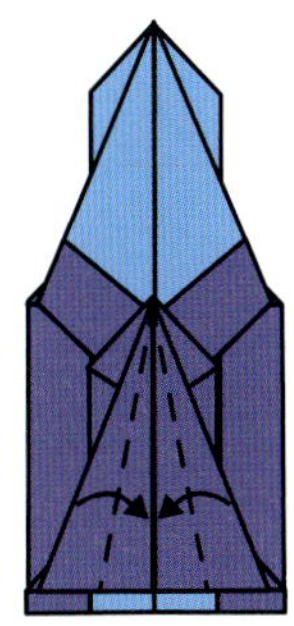

18 점선대로 접어 주세요

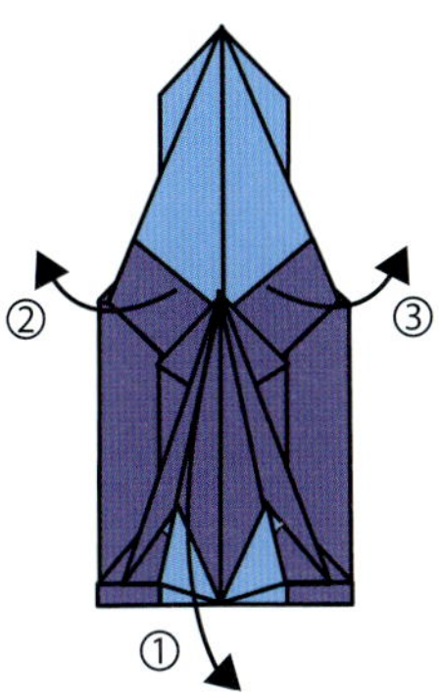

19 화살표 방향으로 펼쳐 주세요

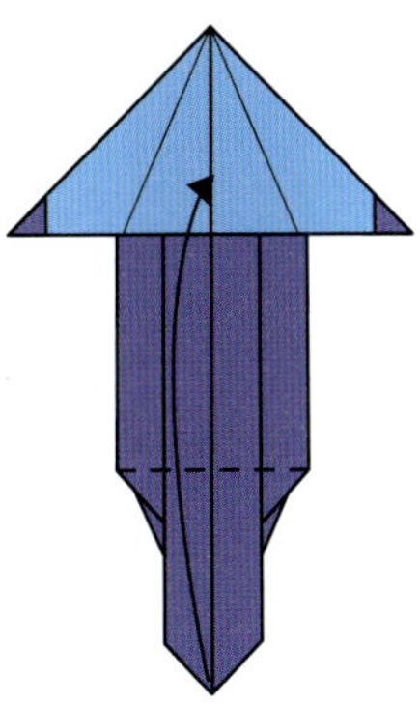

20 점선대로 접어 주세요

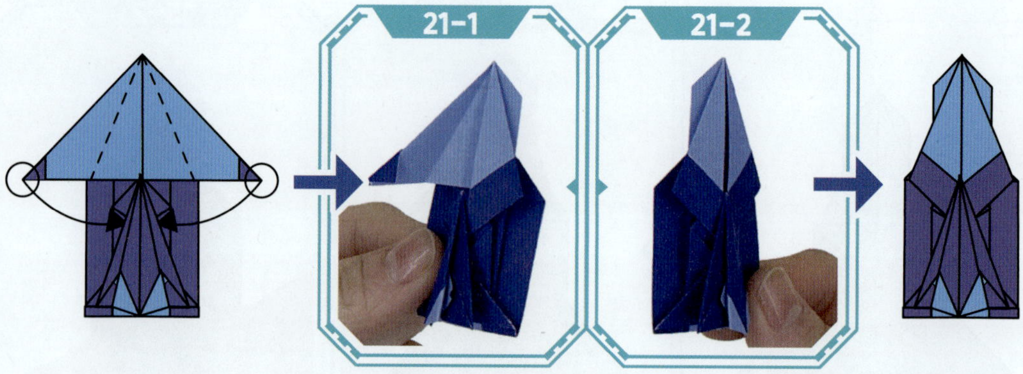

21 ○부분을 화살표 방향대로 끼어 넣어 주세요

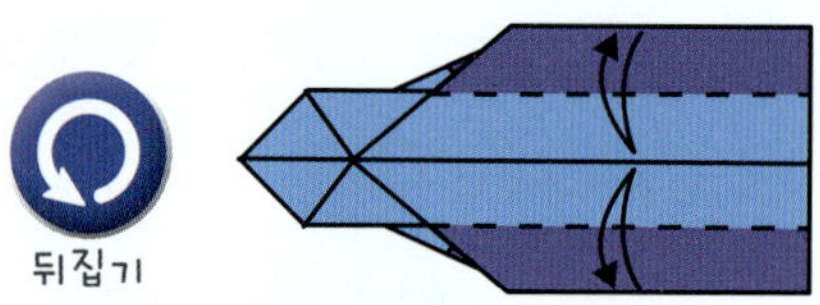

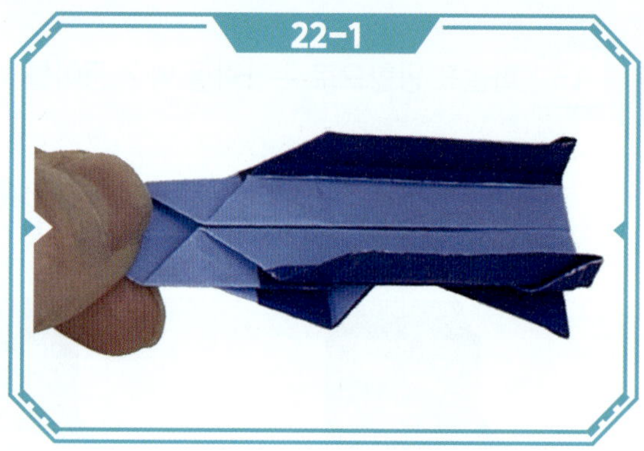

22 점선대로 접었다 살짝 당겨 주세요

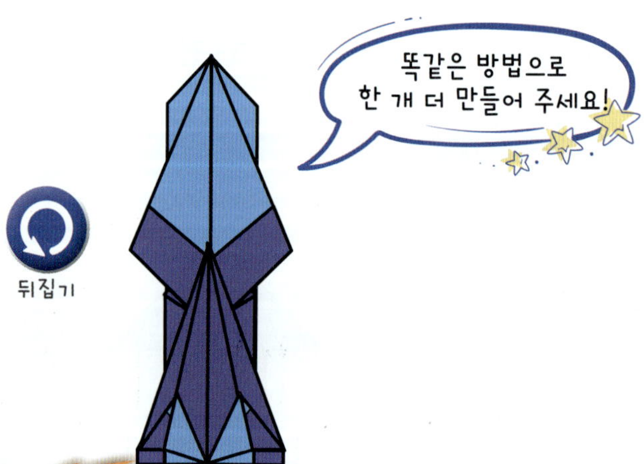

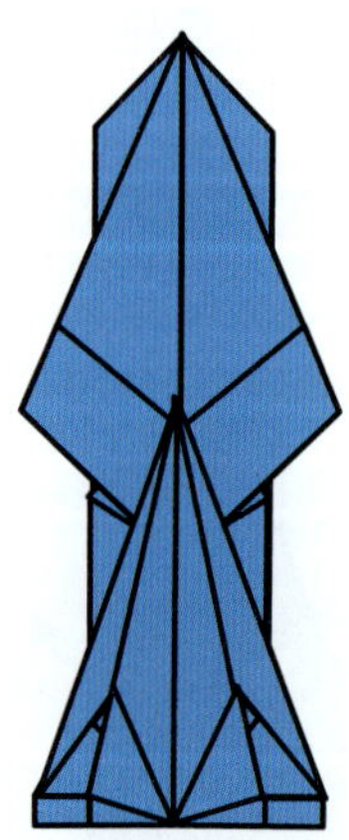

완성 더블 하데스 미니카 완성!

※양면이 같은 색으로 더블 하데스를 만들면 이렇게 완성돼요!

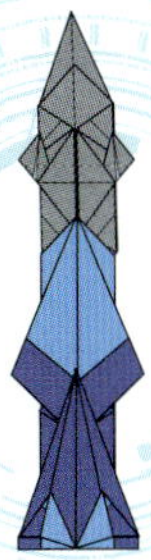

더블 하데스 합체

접는 방법 영상

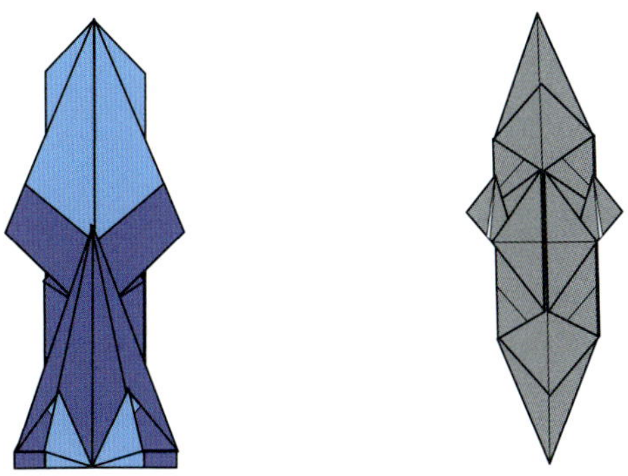

01 더블하데스와 미사일을 준비해 주세요

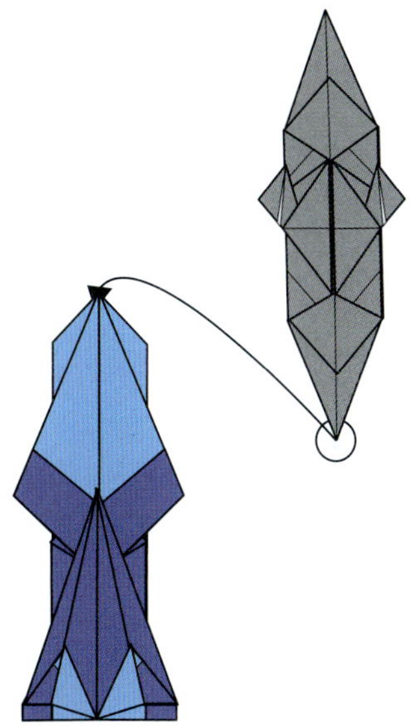

02 미사일을 더블하데스에 끼어 넣어 주세요

2-1

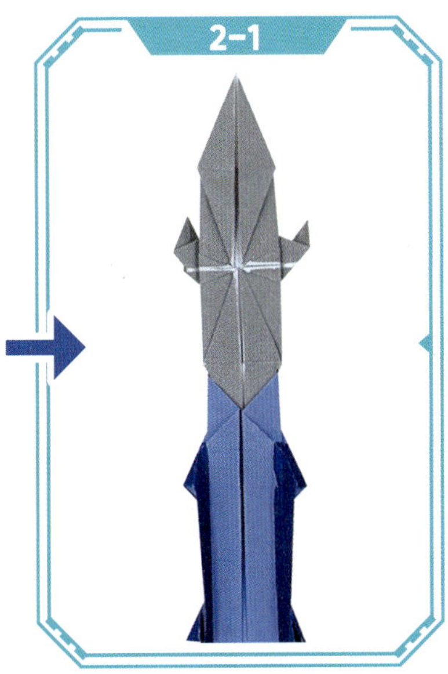

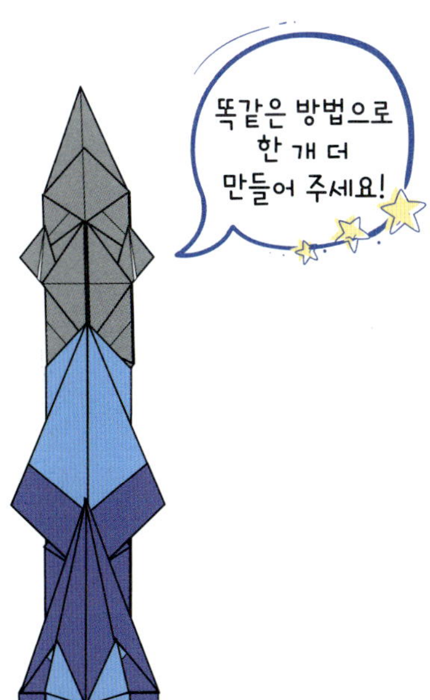

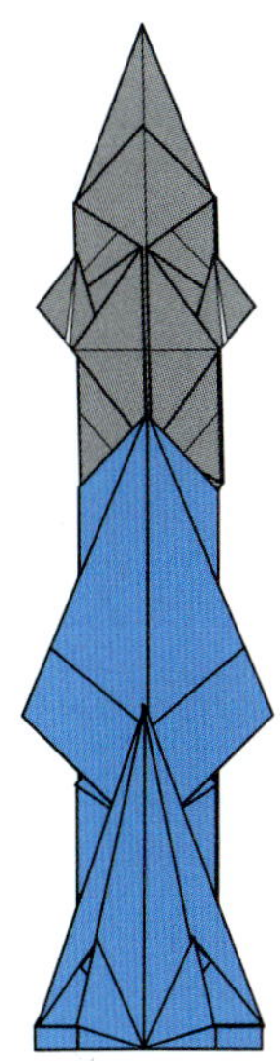

완성 더블 하데스 완성!

※양면이 같은 색인 더블 하데스는 이렇게 완성돼요!

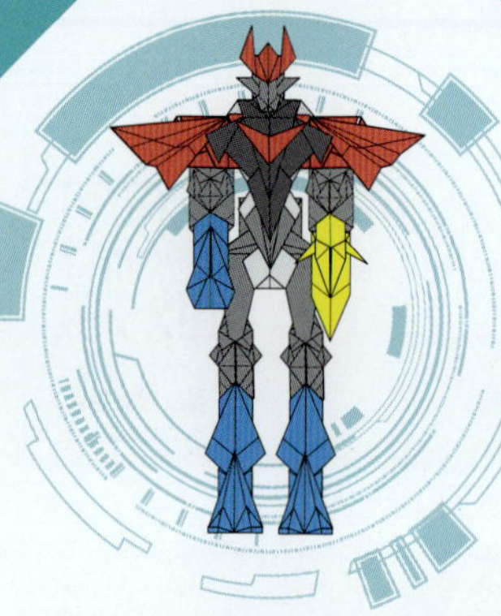

합체로봇 델타 합체

접는 방법 영상

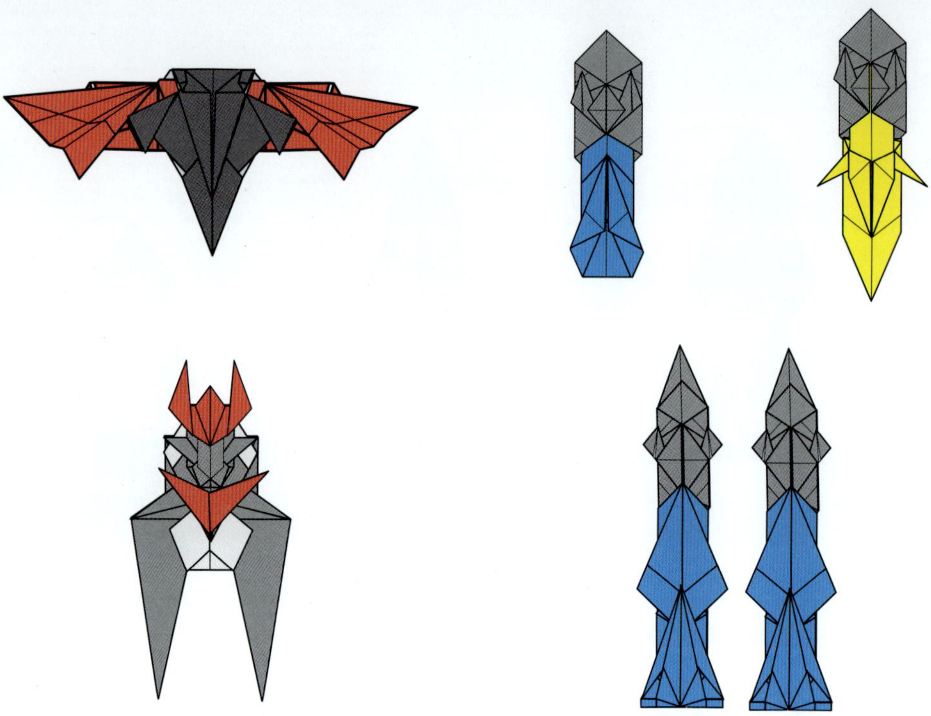

01 아스테리아, 레토, 페로EX, 더블하데스를 모두 준비해 주세요

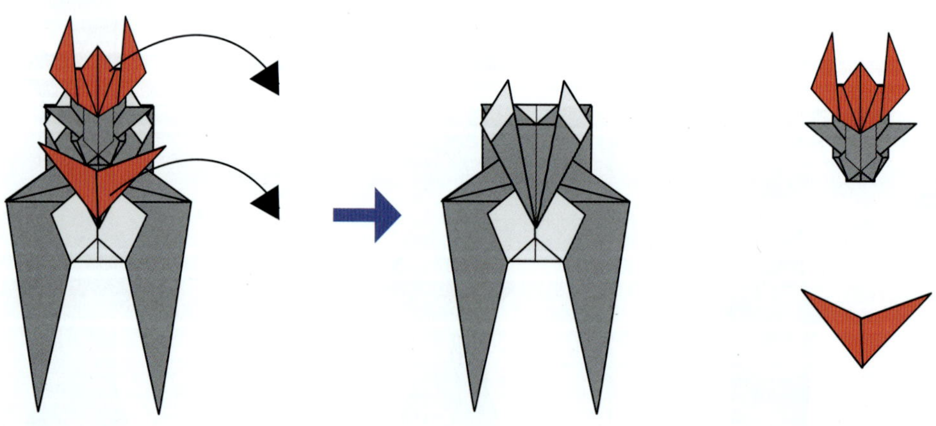

02 페로EX를 분리해 주세요

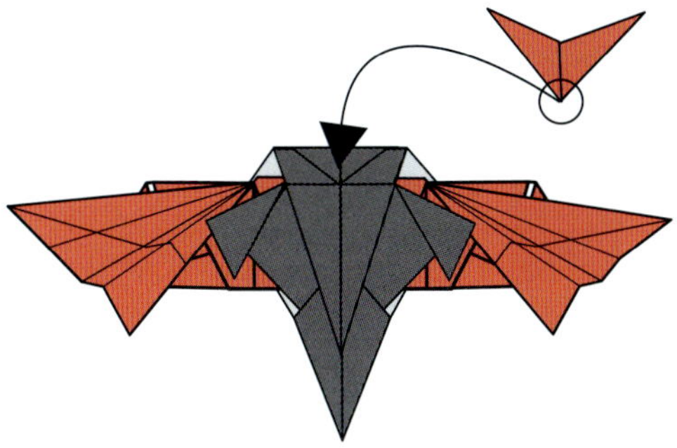

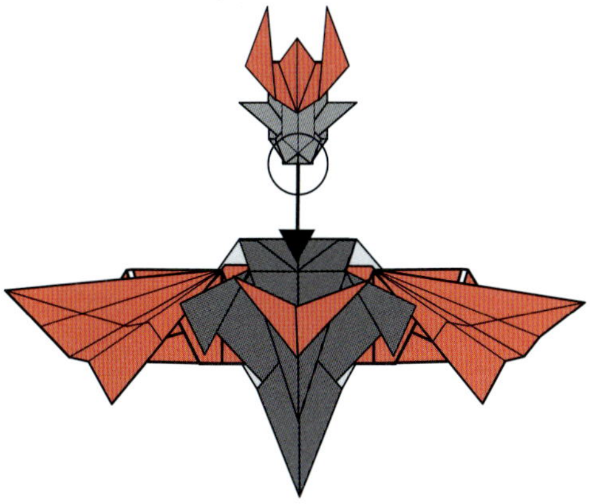

03 아스테리아에 가슴V를 안쪽으로
끼어 넣어 주세요

04 ○부분을 화살표 안쪽으로
끼어 넣어 주세요

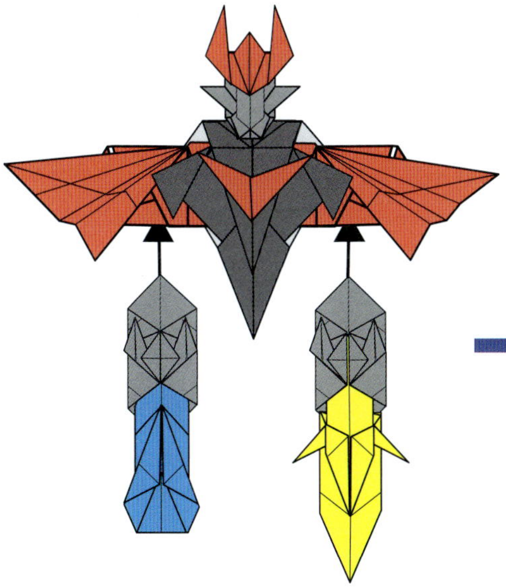

5-1

5-2

05 레토를 화살표 방향으로 끼어 넣어 주세요
풀로 붙여주면 더 단단한 델타를 만들 수 있어요!

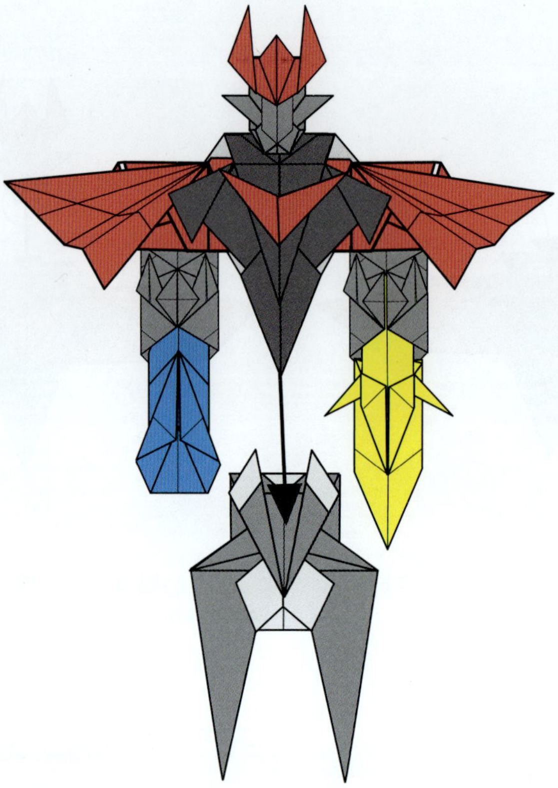

06 아스테리아 아랫부분을 페로EX 안쪽으로 끼어 넣어 주세요!

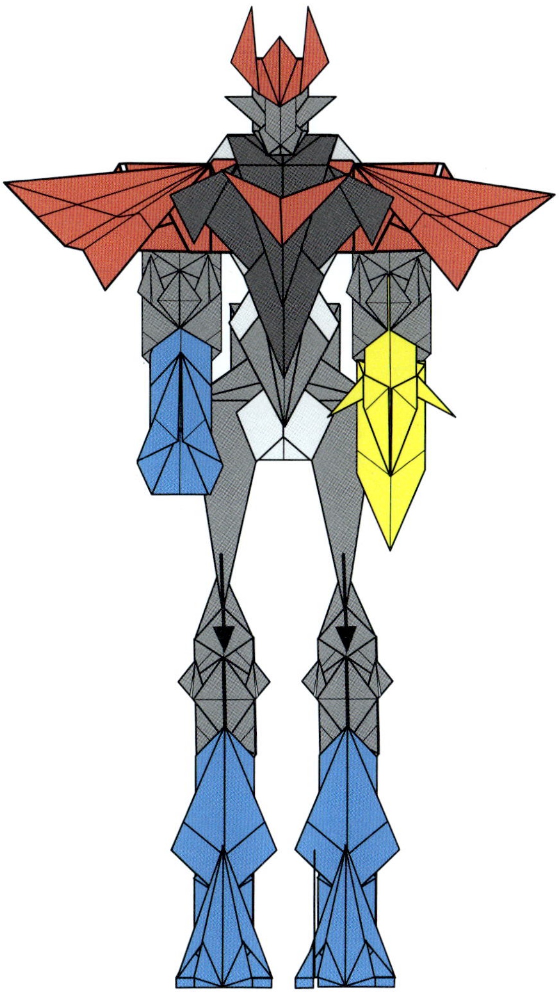

07 페로EX에 더블하데스를 끼어 넣어 주세요!

7-1

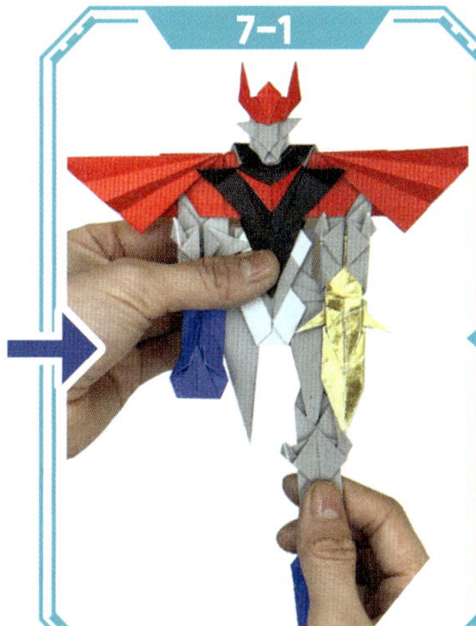

7-2(앞)

7-3(뒤)

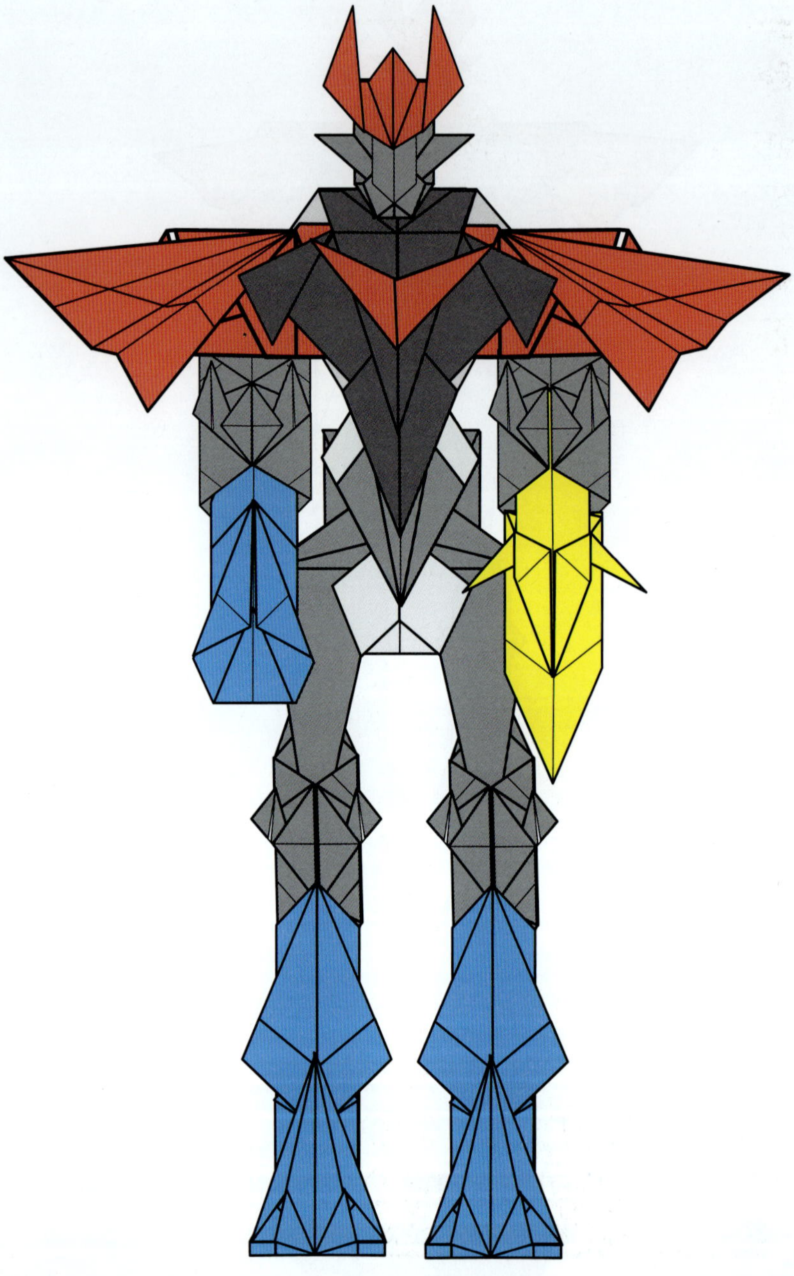

완성 합체로봇 델타 완성!

총(스페셜 무기)

접는 방법 영상

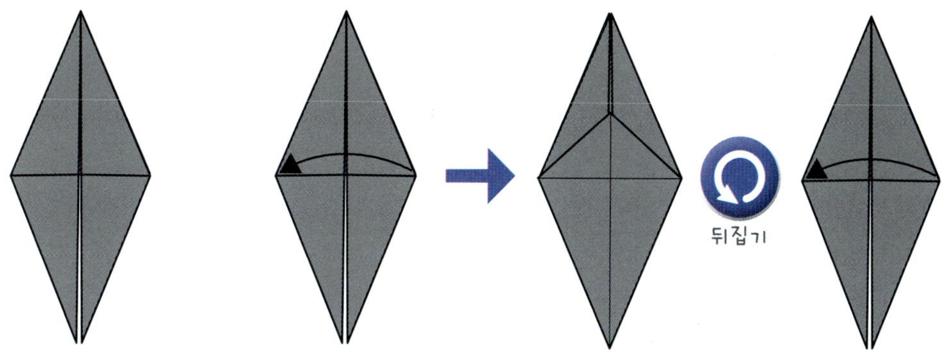

01 무기 70페이지 01 ~ 17 까지 접어 주세요

02 화살표 방향대로 넘겨 주세요

03 화살표 방향대로 넘겨 주세요

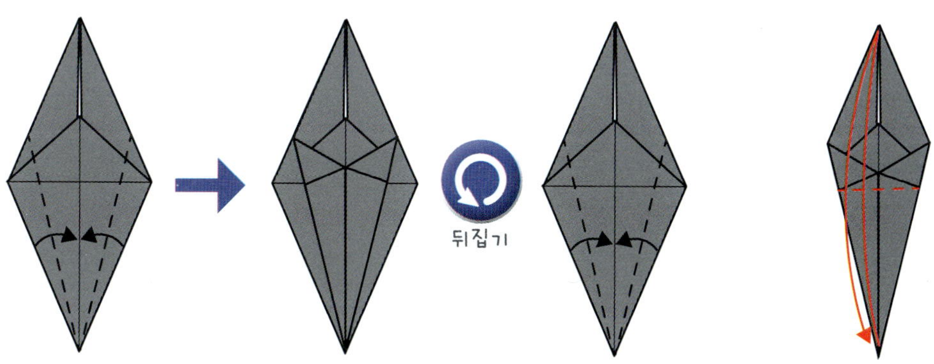

04 중심선에 맞춰 접어 주세요

05 중심선에 맞춰 접어 주세요

06 한 장만 위로 올려 접었다 펼쳐 주세요

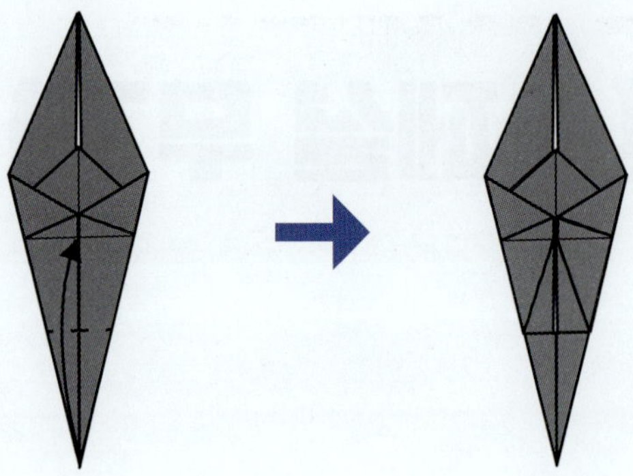

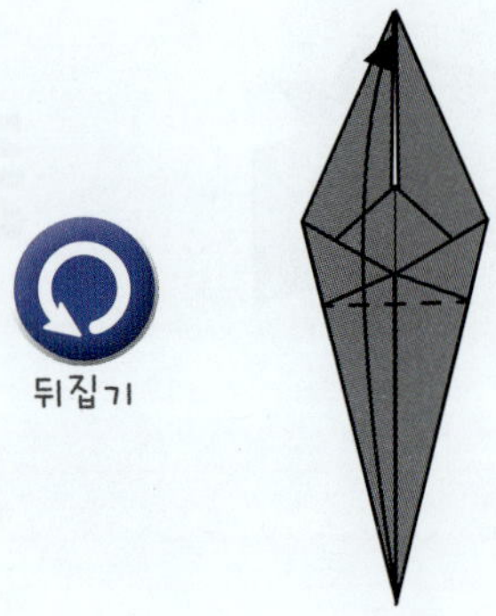

07 점선대로 접어 주세요

08 점선대로 접어 주세요

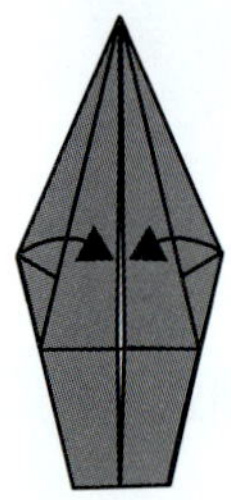

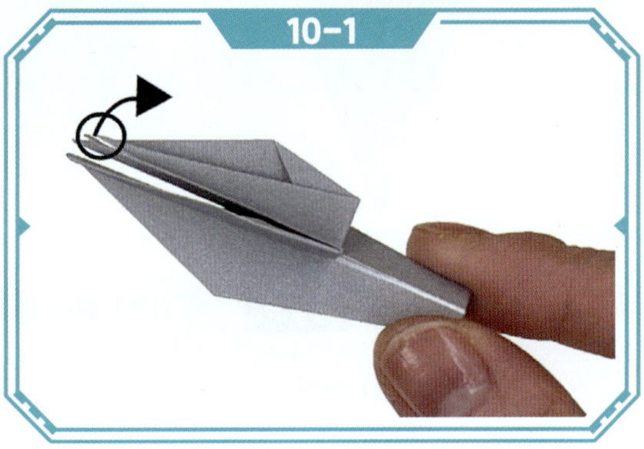

09 화살표 방향대로 종이를 모아 주세요

10 ○부분을 위쪽으로 살짝 당겨 주세요

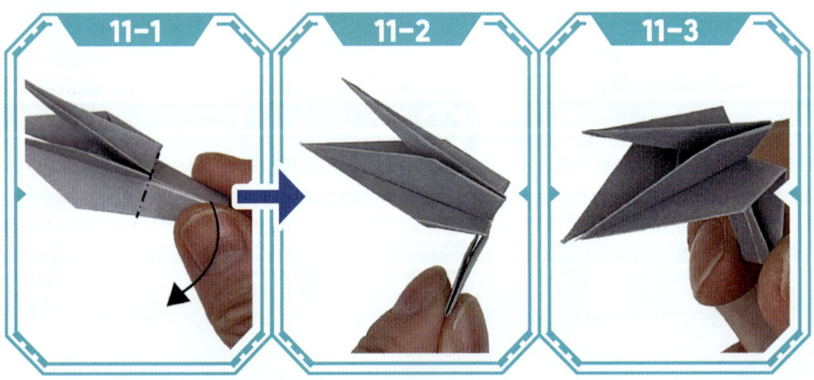

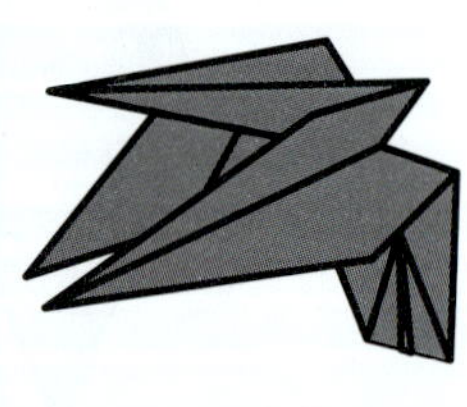

11 점선을 따라 아래로 내려 접어 주세요

완성 총 완성!

똑같은 방법으로
한 개 더 만들어 주세요!

총&합체로봇 델타 합체

접는 방법 영상

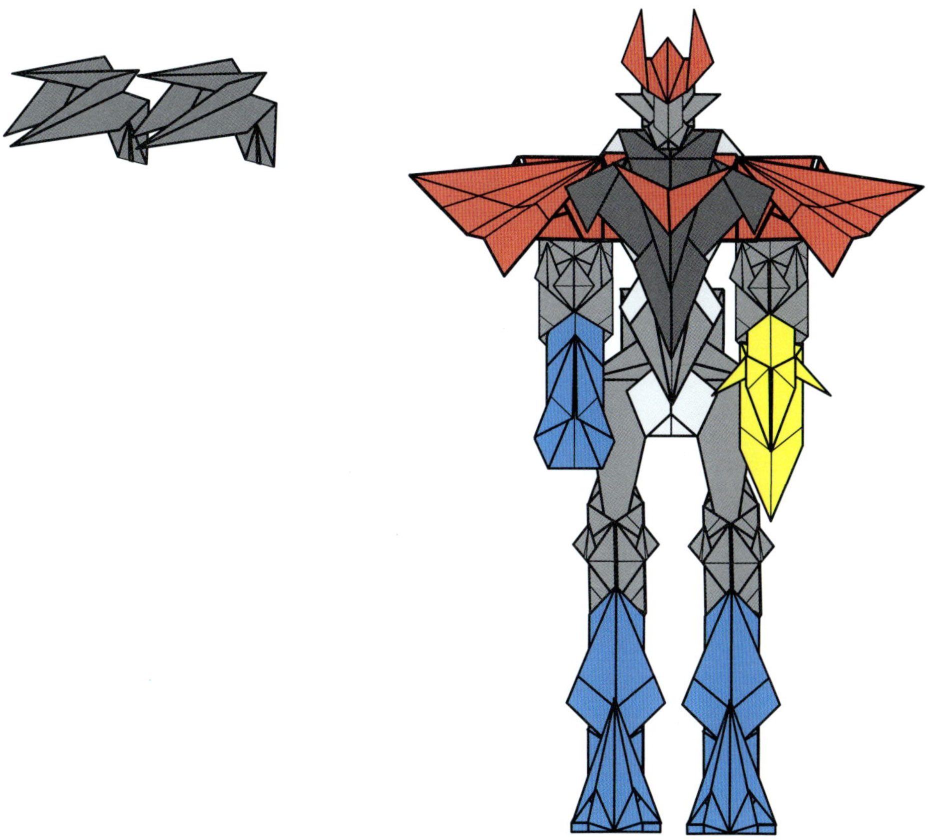

01 총 2개와 합체로봇 델타를 준비해 주세요

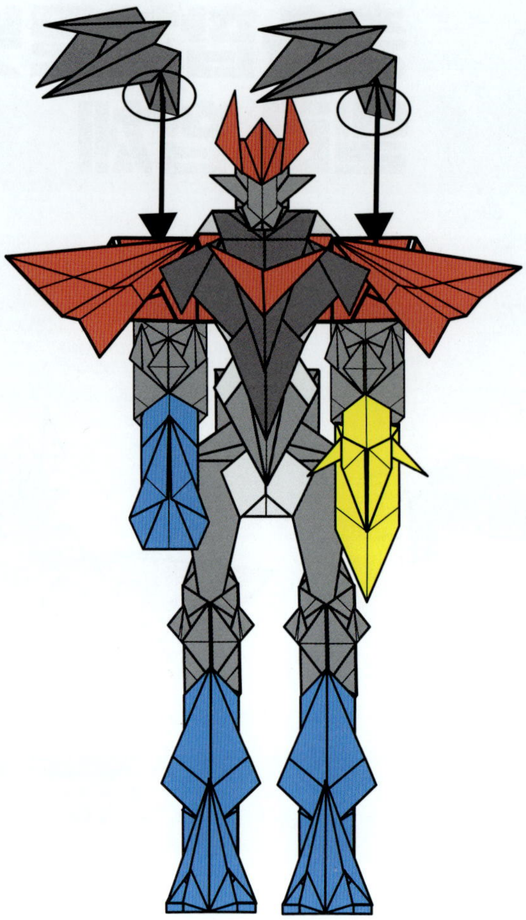

02 아스테리아 날개 사이에 총을 끼어 넣어 주세요

STAGE22 SWORD(SPECIAL WEAPON)

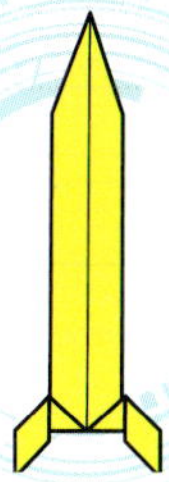

검(스페셜 무기)

접는 방법 영상

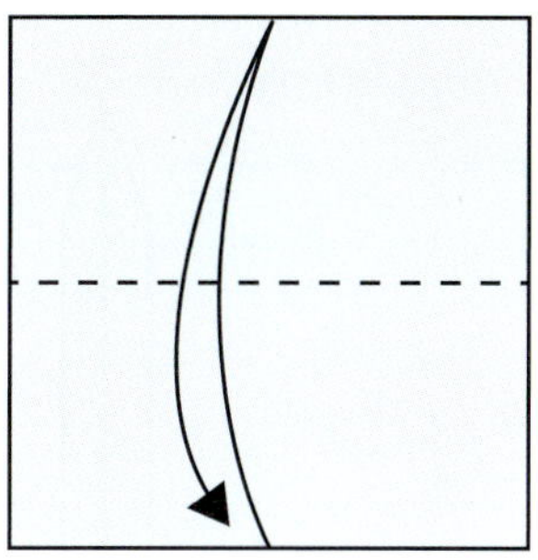

01 반으로 접었다 펼쳐 주세요

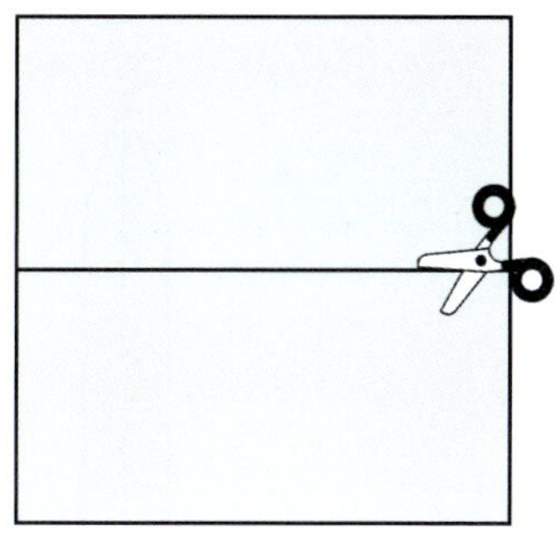

02 가위로 오려 주세요

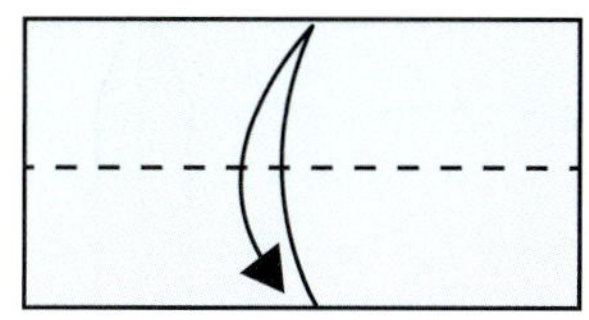

03 원하는 색을 뒷장에 놓고, 반으로 접었다 펼쳐 주세요

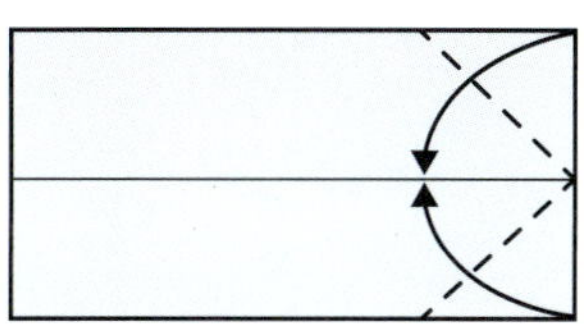

04 점선대로 접어 주세요

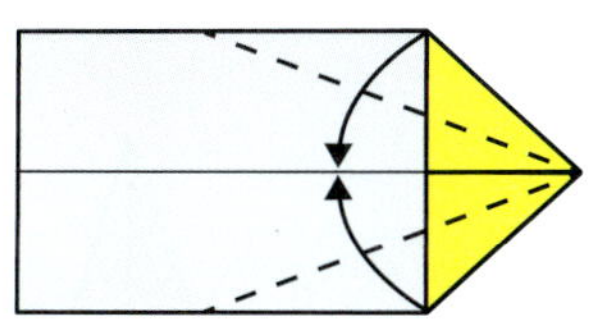

05 점선대로 접어 주세요

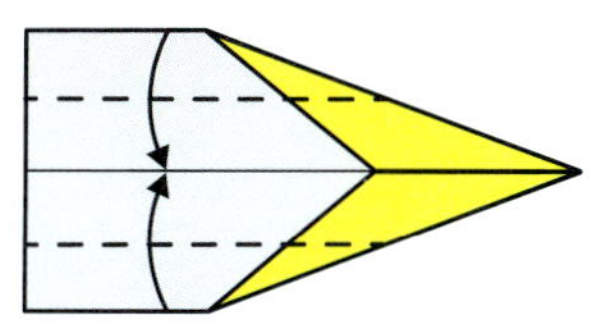

06 중심선에 맞춰 접어 주세요

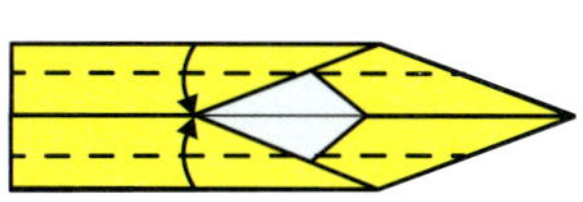

07 중심선에 맞춰 접어 주세요

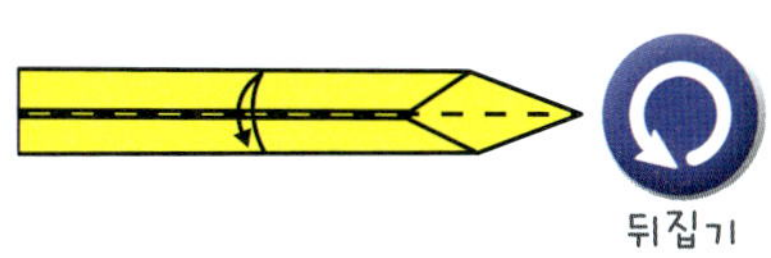

08 점선대로 접었다 펼쳐 주세요

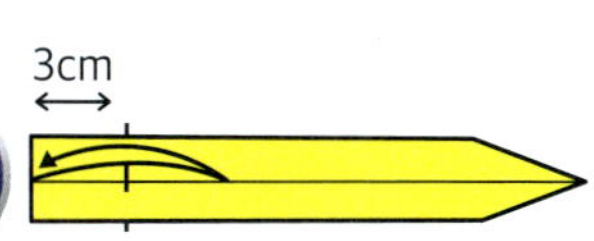

09 3cm 정도 접었다 펼쳐 주세요

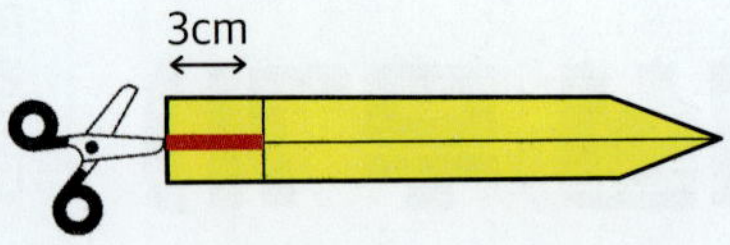

10 3cm 정도 가위로 오려 주세요

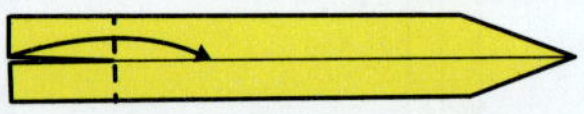

11 표시선대로 다시 접어 주세요

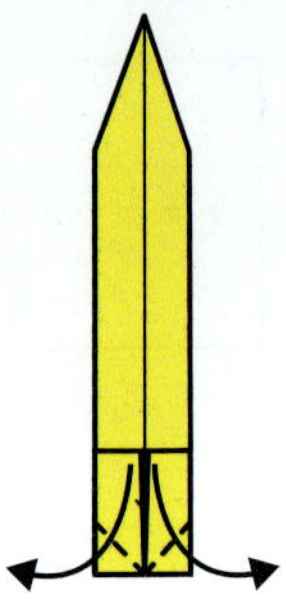

12 점선대로 접어 주세요

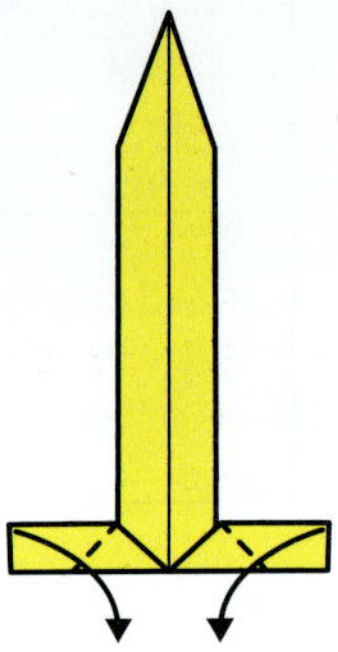

13 점선대로 접어 주세요

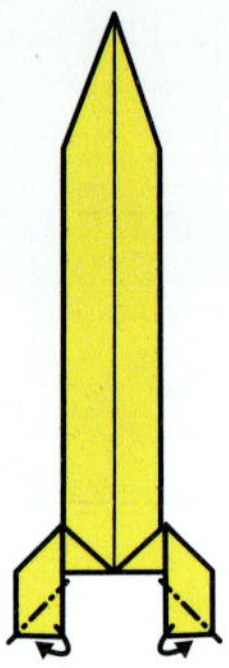

14 점선대로 산접기
해주세요

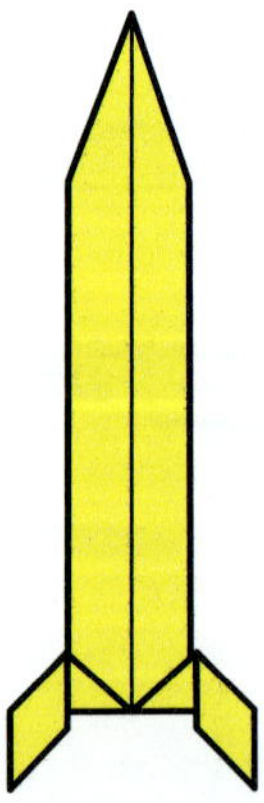

완성 무기 완성!

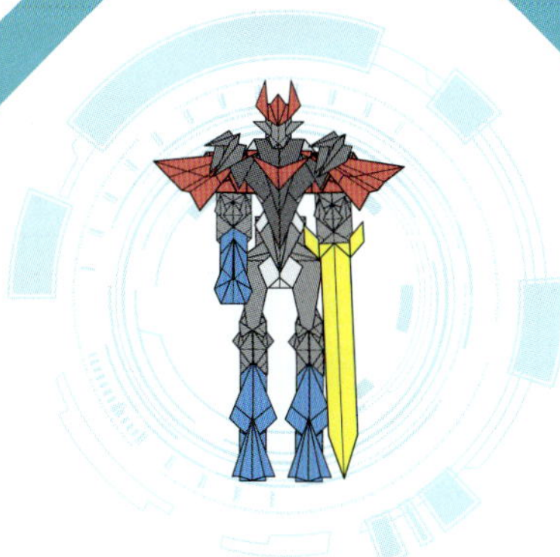

검&합체로봇 델타 합체

접는 방법 영상

01 레토와 검을 준비해 주세요

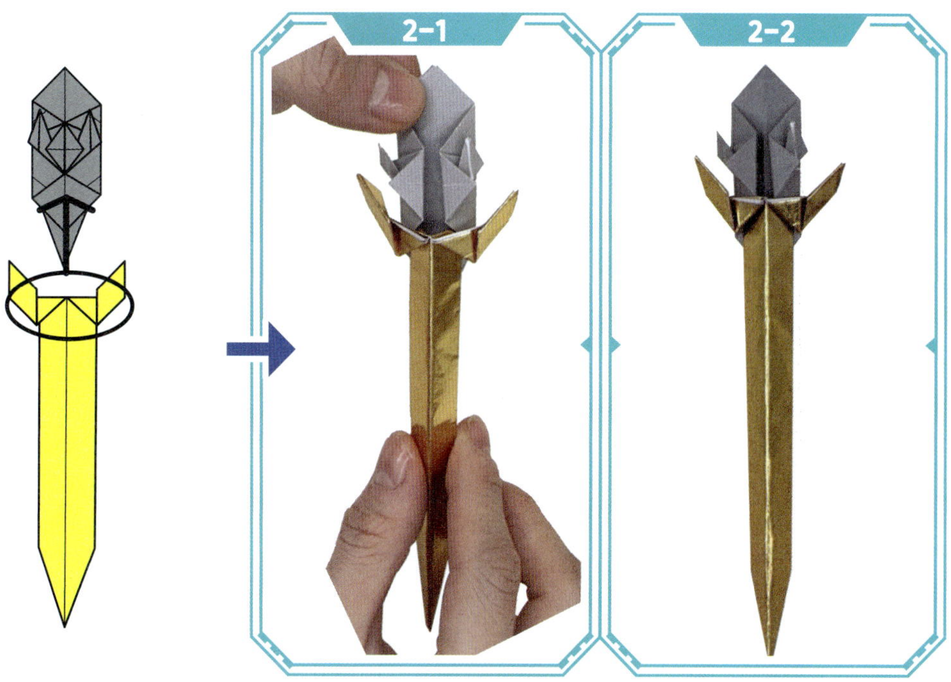

02 레토 안쪽에 검을 끼어 넣어 주세요
풀로 붙여줘도 좋아요!

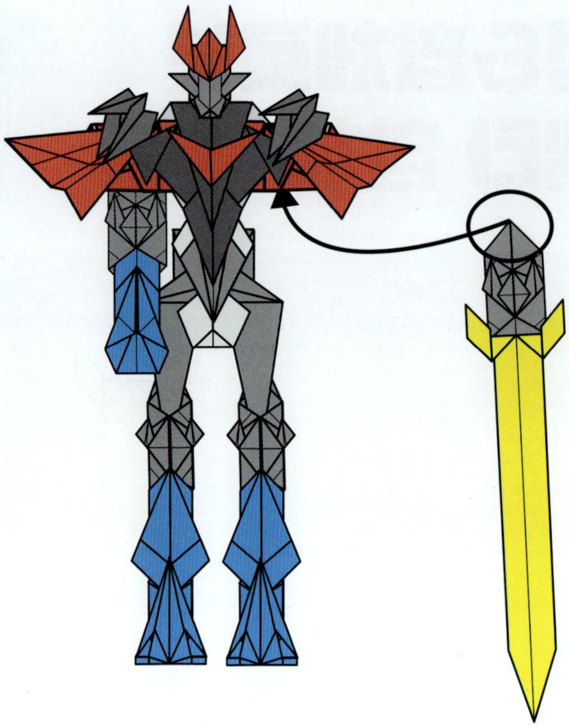

03 합체로봇 델타에 레토를 끼어 넣어 주세요

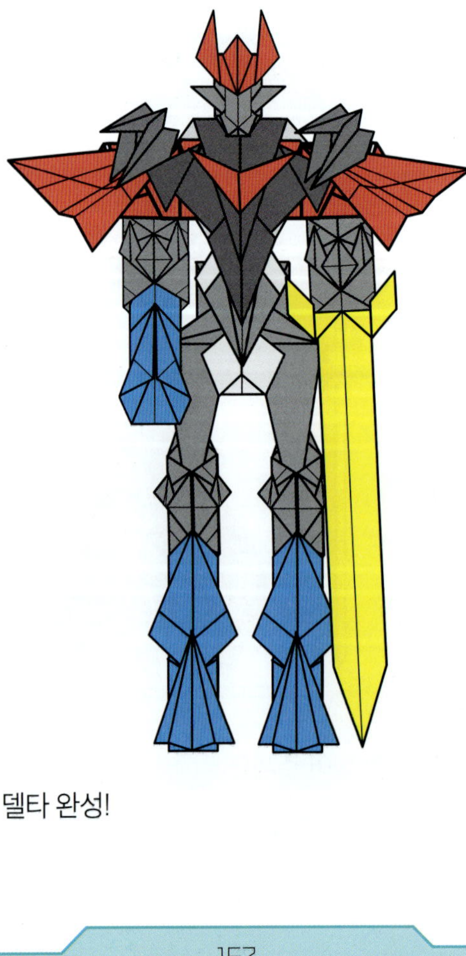

완성 검&합체로봇 델타 완성!

COLLECTION

내가 만든 작품을 전시해보세요!

블랙 크로우
BLACK CROW

아스테리아
ASTERIA

크루즈 미사일
CRUISE MISSILE

페로EX
PERO EX

아크라
AKRAH

더블 하데스
DOBLE HADES

제블린
JAVELIN

레토
LETO

악당 데몬
DEVIL DEMON

합체로봇 델타
COMBINED ROBOT DELTA

컬렉션 | (악당데몬)

COLLECTION

악당 데몬
DEVIL DEMON

컬렉션 II (합체로봇 델타)

COLLECTION

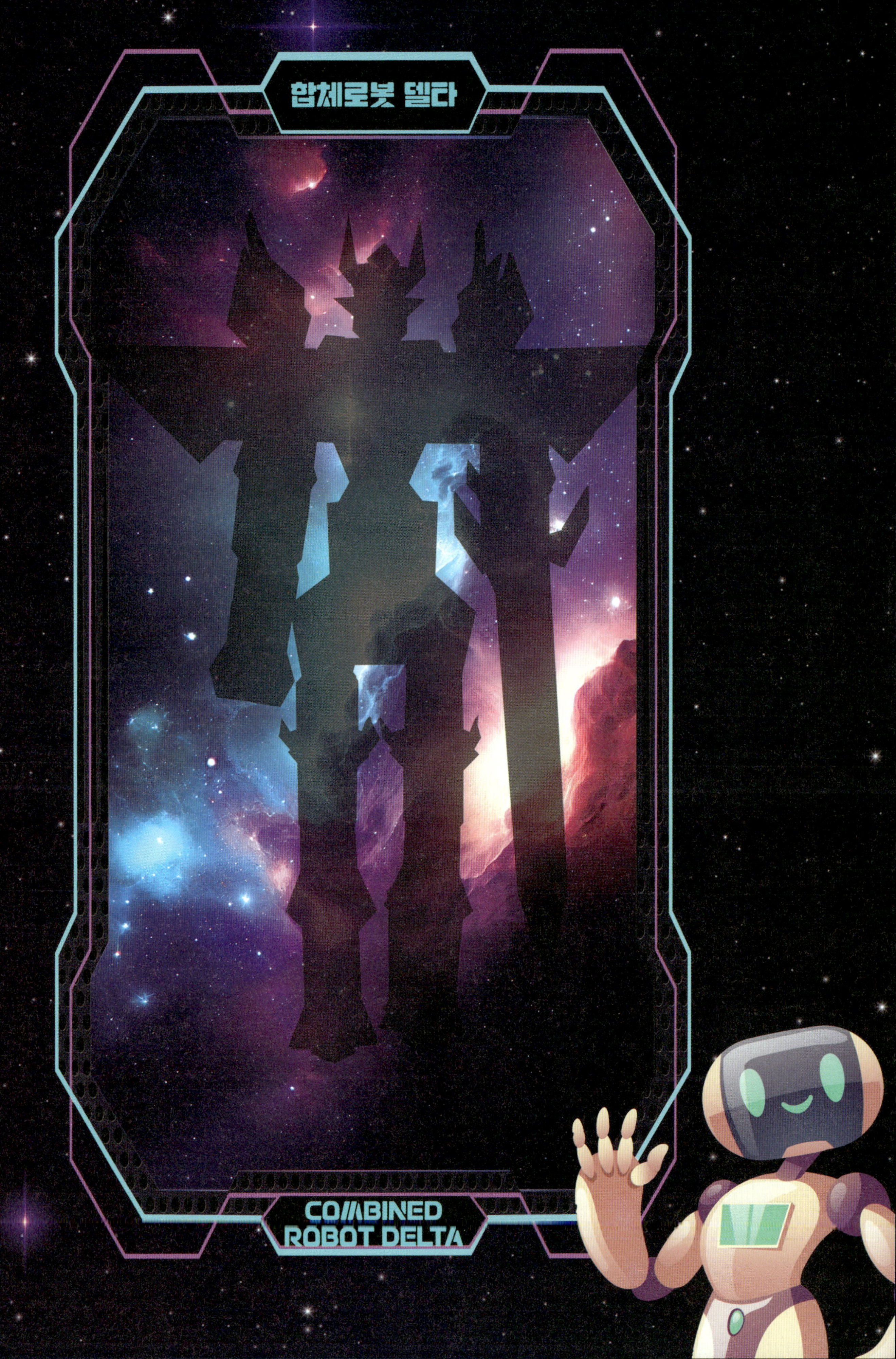
합체로봇 델타
COMBINED
ROBOT DELTA

※ 이해를 돕기위한 연출된 이미지

<규칙>

- ———————— 잘라 주세요.
- - - - - - - - - - - - - - 접어 주세요.
- 스페셜지는 일반 색종이보다 크고 두꺼워요. 꼭! 꾹꾹 눌러 접어 주세요.

03

스페셜지

SPECIAL PAPER ORIGAMI

STAGE1 | 가슴

블랙크로우 미니카

16페이지

※ 점선(회색) 테두리를 잘라서 사용해주세요.

STAGE2 | 가슴

블랙크로우 미니카 날개

22페이지

※ 검은(회색) 테두리를 잘라서 사용해주세요.

STAGE3 | 팔(1)

크루즈 미사일

27페이지

※ 검은(회색) 테두리를 잘라서 사용해주세요.

STAGE3 | 팔(2)

크루즈 미사일

27페이지

※ 검은(회색) 테두리를 잘라서 사용해주세요.

아크라 미니카

31페이지

※ 검은(흰색) 테두리를 잘라서 사용해주세요

아크라 미니카 날개

36페이지

※ 검은(회색) 테두리를 잘라서 사용해주세요.

STAGE6 | 머리

아크라 머리 미니카

41페이지

STAGE7 | 머리

아크라 머리 미니카(뿔1)

47페이지

※ 검은(회색) 테두리를 잘라서 사용해주세요.

STAGE8 | 머리

아크라 머리 미니카(뿔2)

49페이지

STAGE9 | 눈

아크라 머리 미니카(눈)

51페이지

※ 검은(회색) 테두리를 잘라서 사용해주세요.

제블린 미니카(방어막 1, 2)

55페이지

※ 검은(회색) 테두리를 잘라서 사용해주세요.

제블린 미니카(방어막 1, 2)

55페이지

※ 검은(회색) 테두리를 잘라서 사용해주세요.

STAGE11 | 발(1)

제블린 미니카

비페이지

※ 검은(회색) 테두리를 살려서 사용해주세요.

STAGE11 | 발(2)

제블린 미니카

비페이지

※ 검은(회색) 테두리를 잘라서 사용해주세요.

망토

69페이지

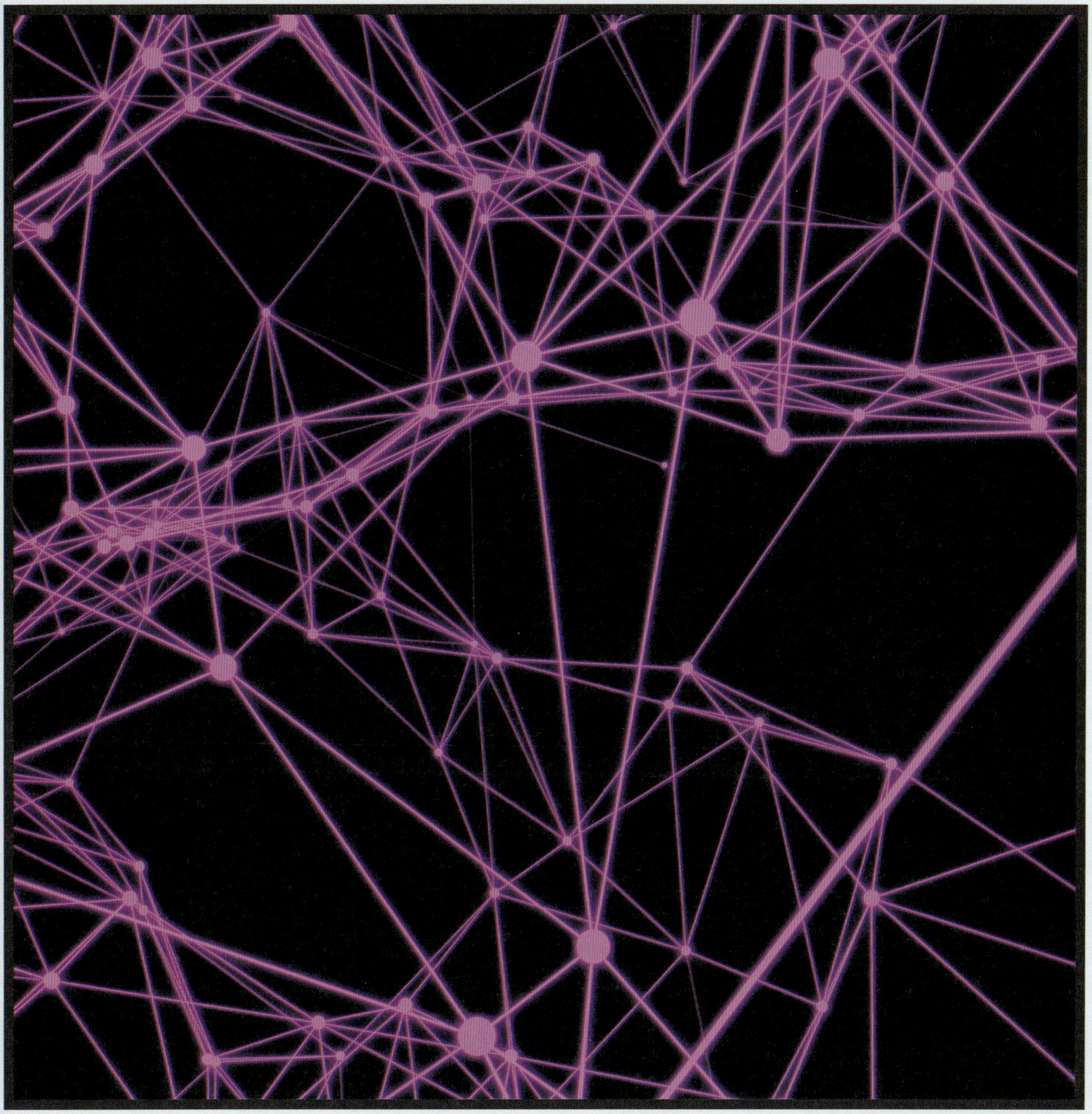

※ 검은(회색) 테두리를 살려서 사용해주세요.

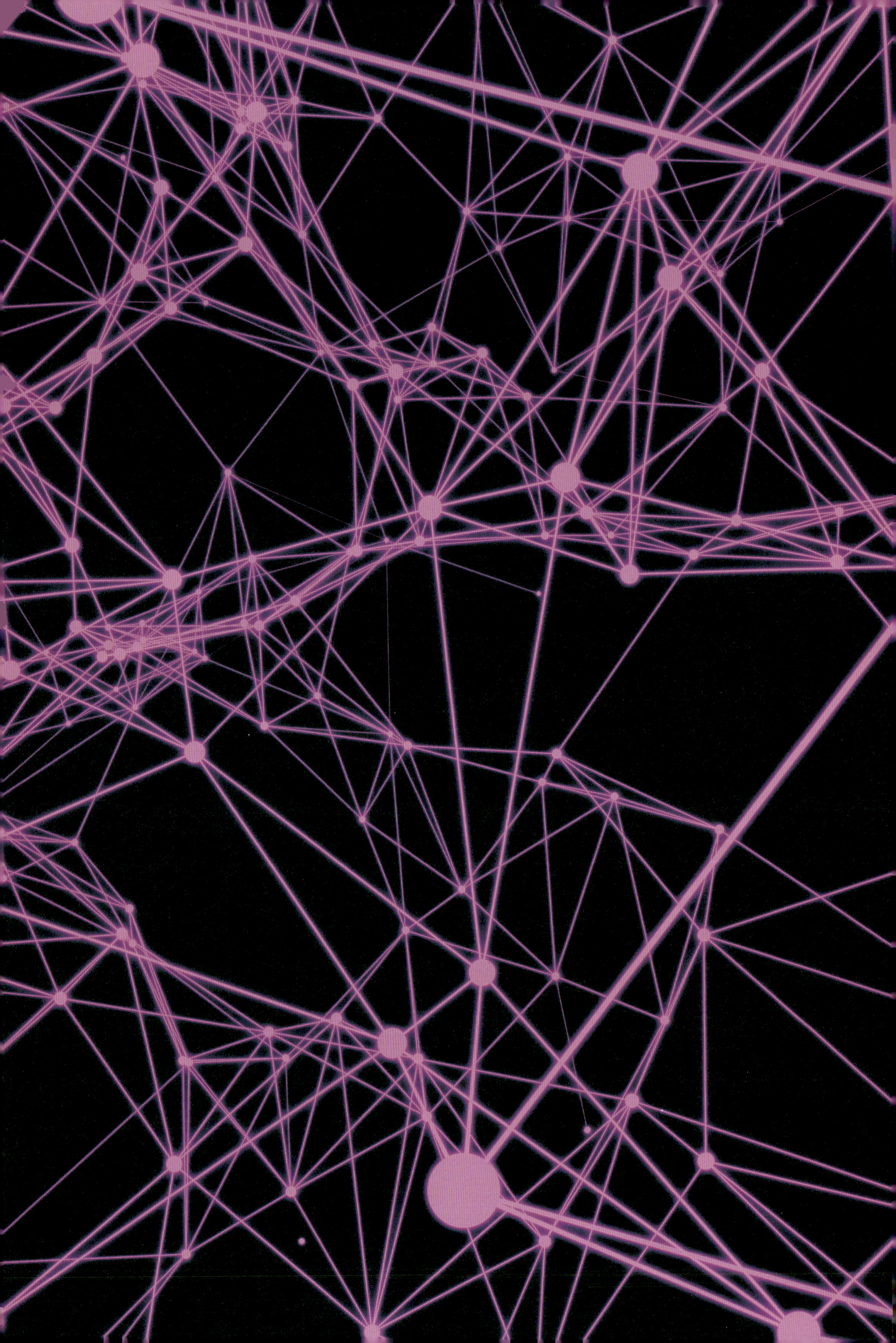

무기

70페이지

※ 검은(회색) 테두리를 잘라서 사용해주세요.

STAGE1 | 가슴

아스테리아

90페이지

※ 검은(회색) 테두리를 잘라서 사용해주세요.

아스테리아 날개

94페이지

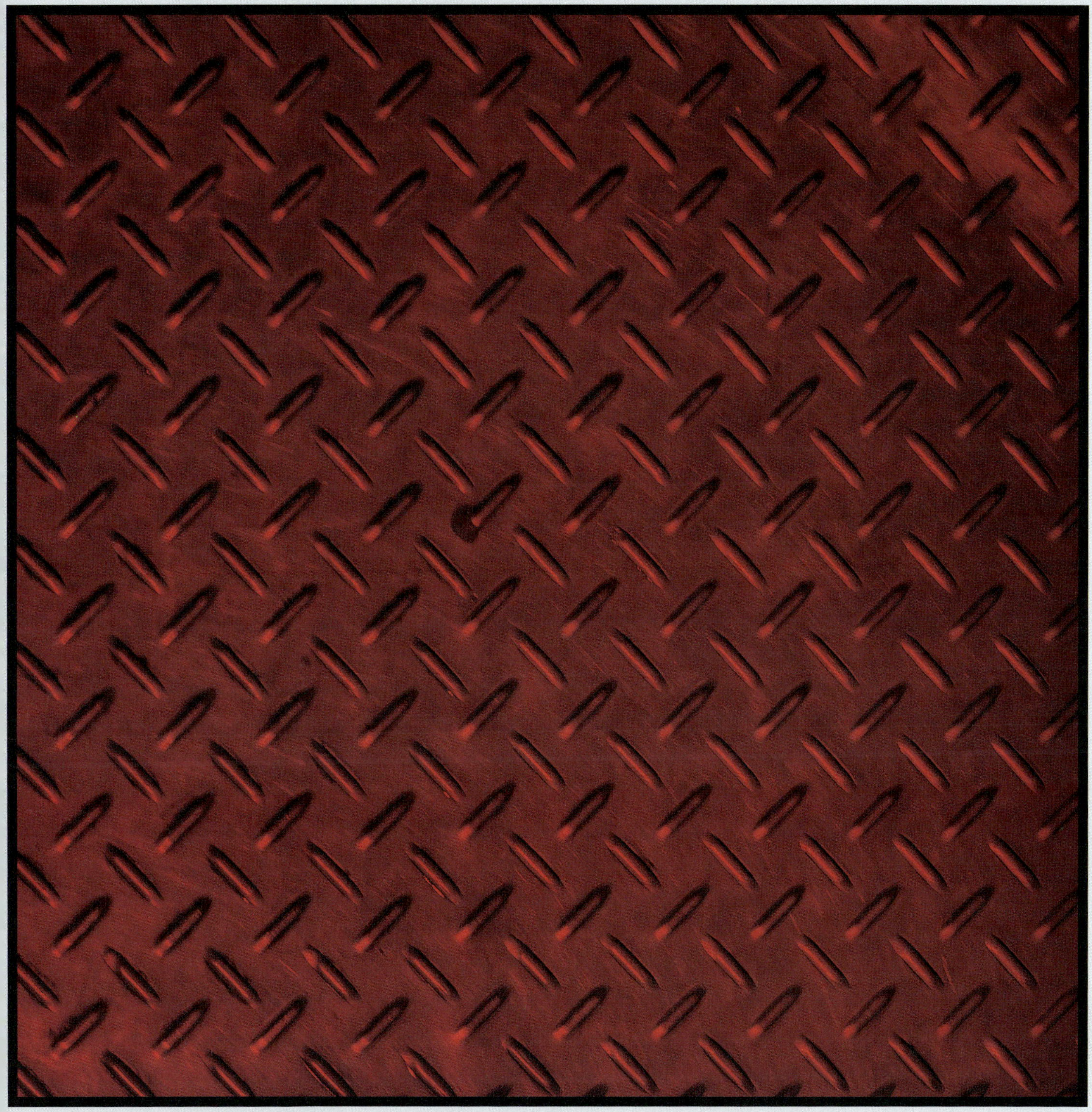

※ 검은(회색) 테두리를 잘라서 사용해주세요.

레토 미사일

102페이지

※ 검은(회색) 네두리를 잘라서 사용해수세요.

미사일

107페이지

※ 검은(회색) 테두리를 잘라서 사용해주세요.

골드 랜스

※ 검은(회색) 테두리를 잘라서 사용해주세요.

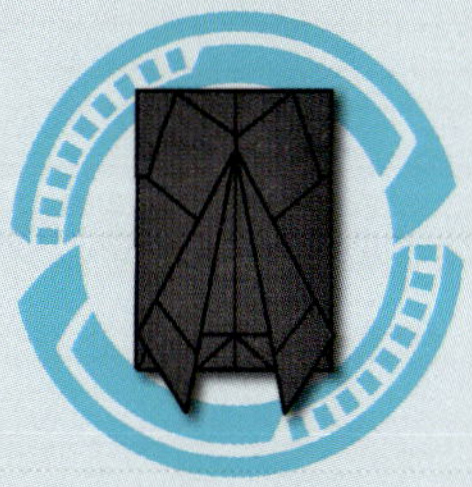

STAGE6 | 골반

페로EX 미니카

114페이지

※ 검은(회색) 테두리를 잘라서 사용해주세요.

페로EX 미니카 날개&합체

120페이지

※ 검은(회색) 테두리를 살려서 사용해주세요.

페로EX 머리 미니카

122페이지

※ 검은(회색) 테두리를 잘라서 사용해주세요.

STAGE9 | 머리

페로EX 머리 미니카 날개

125페이지

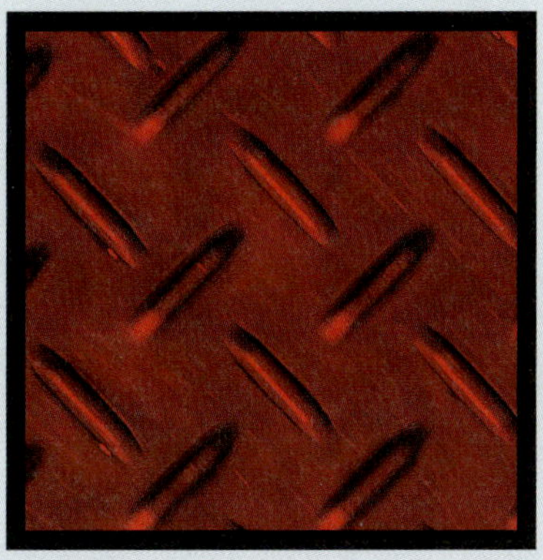

※ 검은(회색) 테두리를 살려서 사용해주세요.

페로EX 가슴 V

129페이지

※ 겉면(회색) 테두리를 잘라서 사용해주세요.

더블 하데스 미사일

133페이지

※ 검은(회색) 테두리를 잘라서 사용해주세요

더블 하데스 미니카

135페이지

※ 검은(회색) 테두리를 잘라서 사용해주세요.

더블 하데스 미니카

135페이지

※ 검은(회색) 테두리를 살려서 사용해주세요.

검(스페셜 무기)

149페이지

※ 검은(회색) 테누리를 살라서 사용해수세요.